Al dente 3

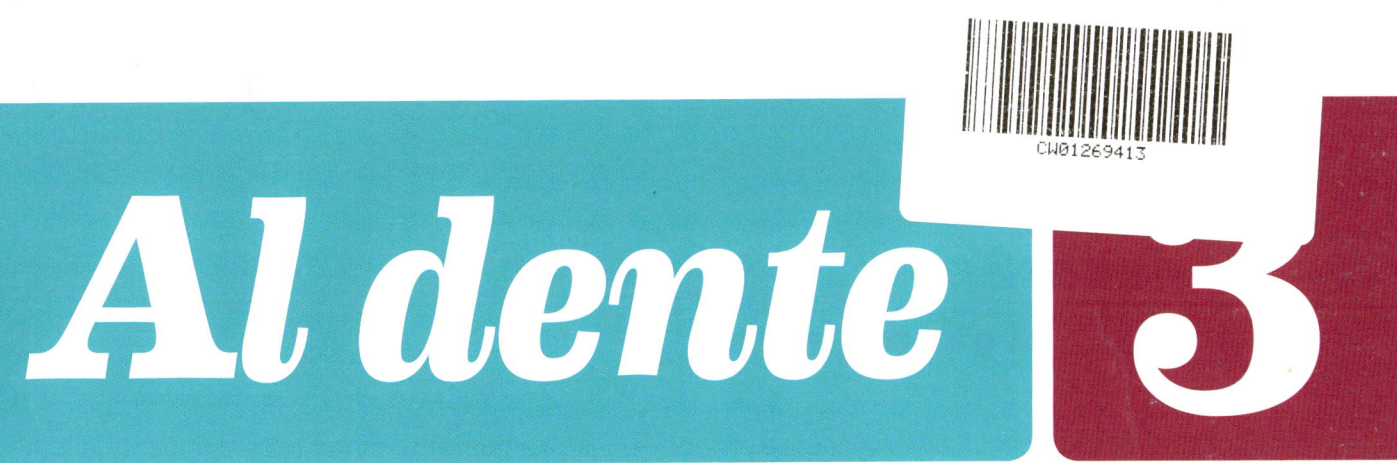

B1

CORSO D'ITALIANO

LIBRO DELLO STUDENTE + ESERCIZI

AUTORI

Marilisa Birello

Simone Bonafaccia

Franca Bosc

Giada Licastro

Albert Vilagrasa

REVISIONE DIDATTICA

Maddalena Bertacchini

Cristina De Girolamo

Elena Tea

EDIZIONI C casa delle lingue

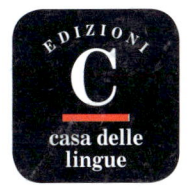

Introduzione

Al dente 3
L'italiano al punto giusto!

Il corso di italiano per stranieri *Al dente* propone un apprendimento dinamico e significativo della lingua, seguendo le direttive del QCER che considera gli studenti "attori sociali" e prevede che gli atti linguistici si realizzino all'interno di compiti inseriti in un contesto sociale, «l'unico in grado di conferir loro pieno significato» (QCER, p. 11).

Ciò comporta che i contesti comunicativi proposti siano autentici, che gli input stimolino l'interesse e la partecipazione necessari perché si generino, in maniera naturale e spontanea, l'azione e l'interazione.

La varietà di attività, che prevedono l'alternarsi di un lavoro autonomo a un lavoro di tipo collaborativo, favorisce uno sviluppo equilibrato delle competenze linguistico-comunicative e un apprendimento consapevole della lingua.

Per accompagnare al meglio insegnanti e studenti, abbiamo concepito una sequenza didattica chiara, che risulti il più efficace possibile a lezione: la progressiva presentazione dei contenuti linguistici è guidata da una struttura agevole, di facile consultazione e supportata da esercizi di sistematizzazione; il forte orientamento lessicale riserva una particolare attenzione al lessico senza, però, trascurare gli aspetti più propriamente grammaticali evitando, così, di spezzare il binomio forma-significato, punto cardine nell'apprendimento di una lingua.

Ogni unità è costituita da differenti sezioni che formano un unicum coerente e, al tempo stesso, adattabile alle molteplici situazioni di classe. Proprio per andare incontro a questa diversità, abbiamo articolato il nucleo d'apprendimento in unità di lavoro - tre doppie pagine in cui si presentano e analizzano i contenuti principali e fondamentali - arricchite da materiale che prepara, rafforza, amplia e conclude il percorso della singola unità didattica. Il manuale si configura tanto come percorso guidato quanto come fonte di innumerevoli spunti, rivelandosi un valido supporto per l'insegnante, che potrà quindi adattare i contenuti proposti alle proprie esigenze e necessità.

La scelta di tematiche originali, la selezione di documenti autentici e la proposta di attività coinvolgenti mirano a uno stimolo costante della motivazione, altro elemento fondamentale per un apprendimento intelligente e significativo della lingua.

A questo progetto hanno partecipato insegnanti e professionisti del settore glottodidattico provenienti da differenti contesti, e il manuale ha preso forma proprio amalgamando e intessendo le fila di un'ampia varietà di contributi e riflessioni. Con *Al dente* ci poniamo l'obiettivo di accompagnare nel bellissimo e impegnativo lavoro di insegnare e apprendere una lingua.

Gli autori e Casa delle Lingue

Come funziona

Struttura del libro dello studente

- 9 unità didattiche di 16 pagine ciascuna e 1 unità di primo contatto (unità 0)
- 9 schede per lavorare con i video del DVD
- 16 pagine di allegati culturali
- 14 pagine dedicate agli Esami ufficiali
- 32 pagine di esercizi relativi alle unità
- riepilogo grammaticale e tavole verbali
- cartina fisica e politica dell'Italia

PAGINE DI APERTURA
Una doppia pagina per entrare in contatto con l'unità propone attività di tipo lessicale per attivare conoscenze socio-culturali e linguistiche pregresse e strategie d'apprendimento.

- Compiti intermedi e compiti finali previsti nell'unità
- Nuvola di parole con lessico utile per affrontare l'unità
- Attività di primo contatto per familiarizzare con il lessico dell'unità
- Immagini significative per entrare in contatto con i temi dell'unità

UNITÀ DI LAVORO
Tre doppie pagine che corrispondono ad altrettante unità di lavoro in cui, a partire da documenti autentici, si presentano e analizzano i contenuti linguistici e culturali dell'unità.

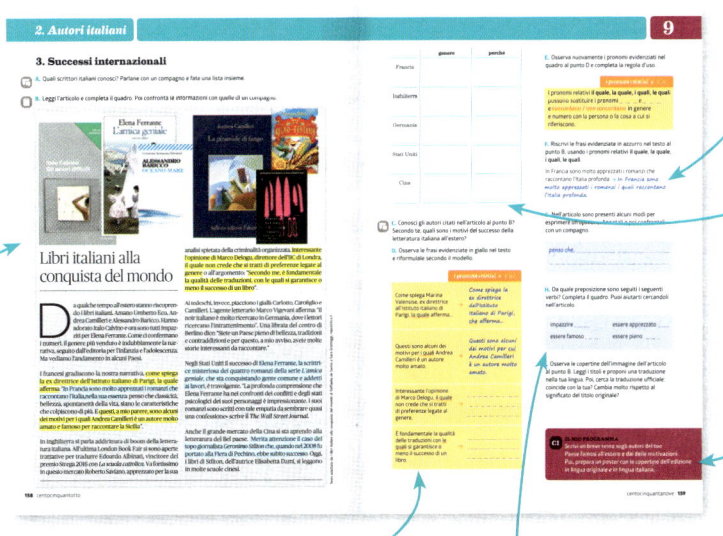

- Attività per praticare le abilità linguistiche. Il testo in blu indica un modello di lingua per la produzione scritta, il testo in rosso un modello di lingua per la produzione orale
- Documenti audio per sviluppare la comprensione orale
- Compito intermedio di allenamento e preparazione ai compiti finali
- Documenti autentici che presentano la lingua in contesto
- Attività di analisi e osservazione dei fenomeni linguistici e di ricostruzione delle regole d'uso
- Attività di lavoro sul lessico

tre **3**

Come funziona

GRAMMATICA
Una doppia pagina di grammatica per sistematizzare le risorse linguistiche attraverso schemi riassuntivi ed esercizi.

Spiegazioni grammaticali semplici ed esaustive

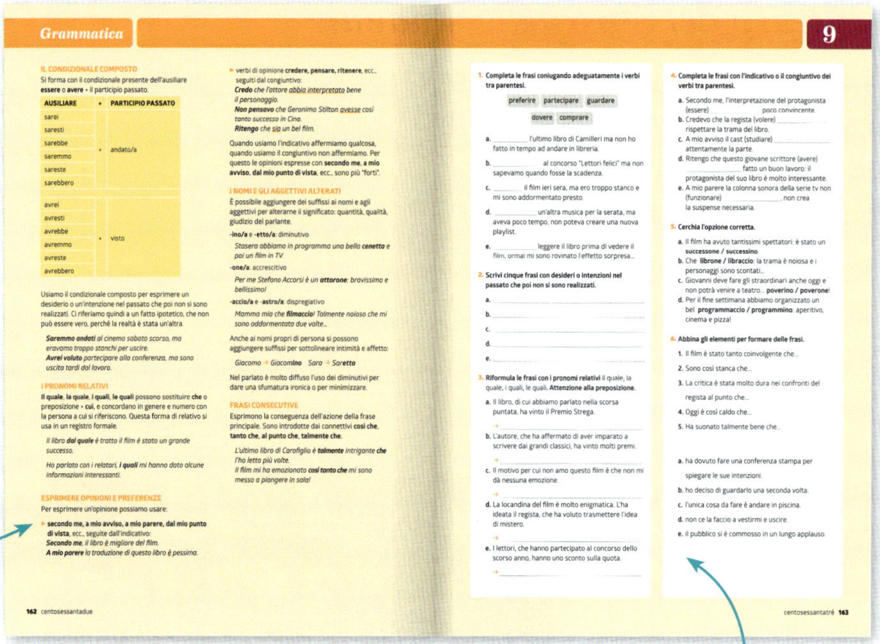

Esercizi per consolidare i contenuti grammaticali dell'unità

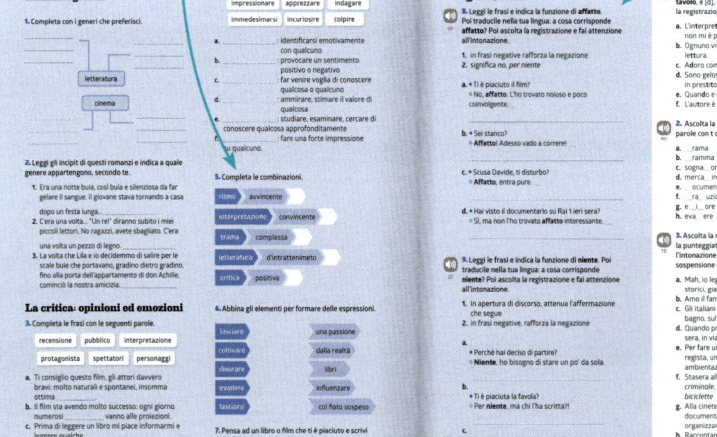

Attività sulle collocazioni

Attività sui segnali discorsivi

PAROLE E SUONI

Lessico
Attività variate per fissare il lessico appreso nell'unità e riutilizzarlo in vari contesti.

Fonetica
Attività per praticare la pronuncia e l'intonazione.

Attività specifiche di fonetica

 Documenti orali interessanti che riproducono in maniera autentica la lingua parlata in vari contesti d'uso. Varietà di accenti (italiano standard e italiani regionali).

SALOTTO CULTURALE
Una doppia pagina di cultura per ampliare i contenuti culturali emersi nell'unità.

Documenti per scoprire e riflettere su aspetti della cultura italiana

Attività variate: comprensione, produzione e interazione

Riflessione guidata sulle competenze linguistico-comunicative acquisite

COMPITI FINALI E BILANCIO
- Una pagina con i compiti finali, uno collettivo e uno individuale, per mettere in pratica le competenze acquisite nell'unità.
- Una pagina per fare il bilancio del proprio compito e del compito dei compagni.

Strategie per lo svolgimento del compito

Proposte per uno spazio virtuale della classe

Come funziona

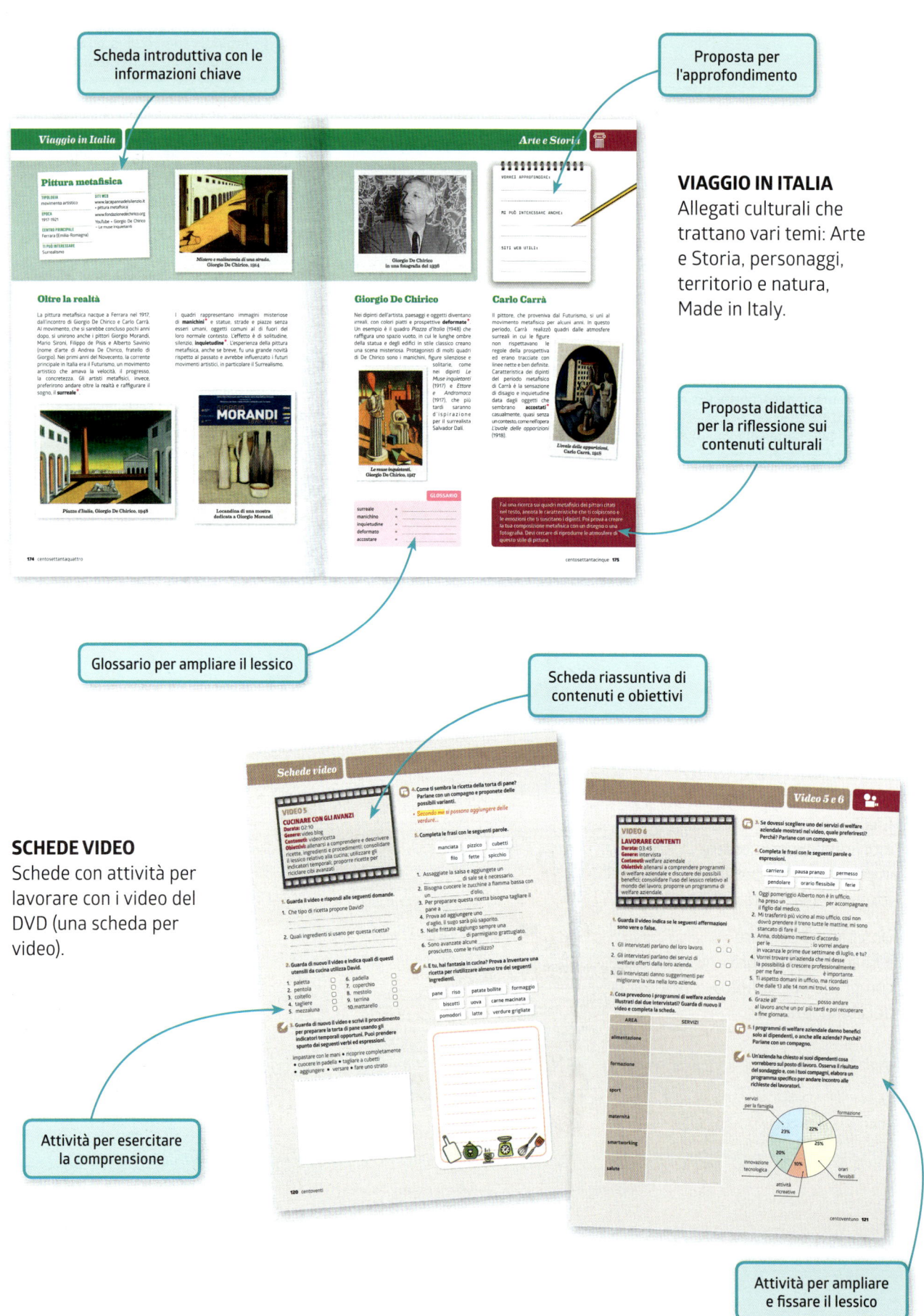

Scheda introduttiva con le informazioni chiave

Proposta per l'approfondimento

VIAGGIO IN ITALIA
Allegati culturali che trattano vari temi: Arte e Storia, personaggi, territorio e natura, Made in Italy.

Proposta didattica per la riflessione sui contenuti culturali

Glossario per ampliare il lessico

Scheda riassuntiva di contenuti e obiettivi

SCHEDE VIDEO
Schede con attività per lavorare con i video del DVD (una scheda per video).

Attività per esercitare la comprensione

Attività per ampliare e fissare il lessico

Video originali e divertenti con relative schede di lavoro.

6 sei

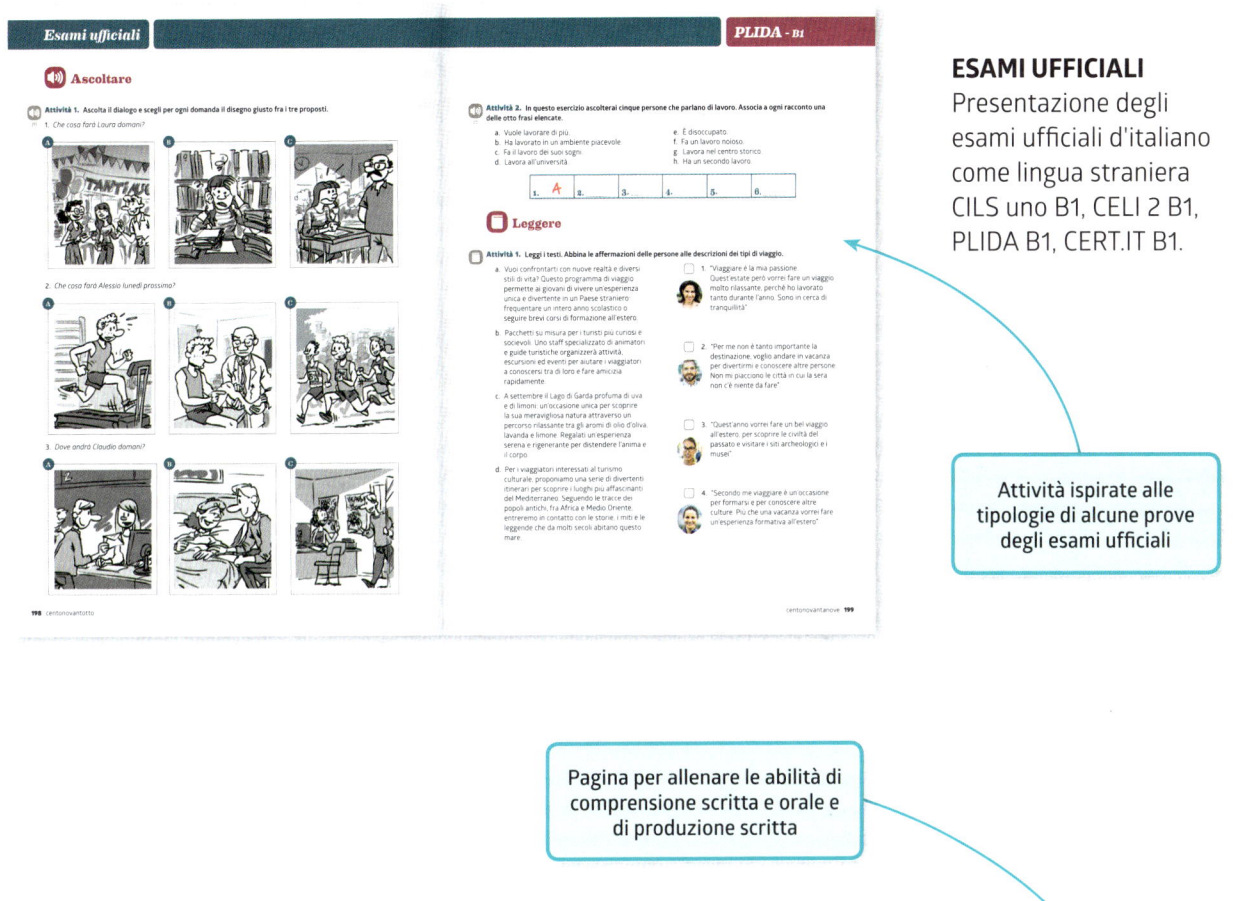

ESAMI UFFICIALI
Presentazione degli esami ufficiali d'italiano come lingua straniera CILS uno B1, CELI 2 B1, PLIDA B1, CERT.IT B1.

Attività ispirate alle tipologie di alcune prove degli esami ufficiali

Pagina per allenare le abilità di comprensione scritta e orale e di produzione scritta

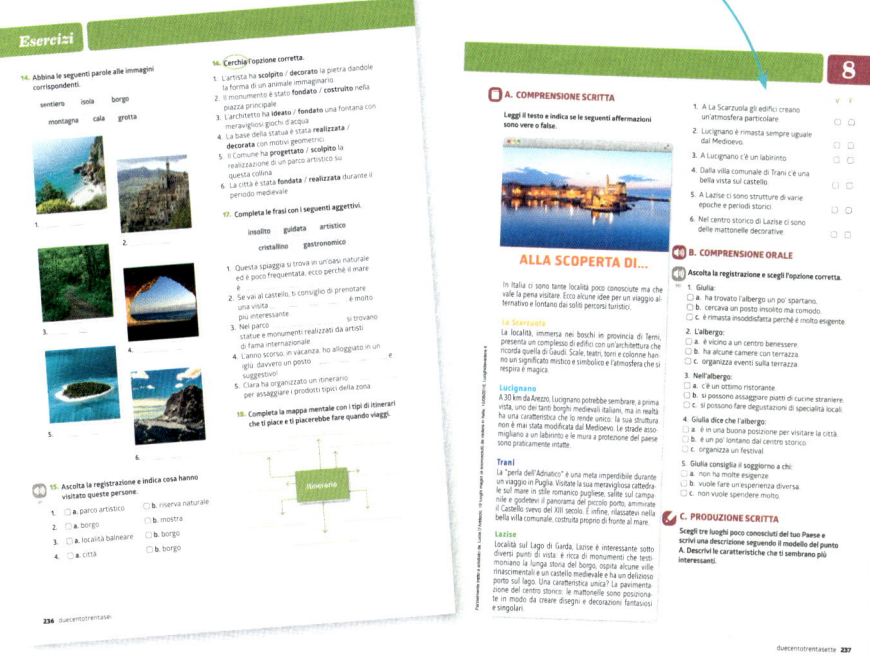

ESERCIZI
32 pagine di esercizi per consolidare i contenuti grammaticali e lessicali delle unità e per allenare le abilità linguistiche.

Attività grammaticali, lessicali e di comprensione orale

Soluzioni e trascrizioni scaricabili gratuitamente dal sito **www.cdl-edizioni.com**

sette **7**

Indice dei contenuti

UNITÀ	COMUNICAZIONE	GRAMMATICA	LESSICO
0 *La mia Italia*	• Parlare delle proprie conoscenze linguistico-culturali sull'Italia • Esprimere opinioni e preferenze	• Ripasso generale dei contenuti del volume A2	• Il lessico di gusti e interessi
1 *Emozioni in note*	• Esprimere sentimenti e stati d'animo • Esprimere le proprie preferenze musicali • Parlare dei generi musicali	• I pronomi relativi (ripasso) • Il congiuntivo presente • Il suffisso **-ità** • le frasi oggettive (con verbi di opinione e di stato d'animo) • Congiuntivo o indicativo? • Alcuni verbi pronominali • I comparativi (ripasso)	• Il lessico di emozioni e stati d'animo • Le metafore per esprimere emozioni e sentimenti • Gli aggettivi e i sostantivi delle qualità e caratteristiche personali • I generi musicali • Il segnale discorsivo **dai**
2 *Mettiamocela tutta!*	• Parlare dell'attività fisica e del benessere • Raccontare esperienze legate allo sport • Esprimere la propria opinione sui valori dello sport	• Il trapassato prossimo • Alcuni verbi pronominali • La preposizione **da** (funzione) • Alcuni indicatori temporali • I prefissi negativi **s-**, **dis-**, **in-** • Il superlativo relativo • Gli avverbi **proprio** e **davvero** • Le frasi limitative	• Il lessico dell'attività fisica e del benessere • Il lessico delle emozioni e dei valori dello sport • Il segnale discorsivo **mica**
3 *Idee geniali!*	• Descrivere oggetti di materiale riciclato • Esprimere opinioni e preferenze • Discutere di ecologia e sostenibilità • Parlare di arte ambientale	• I pronomi combinati • Il gerundio causale • Alcuni usi di **ne** • Le frasi concessive • Il congiuntivo passato	• Il lessico di materiali e oggetti • Il lessico dell'arte ambientale e del riuso • Le locuzioni avverbiali: **un sacco di**, **senza dubbio**... • Il segnale discorsivo **anzi**
4 *Non solo scienza*	• Parlare di notizie a tema scientifico e parascientifico • Descrivere oggetti teconologici • Parlare di informazione e comunicazione • Riferire notizie	• Gli aggettivi in **-bile** • Il prefisso negativo **in-** • Alcuni usi del condizionale • Il futuro composto • I pronomi possessivi • Il pronome relativo **chi** • Il passato prossimo e l'imperfetto di **sapere** e **conoscere** • Le interrogative indirette	• Il lessico di scienza, tecnologia e comunicazione • Le parole straniere in italiano • I segnali discorsivi **figurati**, **figuriamoci**

TIPOLOGIA TESTUALE	CULTURA	FONETICA	COMPITI FINALI	
• Test • Conversazione • Podcast	• Le abitudini degli italiani			*14*
• Test • Intervista • Blog • Conversazione • Articolo • Podcast • Chat	• Gli album e le canzoni italiane che hanno emozionato e fatto la storia	• Le consonanti scempie e doppie • Intonazione: incredulità e incitazione	• Preparare un test di personalità per l'insegnante • Elaborare una playlist per un momento della giornata	*20*
• Biografia • Intervista • Articolo • Chat • Volantino • Chat	• Bebe Vio, campionessa paralimpica • Roberto Bolle, una vita nella danza	• La **s** sorda e sonora • Intonazione: esclamare e domandare	• Elaborare un volantino per promuovere un'attività fisica • Raccontare la storia di uno sportivo	*36*
• Intervista • Pin • Chat • Articolo • Testimonianze	• Il ReMade in Italy • Spazi recuperati e arte ambientale in Italia • L'Arte povera	• I suoni [p] e [b] • Intonazione: *anzi*	• Presentare un progetto di recupero di uno spazio in disuso • Creare un oggetto con materiale riciclato	*54*
• Blog • Articolo • Conversazione • Notizie di cronaca • Radiogiornale • Intervista	• Musei e festival della scienza in Italia	• I suoni [f] e [v] • La concatenazione (I)	• Proporre un progetto di domotica per la classe • Redigere una notizia di argomento scientifico	*70*

Indice dei contenuti

UNITÀ	COMUNICAZIONE	GRAMMATICA	LESSICO
5 *Ricette per tutti i gusti*	• Parlare di ricette e di gastronomia • Descrivere utensili per la cucina e spiegarne il funzionamento • Parlare dei propri gusti gastronomici	• Il gerundio modale e temporale • Gli indicatori temporali • **Occorrere** e **volerci** • **Per** + infinito • Alcuni usi di **ci** • Alcuni usi della forma riflessiva • Il connettivo **perché** • **Da** + infinito	• Il lessico di ricette e gastronomia • Gli utensili da cucina • I segnali discorsivi **aspetta**, **appunto**
6 *Obiettivo lavoro*	• Parlare delle proprie abilità e competenze • Esprimere desideri • Fare ipotesi possibili	• Il congiuntivo imperfetto • Il periodo ipotetico della possibilità • Esprimere desideri • Esprimere obbligo e necessità	• Il lessico del lavoro e della formazione • Il lessico delle qualità personali e professionali • I segnali discorsivi **dimmi**, **dica**, **bene**
7 *L'eco della storia*	• Raccontare la vita di un personaggio storico • Descrivere fatti in successione cronologica • Raccontare e riassumere una storia	• Il passato remoto • Gli indicatori temporali • Il condizionale composto • Il discorso indiretto • **Prima di** / **prima che**	• Il lessico della storia, delle biografie e della narrazione • Le espressioni temporali • Il segnale discorsivo **addirittura**
8 *In giro per il mondo*	• Organizzare e raccontare un viaggio: alloggio, itinerario, ecc. • Esprimere gusti e opinioni sul viaggio • Chiedere e fornire informazioni	• La forma impersonale dei verbi pronominali • La costruzione passiva con **essere**, **venire** e **andare** • La preposizione **da** (agente) • L'aggettivo **proprio**	• Il lessico del viaggio, delle attrazioni e dei servizi turistici • I numeri ordinali • Il segnale discorsivo **ecco**
9 *La grande bellezza*	• Esprimere gusti e opinioni su prodotti culturali • Raccontare la trama di un film o di un libro	• Il condizionale composto (desiderio irrealizzato) • I pronomi relativi **il quale**, **la quale**, **i quali**, **le quali** • I nomi e gli aggettivi alterati • **Secondo me, a mio avviso...** • Le frasi consecutive	• Il lessico dei gusti culturali • I generi letterari e cinematografici • I segnali discorsivi **affatto**, **niente**

SCHEDE VIDEO
VIDEO 1-2 52 | VIDEO 3-4 86 | VIDEO 5-6 120 | VIDEO 7-8-9 170

VIAGGIO IN ITALIA
ARTE E STORIA 172 | PERSONAGGI 176 | TERRITORIO E NATURA 180 | MADE IN ITALY 184

TIPOLOGIA TESTUALE	CULTURA	FONETICA	COMPITI	
• Ricette • Blog • Articolo • Intervista • Conversazione telefonica • Programma di un evento	• Ricette tradizionali italiane • I mercati in Italia	• I suoni [r] e [l] • L'enfasi (I)	• Creare un evento gastronomico dedicato a una regione italiana • Scrivere la ricetta di una tua specialità	**88**
• Chat • Test • Conversazione • Lettera di motivazione • Annuncio di lavoro • Intervista • Articolo	• Il sistema educativo in Italia • Eccellenze italiane: le 4A del Made in Italy	• I suoni [b] e [v] • L'enfasi (II)	• Partecipare a un *recruiting day* • Redigere una lettera di motivazione	**104**
• Racconto cronologico • Podcast • Biografia • Conversazione • Trama	• Storia dell'Italia • La spedizione dei Mille • Lorenzo de' Medici e Isabella d'Este • I romanzi cavallereschi: l'*Orlando furioso* e l'Opera dei Pupi	• I suoni [ʃ] e [ss] • La concatenazione (II)	• Scrivere un poema a più mani • Scrivere la cronistoria di un'epoca importante del proprio Paese	**122**
• Articolo • Recensioni • Conversazione • Guida turistica	• Itinerario nella provincia di Trapani • I parchi artistici in Italia • Il Grand Tour	• I suoni [k] e [g] • Intonazione: *ecco*	• Organizzare un itinerario di viaggio in Italia • Descrivere un sito d'interesse	**138**
• Infografica • Podcast • Intervista • Articolo • Programmazione cineteca • Trama di un film • Chat	• Abitudini di lettura degli italiani • Libri e autori italiani all'estero • Letteratura migrante: il concorso Lingua Madre	• I suoni [t] e [d] • Intonazione: la frase conclusiva e la frase continuativa	• Preparare il programma culturale della classe • Scrivere la trama commentata di un libro o di un film	**154**

ESAMI UFFICIALI
INTRODUZIONE 188 | CILS 190 | CELI 194 | PLIDA 198 | CERT.IT 202

ESERCIZI
UNITÀ 1 206 | UNITÀ 2 210 | UNITÀ 3 214 | UNITÀ 4 218 | UNITÀ 5 222 | UNITÀ 6 226 | UNITÀ 7 230 | UNITÀ 8 234 | UNITÀ 9 238

Tipi di insegnante

IL GIOCHERELLONE

IL MUSICISTA

LO SCHEMATICO

Tipi di studente

L'ATTORE

L'ERASMUS

L'ANSIOSO

0 La mia Italia

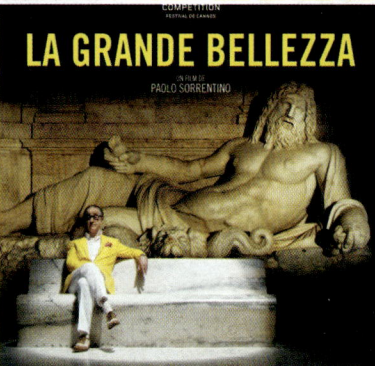

LETTERATURA **BELLEZZA**
TURISMO CITTÀ **ARTE** MACCHINA
PIAZZA **ARTE** CAMPIONE **DIPINTO**
STORIA **LETTERATURA** BELLEZZA
DESIGN ELEGANZA PIAZZA
CIBO DIPINTO **CITTÀ** CIBO
MACCHINA QUALITÀ CULTURA
PITTURA **CINEMA** BELLEZZA STORIA
COMPOSITORE DESIGN
CULTURA **MACCHINA** **PITTURA**
ALIMENTARI ELEGANZA
ALIMENTARI
CINEMA COMPOSITORE
CAMPIONE **CIBO**
DESIGN

A. Osserva le immagini: riconosci i soggetti rappresentati? La nuvola di parole ti dà delle piste. Poi confronta con un compagno.

- *La città è Siena, giusto?*
- *Esatto! Io ci sono stata, mi è piaciuta tanto.*

B. A gruppi, preparate la lista dei soggetti delle foto. Poi condivideteli con la classe e fate la classifica dei più conosciuti.

C. Per svolgere l'attività hai avuto bisogno di parole nuove? Scrivile e poi traducile nella tua lingua.

	=	
	=	
	=	
	=	

1. Io e l'Italia

A. Che cosa ti piace dell'Italia? Completa la seguente scheda.

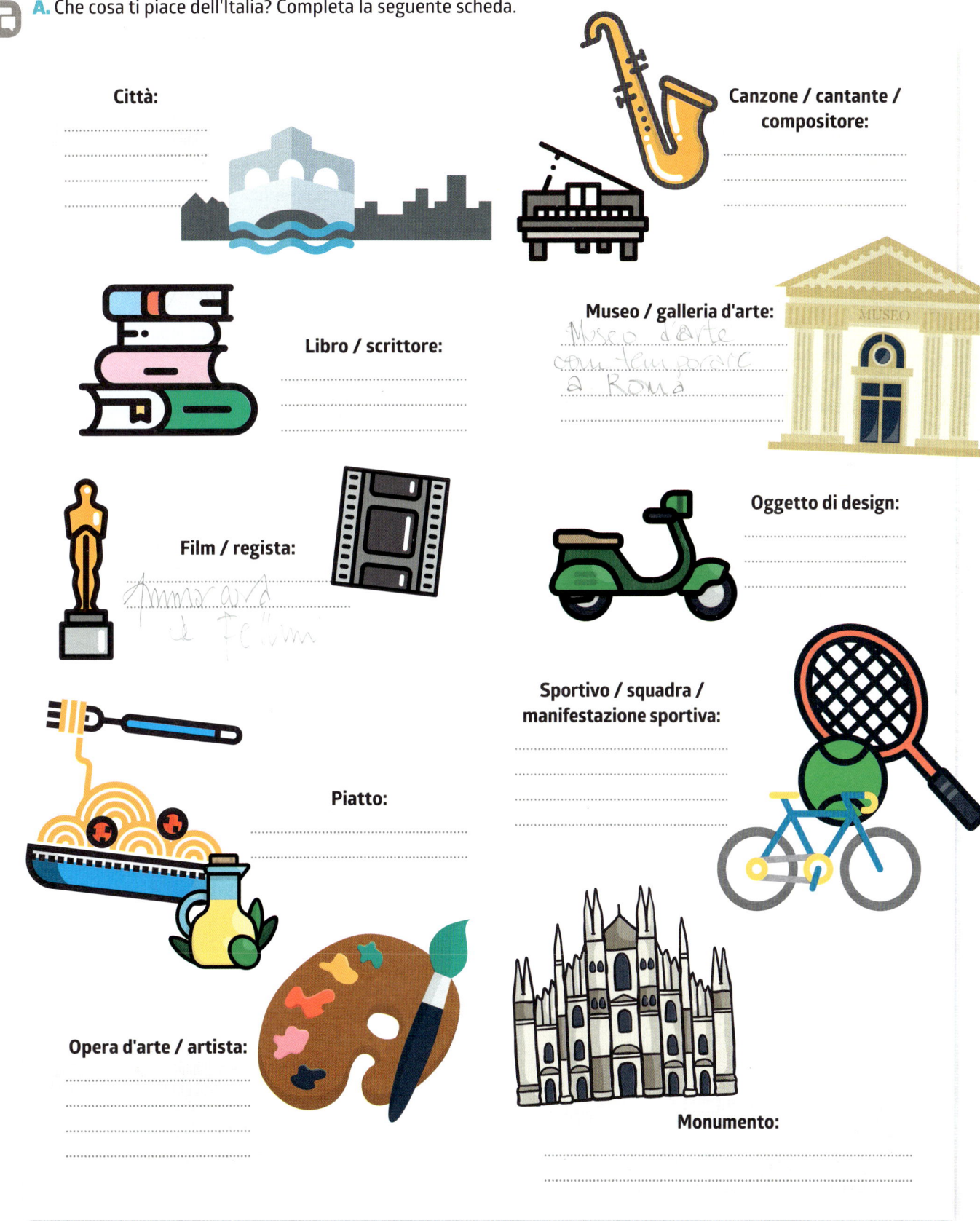

Città:

Canzone / cantante / compositore:

Libro / scrittore:

Museo / galleria d'arte: Museo d'arte contemporanea a Roma

Film / regista: Amarcord di Fellini

Oggetto di design:

Piatto:

Sportivo / squadra / manifestazione sportiva:

Opera d'arte / artista:

Monumento:

B. A gruppi, confrontate le vostre schede: avete gli stessi gusti? Chi ha più affinità?

La mia Italia

2. Si fa così!

A. Quanto conosci gli italiani? Fai il test e confronta le tue risposte con quelle di un compagno.

Quando ti presentano qualcuno:
a. dai la mano.
b. dai la mano e un bacio.
c. saluti.

dipende se un amico

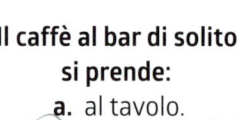
Il caffè al bar di solito si prende:
a. al tavolo.
b. al bancone. *counter*
c. da asporto. *take away*

I gesti accompagnano la conversazione:
a. sempre.
b. solo in situazioni informali.
c. raramente.

Nel menù italiano l'insalata è:
a. un antipasto.
b. un primo.
c. un contorno.

La formula di cortesia Lei si usa con:
a. persone anziane.
b. persone di qualsiasi età in situazioni formali.
c. solo persone anziane in situazioni formali.

Gli spaghetti si mangiano:
a. con forchetta e cucchiaio.
b. con la forchetta.
c. con forchetta e coltello.

La colazione per eccellenza è a base di:
a. cornetto e cappuccino.
b. biscotti e spremuta d'arancia.
c. uova, prosciutto e caffè.

I negozi nei centri piccoli:
a. fanno orario continuato.
b. chiudono all'ora di pranzo.
c. aprono solo la mattina.

Offrire qualcosa da bere agli amici si fa:
a. molto spesso.
b. mai.
c. solo in occasioni speciali.

Il biglietto dell'autobus si compra:
a. direttamente sull'autobus.
b. in edicola e dal tabaccaio.
c. solo nelle macchinette automatiche.

B. Tra le abitudini viste nel test, quali ti colpiscono di più? Nelle stesse situazioni come ci si comporta nel tuo Paese? Evidenzia differenze e similitudini parlandone con i compagni.

- *Nella mia lingua non esiste la forma di cortesia Lei.*
- *Neanche nella mia, per fortuna! Sbaglio sempre...*

C. Ascolta la registrazione: sentirai delle frasi pronunciate in alcune delle situazioni proposte nel test. Indica nel quadro a quale item del test corrispondono. Poi confronta con un compagno.

1.
2.
3.
4.
5.
6.

D. A gruppi, pensate ad altri comportamenti degli italiani che vi incuriosiscono o stupiscono. Prendete nota e condivideteli con la classe.

- *Ma perché molti italiani applaudono quando atterra l'aereo?*

E. E nel tuo Paese, quali "manie" avete? Pensa ai comportamenti e le abitudini che incuriosiscono gli stranieri in visita nel tuo Paese. Scrivine sei aiutandoti con il modello del test. Poi discutine con un gruppo di compagni.

1 Quando arriva l'autobus alla fermata la gente ringraziare al guidatore (autista di autobus?)

2 Quando le persone chiedono "come va?" Non aspettiamo per la risposta.

3 Alcune persone indossano abiti estivi a maggio e settembre.

4 Alcune persone nuotano al mare tutto l'anno.

5 Alcune membri del governo indossano cappelli durante riunioni (di governo/parlamento)

6 Alcune persone mettono l'ananas sulla pizza!!

La mia Italia

3. Parole bellissime

 A. Leggi le parole proposte, le conosci? Ti piacciono? Parlane con un compagno.

○ Mi piace molto l'espressione "mamma mia" perché è perfetta per esprimere sorpresa!
● Ah, anche a me piace! La uso spesso...

MOZZAFIATO BACIO
GRAZIE MILLE
MA DAI POMODORO
SFIZIO MAMMA MIA
whim
BRAVO ALLORA
CONCERTO
FINALE

 B. Pensa cinque parole e tre espressioni italiane che ti piacciono in modo particolare. Scrivi delle frasi in cui usi le tue parole ed espressioni preferite e poi condividile con un compagno. Avete scelto parole ed espressioni diverse?

PAROLE	ESPRESSIONI
1. BACIO	1. MAMMA MIA
2. SFIZIO	2. MAI DAI
3. FINALE	3. BRAVO
4. CONCERTO	ALLORA
5. MOZZAFIATO	

POMODORO
CONCERTO
ALLORA

4. Ambiente personale di apprendimento

A. In che modo usiamo la tecnologia per apprendere le lingue? Con un compagno, osservate l'illustrazione e le icone proposte: quali di questi strumenti usate?

B. Ascolta la registrazione e indica se le seguenti affermazioni sono vere o false.

	V	F
1. L'Ambiente Personale di Apprendimento è un luogo in cui imparare le materie preferite.		
2. Nel PLE è importante interagire con altre persone.		
3. Il PLE si struttura solo online.		
4. Il PLE è composto da strumenti, strategie e risorse organizzati in base alle esigenze specifiche dell'utente.		

C. Organizza il tuo PLE. Indica quali strumenti puoi usare per i seguenti obiettivi. Poi, confrontati con un compagno.

▶ Condividere e comunicare: ....

▶ Informarmi, guardare, cercare: ....

▶ Migliorare il mio italiano: ....

▶ Viaggiare: ....

1 Emozioni in note

CF	**COMPITI FINALI** • Preparare un test di personalità per l'insegnante • Elaborare una playlist	CI	**COMPITI INTERMEDI** • Descrivere il carattere di una persona • Raccontare cosa ci fa stare bene o male nei rapporti interpersonali • Abbinare canzoni a emozioni

1. Emozioni in parole

A. Osserva le fotografie: quali emozioni ti evocano? Aiutati con la nuvola di parole. Poi, parlane con un compagno.

B. Leggi le parole della nuvola e crea la tua scala delle emozioni, dalla più positiva alla più negativa.

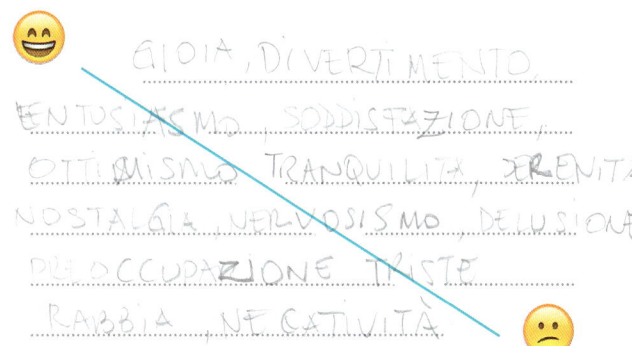

GIOIA, DIVERTIMENTO, ENTUSIASMO, SODDISFAZIONE, OTTIMISMO, TRANQUILLITÀ, SERENITÀ, NOSTALGIA, NERVOSISMO, DELUSIONE, PREOCCUPAZIONE, TRISTE, RABBIA, NEGATIVITÀ

C. Confronta la tua scala con quella di un compagno e cercate insieme le parole che non conoscete.

D. Se vuoi, alla fine dell'unità fai una proposta alternativa per questa doppia pagina: scegli una o più immagini e crea una nuova nuvola di parole.

1. La personalità

2. Energie in equilibrio

A. Hai sentito parlare dello Yin e dello Yang? Condividi quello che sai con un compagno. Aiutati con queste parole.

- benessere
- energia
- negatività
- equilibrio
- positività
- armonia

B. Fai il test: ti riconosci nel profilo ottenuto? Parlane con un compagno.

Yin e Yang

Quale energia predomina in te?

Scoprilo con questo test!

1. Che colore preferisci?
A. Colori scuri come il blu e il nero.
B. Colori vivaci e forti come il giallo.
C. Colori chiari come l'azzurro.

2. Quale momento della giornata preferisci?
A. La notte.
B. Le ore in cui c'è luce.
C. L'alba e il tramonto.

3. Hai un appuntamento con qualcuno che ti piace molto, come ti senti?
A. Abbastanza rilassato e sereno, non mi agito più di tanto.
B. Molto nervoso e piuttosto impaziente.
C. Un po' agitato ma cerco di controllarmi.

4. Di solito, quando ti svegli al mattino?
A. Qualche minuto dopo la sveglia.
B. Prima della sveglia.
C. Abbastanza dopo che è suonata la sveglia.

5. Sei imbottigliato nel traffico, come ti comporti?
A. Sono paziente: ascolto la radio e aspetto.
B. Mi innervosisco e comincio a suonare il clacson.
C. Divento ansioso: sbuffo, controllando continuamente l'ora.

6. Ti definisci una persona attiva?
A. Decisamente no.
B. Sì, molto attiva!
C. Non eccessivamente.

7. Ti piacciono i lavori di gruppo?
A. Preferisco lavorare da solo.
B. Sì, ma solo quelli in cui io dirigo tutto!
C. Sì, ma tutti devono avere una quantità di lavoro uguale.

8. Come ti definiscono i tuoi amici?
A. Un artista.
B. Un vulcano attivo.
C. Un diplomatico.

9. Ti piace confidare i tuoi problemi?
A. No, di solito preferisco ascoltare quelli degli altri.
B. Sì, sono una persona che preferisce confidare piuttosto che ascoltare.
C. Sì, ma ne parlo solo con le persone di cui mi fido.

10. Qual è la tua musica preferita?
A. Musica rilassante.
B. Qualsiasi musica che mi faccia scatenare.
C. Alterno tra i generi.

PROFILI

Maggioranza di A:
In te predomina l'energia Yin: sei una persona tranquilla e serena. Ami la notte e ti piace la solitudine, infatti sei introverso. E proprio per questo sei particolarmente sensibile e creativo. Hai un ottimo intuito da cui ti lasci spesso guidare. Nei rapporti con gli altri, sai ascoltare e sei molto paziente. Una pecca? Sei un po' pigro, prova a iscriverti a un corso in palestra!

Maggioranza di B:
In te predomina l'energia Yang, sei una persona energica e un po' ansiosa: devi sempre tenerti impegnato con qualche attività. Hai una personalità estroversa e sei positivo, infatti ami la luce, il giorno e il calore. Però, spesso, sei troppo impulsivo… dovresti provare a essere meno impaziente in alcune occasioni.

Maggioranza di C:
L'equilibrato: sei riuscito a trovare un giusto equilibrio tra queste energie. Sei una persona affidabile, determinata e paziente. Sei sicuro di te stesso: sai calcolare il momento in cui dire e fare qualcosa evitando conseguenze negative. Cerca solo di non essere troppo prudente, a volte un po' di impulsività fa bene!

C. Sottolinea gli aggettivi che descrivono la personalità nei profili del test. Poi, completa il quadro con i contrari delle parole proposte.

tranquillo	→	
paziente	→	
prudente	→	
pigro	→	
introverso	→	

D. Secondo te, gli aggettivi che hai individuato nei profili sono positivi o negativi? Classificali e confronta le tue scelte con quelle di un compagno.

• *Secondo me, essere prudente è una caratteristica positiva. Non mi piacciono le persone troppo impulsive.*

E. Osserva i pronomi evidenziati nel test e scegli l'opzione corretta per completare la regola d'uso.

I pronomi relativi ▶ p. 28

che / cui è preceduto da una preposizione

che / cui non è preceduto da una preposizione

F. Leggi il testo sul significato del simbolo Taijitu e verifica le ipotesi fatte al punto A. Poi, individua le parole chiave e confrontale con quelle di un compagno.

Il Taijitu, secondo il principio dello Ying e dello Yang, fondamentale nella filosofia cinese, è il simbolo della dualità esistente in ogni elemento dell'universo. Yin e Yang, nero e bianco, sono due energie opposte e complementari: ognuna contiene il seme del proprio opposto. In ogni persona predomina un'energia che, però, si alterna e completa con l'altra alla ricerca dell'equilibrio e della serenità.

G. Nei testi che hai letto ci sono dei nomi con suffisso **-ità**. Osserva gli esempi e completa il quadro con i nomi corrispondenti agli aggettivi.

AGGETTIVO		NOME
sereno	→	*serenità*
duale	→	*dualità*
creativo	→	
impulsivo	→	
affidabile	→	
positivo	→	
sensibile	→	

03

H. Ascolta l'intervista sull'alimentazione Yin o Yang e indica quali delle seguenti affermazioni sono presenti. Poi, confronta le risposte con un compagno.

1. Lo Yin e lo Yang sono presenti anche nel cibo.
2. La medicina tradizionale cinese non si occupa di alimentazione.
3. Possiamo ridurre l'ansia con un'alimentazione corretta.
4. I cibi freddi Yin aiutano a gestire l'iperattività.
5. Se hai un eccesso di energia Yang non sei mai di malumore.
6. I cibi "riscaldanti" aiutano ad ==essere di buonumore==.

I. Secondo le caratteristiche descritte dalla nutrizionista, tu hai uno squilibrio di energia Yin o Yang, o sei equilibrato? Parlane con un compagno.

• *Dunque, io mangio tanti latticini e poca carne rossa... quindi forse ho troppa energia Yin...*

CI **CHE TIPO!**
Descrivi il carattere di una persona che conosci bene e, in base alle sue caratteristiche, associala all'energia Yin o Yang, motivando la tua scelta.

2. Relazioni

3. Ci tengo ma...

A. Leggi il blog, poi abbina le seguenti problematiche al commento corrispondente. Infine, confronta con un compagno e motiva i tuoi abbinamenti.

1. incomprensione per differenze di personalità
2. incompatibilità di interessi
3. mancanza di comunicazione

Il diario di Susy
Il blog di Susanna Lami

HOME   BLOG   CONTATTI   CHI SONO

Relazioni "pericolose"

Relazioni interpersonali, un grande mondo pieno di gioie, dolori, incomprensioni e domande. Ho parlato in vari post delle cose che non sopporto e di quelle che invece mi fanno stare bene nei rapporti con gli altri, dalla relazione di coppia a quella d'amicizia, di lavoro, di convivenza... Adesso tocca a voi miei cari lettori: come vanno le vostre relazioni con gli altri? Quali sono le cose che non sopportate o su cui non riuscite a mettere una pietra sopra?

Postato da Susanna il 20/01/2018

💬 4 commenti

Giulio78
Ciao Susy! Guarda, io convivo con la mia fidanzata da tre anni e l'unico momento in cui litighiamo è quando gioca la Fiorentina. Non sopporto che voglia vedere solo la partita quasi tutte le domeniche... a me non me ne importa nulla! Ma proprio la mia Dalila deve essere così fissata con il calcio!? Comunque, ti devo confessare che la situazione è migliorata da quando ho avuto un colpo di fulmine... Netflix! Ci sono così tante serie TV da guardare nei 90 minuti della partita!

Vale
Susy, parliamo della mamma, la mia mamma... Abbiamo un bellissimo rapporto ma a volte mi fa dare di volta il cervello. Come mai quando incontriamo un lontano parente deve mettersi a raccontare tutta la mia vita? Ti giuro, non tollero che parli di me e delle mie scelte. Dovrei fregarmene e invece divento rossa come un peperone e taglio corto. Ma come faccio a dirle di smetterla? È così permalosa... e poi lo fa con tanta ingenuità...

Davide
Il mio coinquilino è maniaco dell'ordine! Appena vede una briciola, corre a pulire. Che pizza! Non sopporto le persone che sono troppo precise. Considera che mette via i bicchieri in ordine di colore e i libri in ordine di altezza e guai a cambiare la disposizione! Lo so che è una persona molto premurosa e affidabile, ma quando apro il frigorifero e vedo le verdure e la frutta organizzate per colore... non ce la faccio a trattenere una risata: non credo che capisca l'entità del suo problema!

Katia
Ci tengo molto alla mia amica Flavia, ma sabato scorso mi ha proprio irritata! Eravamo in un bar con alcuni amici e uno le ha chiesto: "Ma, con la tua dieta vegana, non sei carente di ferro?" Attimo di silenzio. Ormai la conosco e mi è venuto un nodo alla gola... Flavia ha preso il respiro e, con faccia saccente, ha elencato tutte le alternative *cruelty free* per fare scorta di ferro, rendendo la conversazione molto pesante. Detesto l'atteggiamento di superiorità che ha Flavia in certe situazioni: per il bene della nostra amicizia, devo dirle di smetterla.

B. E tu, hai mai avuto problemi simili a quelli citati nel blog? Parlane con un compagno.

C. Cerca nel blog le forme corrispondenti ai seguenti verbi pronominali e completa il quadro. In base al contesto, riesci a dedurre il significato? Prova a tradurli nella tua lingua.

importarsene	→	me ne importa
fregarsene	→	
smetterla	→	
farcela	→	
tenerci	→	

D. Osserva le espressioni evidenziate in verde nel testo e abbinale al significato corrispondente. Esistono nella tua lingua modi di dire equivalenti? Confronta con un compagno.

① .... : impazzire, sragionare

② .... : essere commosso o angosciato

③ .... : non pensare più a una cosa, non parlarne più

④ .... : innamorarsi all'improvviso

⑤ .... : arrossire per la vergogna

E. Completa la coniugazione del congiuntivo presente e scrivi l'infinito corrispondente.

il congiuntivo presente ▶ p. 28		
....	....	....
parli	voglia	capisca
parli	voglia	capisca
....	....	....
parliamo	vogliamo	capiamo
parliate	vogliate	capiate
parlino	vogliano	capiscano

F. Osserva la struttura di alcune frasi estratte dal blog e cerchia l'opzione corretta per completare la regola d'uso. Quale struttura presentano le altre frasi evidenziate in giallo nel blog?

congiuntivo o indicativo? ▶ p. 28

Non sopporto le persone che sono troppo precise.
frase principale + frase relativa con
verbo all'indicativo / verbo al congiuntivo

Non sopporto che voglia vedere solo la partita.
frase principale + frase oggettiva con
verbo all'indicativo / verbo al congiuntivo

G. Scegli uno dei commenti del blog e scrivi una risposta in cui dai la tua opinione sul problema trattato.

Secondo me Netflix non è la soluzione giusta...

H. Ascolta la conversazione tra due amici e completa il quadro.

04

problema	opinione

I. E tu, che cosa ne pensi dei problemi raccontati dalle persone della registrazione? Parlane con un compagno.

CI — **ME NE IMPORTA**
Scrivi un post in cui racconti qualche comportamento o situazione che non sopporti o che ami nelle relazioni interpersonali.

3. Canzoni emozionanti

4. Tu chiamale, se vuoi, emozioni

A. Quando provi le seguenti emozioni ascolti un determinato genere di musica? Parlane con un compagno.

▶ felicità
▶ tristezza
▶ rabbia
▶ eccitazione
▶ nostalgia

pop · rock · opera · rap · classica · country · jazz · elettronica · metal · punk

• *Mah... di solito quando provo rabbia ascolto punk o metal.*
○ *Dai! Anch'io! Ma anche qualche brano di musica classica.*

B. Leggi l'articolo sulla relazione tra musica ed emozioni.
Che cosa ne pensi degli abbinamenti proposti? Parlane con un compagno.

Musica ed emozioni

In che modo la musica influisce sulle emozioni? Per rispondere, pensiamo che sia necessario l'intervento di una persona che di musica ne sa davvero tanto e quindi abbiamo chiesto a Bruno Pasini, responsabile musicale di *X Factor* e una vita passata nel mondo della musica. Ecco quanto è emerso.

Non è una questione semplice: per alcune emozioni come tristezza e gioia ci sono migliaia di brani musicali che ne descrivono ogni declinazione. Per altre emozioni più specifiche (come fiducia o disgusto) credo che il testo giochi un ruolo fondamentale. Quando si parla di musica, materia altamente emotiva, è difficile superare questioni biografiche e di gusto personale: dunque preciso che non è la mia lista di canzoni preferite, ma di quelle che, secondo me, esprimono efficacemente alcune emozioni.

RABBIA: *I fought the law*, The Clash
La rabbia, sintomo di disagio sociale o personale, è una delle emozioni dominanti nel rock. Scelgo *I Fought The Law* nella versione dei Clash, un gruppo punk, che è per eccellenza il genere musicale della rabbia, dell'insofferenza e della protesta.

ATTESA: *In the air tonight*, Phil Collins
Si aspetta l'estate, si aspetta una telefonata, si aspetta il momento giusto. Ci sono canzoni piene di attese, soprattutto d'amore. Penso di cogliere nel segno con questo brano perché, nella sua musica e nell'arrangiamento, c'è qualcosa che trasmette l'incertezza e il senso dell'attesa.

PAURA: *Secondo movimento della Sinfonia numero 9 in Re minore*, Ludwig van Beethoven
La musica può essere un mezzo per sottolineare o predisporre all'ansia, alla tensione. Per me il lato oscuro della natura umana è trasmesso perfettamente nell'incipit di questo movimento.

DISGUSTO: *Ma che bontà*, Mina
Un'emozione così specifica è difficile da trovare in una canzone. Eppure, se non la conoscete, credo di farvi un piccolo regalo consigliandovi *Ma che bontà* di Mina. Le basta una parola, l'ultima della canzone, per rivelare, con impagabile ironia, profondo disgusto.

TRISTEZZA: *Ev'ry time we say goodbye*, Cole Porter
La tristezza è l'emozione più analizzata in tutte le sue sfumature, poiché ne ha veramente tante: dall'infelicità amorosa alla malinconia per la perdita o l'abbandono... In questa canzone si parla della tristezza dell'allontanamento da chi si ama.

FIDUCIA: *I.G.Y. (What a beautiful world this will be)*, Donald Fagen
Una canzone che grazie al suo ritmo e alla sua solarità trasmette fiducia e parla del domani brillante di un popolo, gli americani, che si credeva invincibile.

Per la canzone che trasmette gioia... lascio la parola ai lettori!

Adattato da Tra emozioni e musica, *nuovoeutile.it*

• *Penso che abbia scelto un'ottima canzone per la paura.*
○ *Sì, sono d'accordo, quando ascolto la Sinfonia numero 9 mi viene un nodo alla gola...*

C. Rispondi alle domande relative all'articolo.

1. In musica, quali sono gli elementi più importanti per trasmettere emozioni?
   ....
2. In che modo la canzone *Ma che bontà* trasmette una sensazione di disgusto?
   ....
3. Qual è l'emozione più raccontata in musica? Perché?
   ....

D. Individua nel testo le emozioni e completa il quadro. Poi, traduci le parole che non conosci e confronta con un compagno.

> *tristezza, gioia,* ....
> ....
> ....

E. Osserva le strutture evidenziate nell'articolo e completa il quadro con il soggetto di ciascun verbo, come nel modello. Poi, cerchia l'opzione corretta per completare la regola d'uso.

le frasi oggettive ▶ p. 28
▶ pensiamo (*noi*) che sia necessario (*l'intervento*)
▶ credo (............) che giochi (............................)
▶ penso (............) di cogliere (............................)
▶ credo (............) di farvi (............................)
▶ Frase principale + **di** + verbo all'infinito se il soggetto della frase secondaria **è lo stesso / diverso**.
▶ Frase principale + **che** + verbo al congiuntivo se il soggetto della frase secondaria **è lo stesso / diverso**.

F. Ascolta un programma radio in cui si fa un sondaggio sulla canzone che mette di buon umore gli ascoltatori e completa il quadro.

titolo	motivazione
Don't worry, be happy, Bobby McFerrin	
We will rock you, Queen	
Splendida giornata, Vasco Rossi	
Three little birds, Bob Marley	

G. Leggi i commenti di alcuni radioascoltatori sulla pagina Facebook del programma radio. Con quali sei d'accordo? Parlane con un compagno.

Fede Condivido la scelta di *We will rock you*, è più energica delle altre canzoni citate. E io vi propongo una cantante che mi ha sempre fatto ballare: Raffaella Carrà con *Tanti auguri*.
👍 Mi piace 💬 Commenta · 23h

Sirio Simoni Ma no dai! Raffaella Carrà è meno entusiasmante anche di Vasco Rossi… Per me la sua musica è più noiosa che allegra. Mettiamo gente seria tipo i Pink Floyd con *Another brick in the wall*!
👍 Mi piace 💬 Commenta · 6h

nina3 Non sono d'accordo, per me la musica pop è positiva ed energica quanto la musica rock. E comunque, nessuno ha ancora citato un classico della musica italiana che tutti amiamo: Domenico Modugno, *Nel blu dipinto di blu*.
👍 Mi piace 💬 Commenta · 14m

● *Io sono d'accordo con Nina. Penso che la musica pop sia energica e positiva!*
○ *Sì, certo, dipende dalla canzone. Comunque io credo di preferire quasi sempre canzoni rock…*

H. Osserva i comparativi estratti dai commenti e sottolinea i due termini di paragone. Poi, indica se si tratta di comparativi di maggioranza, minoranza o uguaglianza.

i comparativi ▶ p. 28
▶ *We will rock you* è **più** energica **delle** altre canzoni. ....
▶ La sua musica è **più** noiosa **che** allegra. ....
▶ Raffaella Carrà è **meno** entusiasmante anche **di** Vasco Rossi. ....
▶ La musica pop è positiva ed energica **quanto** la musica rock. ....

I. Scrivi un commento per la pagina Facebook del programma radio della registrazione.

> **CI** — **MI METTE DI BUON UMORE!**
> Scegli una canzone per ciascuna emozione citata al punto A e spiega il perché della tua scelta.

Grammatica

I PRONOMI RELATIVI

Che ha funzione di soggetto o oggetto diretto ed è invariabile in genere e numero.
*Mi piacciono le canzoni **che** mettono di buonumore.* [soggetto]
*"Nel blu dipinto di blu" è una canzone **che** ascolto sempre volentieri.* [oggetto diretto]

Cui ha funzione di oggetto indiretto ed è preceduto da una preposizione. È invariabile in genere e numero.
*Questo è il ragazzo **di cui** ti avevo parlato.*
*Ci sono canzoni **a cui** associo nostalgia e paura.*

IL SUFFISSO -ITÀ

Usiamo il suffisso **-ità** nella formazione di alcuni nomi di significato astratto.
sensibile → sensibil**ità**
sereno → seren**ità**

IL CONGIUNTIVO PRESENTE

PARLARE	PRENDERE	SENTIRE	CAPIRE
parl**i**	prend**a**	sent**a**	cap**isca**
parl**i**	prend**a**	sent**a**	cap**isca**
parl**i**	prend**a**	sent**a**	cap**isca**
parl**iamo**	prend**iamo**	sent**iamo**	cap**iamo**
parl**iate**	prend**iate**	sent**iate**	cap**iate**
parl**ino**	prend**ano**	sent**ano**	cap**iscano**

VERBI IRREGOLARI

ESSERE	AVERE	STARE	DARE
sia	abbia	stia	dia
sia	abbia	stia	dia
sia	abbia	stia	dia
siamo	abbiamo	stiamo	diamo
siate	abbiate	stiate	diate
siano	abbiano	stiano	diano

andare: vada, vada, vada, andiamo, andiate, vadano
fare: faccia, faccia, faccia, facciamo, facciate, facciano
venire: venga, venga, venga, veniamo, veniate, vengano

LE FRASI OGGETTIVE
(CON VERBI DI OPINIONE E DI STATO D'ANIMO)

Corrispondono al complemento oggetto della frase principale. Possono essere introdotte da verbi di opinione (**pensare, credere, ritenere, sembrare**, ecc.) e di stato d'animo (**piacere, amare, sopportare, tollerare, detestare**, ecc.).
Penso che Giorgia sia una brava musicista.
Non sopporto che Leo lasci sempre i piatti sporchi.

Dopo verbi di opinione e di stato d'animo:
▶ se il soggetto della frase oggettiva è lo stesso della principale, usiamo l'infinito introdotto dalla preposizione **di** (con i verbi di opinione) o l'infinito (con i verbi di stato d'animo).
Credo [io] ***di avere*** [io] *un'ottima playlist per la festa!*
Non sopporto [io] ***discutere*** [io] *con il mio coinquilino.*

▶ se il soggetto è diverso, usiamo il congiuntivo.
Credo [io] ***che*** *la tua playlist **sia** ottima!*
Non sopporto [io] ***che*** *il mio coinquilino **usi** le mie cose senza chiedere il permesso!*

CONGIUNTIVO O INDICATIVO?

I verbi di stato d'animo possono introdurre una frase oggettiva o una frase relativa.
Quando introducono una frase oggettiva con soggetto diverso dalla principale, usiamo il verbo al congiuntivo:
*Non mi piace che la gente **parli** della mia vita privata.* [frase principale + **che** congiunzione + frase oggettiva con congiuntivo]

Quando introducono una frase relativa in cui presentiamo un fatto certo, usiamo il verbo all'indicativo:
*Non mi piace la gente che **parla** della mia vita privata.* [frase principale + oggetto + **che** relativo + frase relativa con indicativo]

I VERBI PRONOMINALI

▶ **farcela:** ce la faccio, ce la fai, ce la fa, ce la facciamo, ce la fate, ce la fanno
▶ **smetterla:** la smetto, la smetti, la smette, la smettiamo, la smettete, la smettono
▶ **tenerci:** ci tengo, ci tieni, ci tiene, ci teniamo, ci tenete, ci tengono
▶ **importarsene:** me ne importa, te ne importa, gliene importa, ce ne importa, ve ne importa, gliene importa
▶ **fregarsene:** me ne frego, te ne freghi, se ne frega, ce ne freghiamo, ve ne fregate, se ne fregano / me ne frega, te ne frega, gliene frega, ce ne frega, ve ne frega, gliene frega

 Fregarsene coniugato alla 3ª persona singolare è sinonimo di **importarsene**, però più colloquiale.

I COMPARATIVI

Comparativi di maggioranza e minoranza:
*Il rock è **più/meno** energico **del** pop.* [si comparano due soggetti rispetto alla stessa caratteristica]
*Questa canzone è **più/meno** nostalgica **che** triste.* [si comparano due qualità rispetto allo stesso soggetto]
*Questa canzone mi piace **più/meno** da ballare **che** da ascoltare.* [si comparano due parti del discorso che non sono aggettivi]

Comparativo di uguaglianza:
*La voce di Mina è **(tanto)** emozionante **come/quanto** quella di Bocelli.*

1

1. Cerchia l'opzione corretta.

a. Le sere **che / in cui** mi sento nostalgico, ascolto musica jazz.
b. Marianna è una persona affidabile **che / a cui** puoi assegnare progetti importanti.
c. Mi piacciono le persone impulsive **che / di cui** dicono quello che pensano.
d. Il gruppo rock **che / a cui** suona domani sera è ottimo!
e. Il presentatore radiofonico **che / di cui** ti ho parlato va in onda stasera.
f. Non mi sento a mio agio con le persone **che / di cui** sono troppo introverse.

2. Sottolinea le forme del congiuntivo presente e scrivi l'infinito corrispondente.

a. Non tollerano che i loro colleghi <u>arrivino</u> tardi.
   arrivare
b. Non mi piace che Luisa faccia il lavoro degli altri.
   ....
c. Detestano che io abbia più fortuna di loro.
   ....
d. Non sopporto che il mio coinquilino lasci i piatti sporchi in cucina.
   ....
e. Ho parlato con Daria e credo che non venga al concerto.
   ....
f. Non mi piace che i miei genitori prendano decisioni senza consultarmi.
   ....

3. Completa le frasi con i seguenti verbi pronominali.

To stop   NOT TO CARE   DO IT
smetterla   fregarsene   farcela

importarsene   tenerci   hold on?
care

a. Non possiamo mancare alla festa di Emanuele, (lui) *importarsene* tanto, è un'occasione importante per lui. è importante?
b. Sonia, non (io) *tenerci* ad arrivare in tempo per il film, mi dispiace...
c. Guardi, è chiaro che non (Lei) *frega* niente di quello che pensano i suoi colleghi, però deve mantenere la calma.
d. Devi *smetta* di fare spoiler dei film che voglio guardare! Uffa!
e. Oddio! Franco sta parlando ancora una volta dei problemi con i suoi coinquilini... che pizza! Non (io) *impo* niente!

4. Completa la lettera con il congiuntivo, l'indicativo o l'infinito dei seguenti verbi.

fare   invadere   essere (x2)
dormire   avere   rispettare

Cara Miriam,

mi sono divertita a leggere la storia sulle tue coinquiline isteriche. Io, purtroppo, credo di .... un altro tipo di coinquilino davvero fastidioso: studente Erasmus festaiolo assolutamente disinteressato a socializzare con me. Vediamo... cosa non funziona? Beh, non sopporto che .... costantemente gli spazi comuni. Non mi piace che i suoi ospiti .... per settimane sul divano. Secondo me pensa che la casa condivisa .... un ostello. E le feste senza fine? Non tollero che .... party in salotto il mercoledì sera! Io devo anche studiare ogni tanto! Detesto le persone che non .... gli altri. Credo che l'idea di scambio culturale con questo tipo di persone .... impossibile.

5. Completa a piacere le seguenti frasi.

a. Non tollero che i miei coinquilini *non svuotano la lavastoviglie*
b. Adoro le canzoni che *scrivono da villagers* hanno abbattuto
c. Detesto che i miei vicini *abbattono tutti gli alberi*
d. Non sopporto che *alcuni governi sono corrotti*
e. Ho paura di *parlare in pubblico*
f. Mi piacciono le persone che *sono gentili*

6. Cerchia l'opzione corretta.

a. La musica rock è più energica **di / che** quella classica.
b. Le persone Yang sono più dinamiche **che / di** quelle Yin.
c. Le persone Yin sono più tranquille **che / di** pigre.
d. Laura è introversa **tanto / quanto** Valeria.
e. Sono un tipo più da stadio **che / di** da teatro.
f. Giovanni è più intonato **di / che** Domenico.

ventinove **29**

Parole

Personalità

1. Abbina l'aggettivo alla frase corrispondente.

pigro/a   estroverso/a   creativo/a
impaziente   sensibile   prudente

a. Lucia è una ragazza molto comunicativa e socievole.
b. Alfredo non ha voglia di andare a correre... preferisce un bel film sul divano.
c. Il mio collega ha spesso ottime idee per il design della copertina della rivista.
d. Vincenzo con la musica nostalgica si emoziona sempre.
e. Mio fratello non sa aspettare che le situazioni evolvano naturalmente.
f. Vania valuta sempre attentamente le conseguenze delle proprie azioni.

2. Scrivi la definizione dei seguenti aggettivi.

impulsivo: _fare senza pensarolo_
affidabile: _fidarci_
introverso: _preoccupato di se stesso_
nervoso: _frustrato o arrabbiato_
iperattivo: _troppo attivo_

è una persona che non riesce a firmasi

3. Scrivi una breve descrizione del tuo carattere.

Sono una persona...

Emozioni e stati d'animo

4. Completa la lista di combinazioni.

essere ▸ emozionato
sentirsi ▸ triste
avere ▸ paura
mettere ▸ di buon umore

5. Completa il testo con il modo di dire adeguato.

ho un nodo alla gola   un colpo di fulmine
metterci una pietra sopra
diventare rossa come un peperone

Cosa significa per me comporre canzoni? Beh, innanzitutto ogni mia canzone nasce da un ..._colpo di fulmine_... che può essere per un'immagine, una persona, un film, una storia... Mi lascio emozionare dal mondo intorno a me. Quindi, è un processo intimo, personale. A volte, insoddisfatta di come cerco di trasmettere il mio mondo interiore, decido di lasciar perdere ma poi mi rendo conto che non posso ..._metterci una pietra sopra_.... Non mi piace lasciare le cose a metà. E quindi, ritorno all'opera. Quando testo e musica sono pronti, mi preparo per lo spettacolo. Questa è forse la parte più difficile, prima di ogni concerto ..._ho un nodo alla gola_.... Come reagirà il pubblico? E poi, ho il timore di ..._diventare rossa come un peperone_... sul palco. Ma Elio, il mio chitarrista, mi dà sempre la giusta carica di determinazione...

6. Quali emozioni e sentimenti suscitano in te questi tipi di musica?

musica rock

musica classica

Suoni 1

Il segnale discorsivo *dai*

7. Leggi i dialoghi e indica la funzione di **dai**. Poi traducili nella tua lingua: a cosa corrisponde **dai**? Poi ascolta la registrazione e fai attenzione all'intonazione.

1. Si usa per incitare qualcuno.
2. Si usa per esprimere incredulità.

a. ....
- Sono molto preoccupata perché non ho studiato molto per questo esame...
- **Dai**! Coraggio! Vedrai che andrà benissimo!

b. ....
- Sai che Marco e Giulia si sono lasciati?
- **Dai**! Non ci credo! Erano una coppia così bella!

c. ....
- Hai sentito che Ilaria si trasferisce a Praga?
- **Dai**! Non ci credo! Come mai?

8. Completa i dialoghi con le frasi sotto. Poi ascolta e verifica.

a.
- Sono molto nervoso perché non so come andrà il colloquio di lavoro.
- ....

b.
- Sai che *Nel blu dipinto di blu* di Modugno è la canzone italiana più venduta all'estero?
- ....

c.
- Non sopporto il mio nuovo collega! È una persona troppo negativa.
- ....

d.
- Ho deciso di imparare a suonare la chitarra!
- ....

1. **Dai**! Ma se non hai senso del ritmo!
2. **Dai**, vedrai che andrà benissimo.
3. **Dai**! Dagli un'opportunità.
4. **Dai**! Non lo sapevo!

1. Ascolta la registrazione e indica se senti il suono doppio o semplice.

	suono semplice	suono doppio
a		
b		
c		
d		
e		
f		

2. Ascolta la registrazione e completa le frasi con le parole mancanti.

a. L' .... aiuta a vivere più sereni.
b. L' .... non fa prendere buone decisioni.
c. Devi essere più .... !
d. Che .... ! Il mio coinquilino ha lasciato pentole e piatti sporchi!
e. Questa canzone mi fa venire ....
f. Bea è troppo ...., a volte non ragiona.

3. Leggi le seguenti frasi: che intonazione dai, sorpresa o incitazione? Poi verifica con la registrazione.

a. Hai comprato una moto? Ma se non sai andare neanche in bici!
b. Lasci il lavoro? E perché?
c. Imparerai subito ad andare in moto, è facile!
d. Marco e Giulia si sono lasciati?!
e. Praga è una bellissima città, starai benissimo!
f. L'esame non è così difficile, coraggio!

Salotto culturale

Album che hanno fatto storia

L'edizione italiana della rivista «Rolling Stones» ha pubblicato una classifica dei migliori 100 dischi della musica italiana dal 1960 a oggi.
La selezione è stata effettuata da una giuria composta da 100 personaggi della letteratura, dell'arte, della politica, della musica, della moda e dello sport. L'obiettivo è quello di dare un'idea della musica che ha circolato nelle case, nelle camere, nelle piazze, nelle radio, negli stadi, nei club e nei circoli del nostro Paese. Di questa lista vi proponiamo la top 3 e due dei primi album femminili in classifica.

Adattato da *La top 100 della musica italiana*, corriere.it

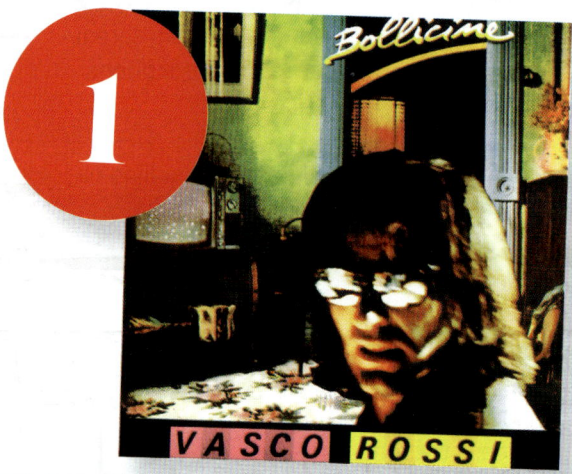

1

Bollicine
Artista: Vasco Rossi
Anno: 1983
Genere: Pop-Rock

La canzone *Vita spericolata*, presentata come una provocazione al Festival di Sanremo, è rapidamente diventata un inno generazionale.

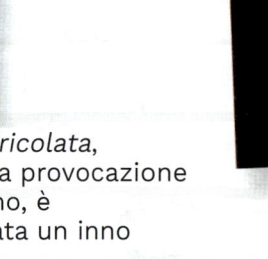

2

La voce del padrone
Artista: Franco Battiato
Anno: 1981
Genere: Pop

Album intimo e nostalgico di denuncia e, a volte, come nel singolo *Bandiera bianca*, anche di resa alla mediocrità di alcune situazioni o personaggi dell'Italia degli anni '80.

3

Una donna per amico
Artista: Lucio Battisti
Anno: 1978
Genere: Pop, Musica d'autore

Questo disco è la colonna sonora che ha accompagnato e accompagna tutt'oggi gioie e dolori di molte relazioni. Indimenticabile il singolo che dà il titolo all'album.

Colonne sonore indimenticabili

Traslocando

Artista: Loredana Bertè
Anno: 1982
Genere: Pop-Rock, New Wave, Reggae

Il singolo *Non sono una signora* diventa il manifesto di questa cantante che non ha mai nascosto i suoi guai, la sua rabbia ma anche la sua forza e determinazione.

MINA LIVE '78

Artista: Mina
Anno: 1978
Genere: Pop, Jazz

In questo doppio LP è registrato l'ultimo concerto dal vivo della cantante Mina, la cui sigla è *Stasera io qui*. Considerata tra le cantanti migliori di tutti i tempi per l'estensione della sua voce, Mina ha regalato un bagaglio di emozioni agli italiani che hanno amato, sofferto e riso con le sue canzoni.

A. Conosci qualche cantante italiano? Parlane con un compagno.

B. Leggi l'articolo. Secondo te, in base al titolo, di che cosa trattano i testi dei singoli di ciascun album? Parlane con un compagno.

Vita spericolata: ....
....

Bandiera bianca: ....
....

Una donna per amico: ....
....

Non sono una signora: ....
....

Stasera io qui: ....
....

C. Cerca informazioni su un disco tra quelli proposti. Ascolta il singolo e qualche canzone a tuo piacere. Che tipo di emozioni ti suscita? Annotale e condividile con i compagni.

D. A coppie, fate la top 3 dei dischi più belli della musica del vostro Paese. Per ciascuno completate una scheda con le seguenti informazioni.

Titolo del disco: ....
Artista: ....
Anno: ....
Genere: ....
Singolo e tematiche: ....
....
....
Emozioni: ....
....
....

Compiti finali

Preparare un test di personalità per l'insegnante

A. A gruppi, decidete la struttura del vostro test: quante domande volete proporre, quali emozioni e reazioni volete indagare, che tipologie di profili volete descrivere nei risultati.

B. Preparate le domande con le relative opzioni di risposta. Provate a svolgere il test per valutare che le risposte conducano al profilo desiderato.

C. Scrivete la versione definitiva del vostro test e sottoponetelo all'insegnante.

D. Confrontate tutti insieme i test e i risultati ottenuti dall'insegnante. In quali aspetti coincidono e in quali no? Discutete con l'insegnante sugli aggettivi che meglio lo definiscono.

STRATEGIE PER LAVORARE

 Prima di preparare il test, osservate di nuovo il modello a p. 22.

 Potete pubblicare il vostro test nello spazio virtuale della classe, proponendo a tutti di svolgerlo.

Elaborare una playlist per un momento della giornata

A. Pensa a un momento della giornata che ti piace accompagnare con la musica (la colazione, lo studio, le pulizie di casa, la doccia, ecc.).

B. Prepara una playlist e scrivi le emozioni che ti trasmette e perché.

C. Condividi la tua playlist e confrontati con i compagni su scelte e motivazioni.

STRATEGIE PER LAVORARE

 Prima di creare la playlist, annota le emozioni che vuoi trasmettere.

 Carica la tua playlist nello spazio virtuale della classe e proponi dei link alle canzoni.

Bilancio 1

Com'è andato il compito?

A. Fai un'autovalutazione delle tue competenze.

	😁	🙂	🙁	😰
esprimere sentimenti e stati d'animo				
esprimere le proprie preferenze				
parlare dei generi musicali				

B. Durante la realizzazione dei compiti hai incontrato qualche difficoltà? Quale/i? Cosa hai imparato di nuovo? Cosa ti è piaciuto di più dei compiti?

C. Valuta il compito dei tuoi compagni e poi parlane con loro.

	😁	🙂	🙁	😰
La presentazione è chiara.				
Hanno utilizzato i contenuti dell'unità.				
Il lessico utilizzato è adeguato.				
È originale e interessante.				
La pronuncia è chiara e l'intonazione corretta.				

2 Mettiamocela tutta!

CF **COMPITI FINALI**
- Elaborare un volantino per promuovere un'attività fisica
- Raccontare la storia di uno sportivo

CI **COMPITI INTERMEDI**
- Spiegare quali valori si associano allo sport
- Descrivere un'attività fisica che contribuisce al benessere psicofisico
- Scrivere un commento sugli sport estremi

▲ *Vanessa Ferrari, campionessa italiana di ginnastica artistica*

1. Lo sport in parole

A. Osserva la fotografia: che cosa associ a questa immagine? Aiutati con la nuvola di parole e poi confronta le tue associazioni con quelle di un compagno.

B. Osserva la nuvola di parole: secondo te, quali aspetti della pratica sportiva sono sempre positivi e quali possono essere negativi? Completa il quadro.

😄	🙁

C. Confronta le tue liste con quelle di un compagno e motiva le tue scelte.

D. Se vuoi, alla fine dell'unità fai una proposta alternativa per questa doppia pagina: scegli una o più immagini e crea una nuova nuvola di parole.

1. Discipline sportive

2. Oltre i limiti

A. Sai cosa sono le Paralimpiadi? I seguenti sport rientrano tra le discipline paralimpiche. Abbina lo sport all'illustrazione corrispondente.

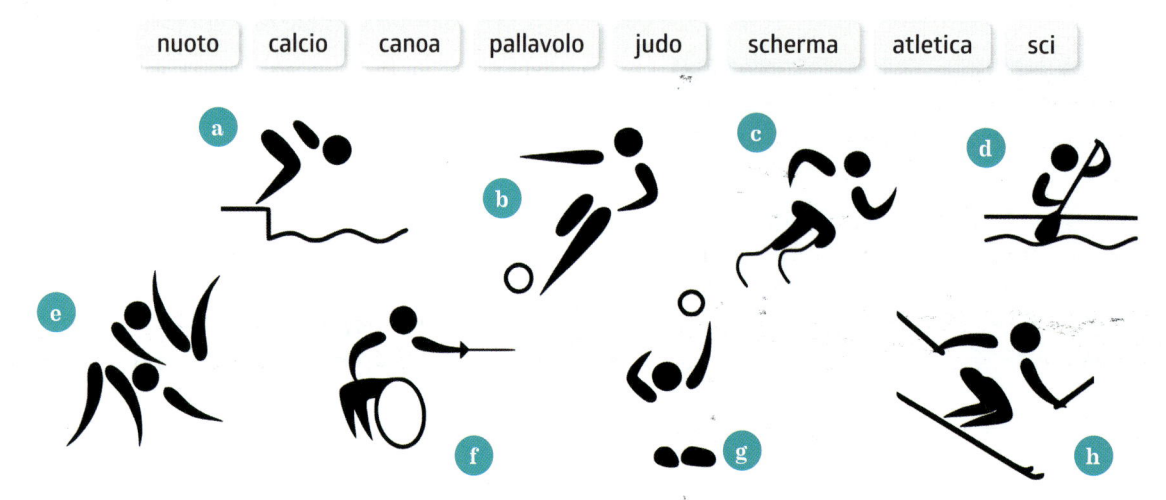

nuoto   calcio   canoa   pallavolo   judo   scherma   atletica   sci

B. Ascolta il podcast sulla biografia di Bebe Vio, campionessa paralimpica di scherma. Metti in ordine cronologico i seguenti eventi.

- ☐ creazione dell'associazione Art4sport
- ☐ malattia: la meningite e l'amputazione degli arti
- ☐ infanzia nella scherma
- ☐ uso delle protesi per tirare di scherma
- ☐ conduzione di un programma televisivo
- ☐ medaglia d'oro alle Paralimpiadi di Rio de Janeiro
- ☐ partecipazione a campagne di sensibilizzazione per la vaccinazione contro la meningite

C. Ascolta ancora una volta la biografia. Quale di queste parole descrive meglio Bebe Vio, secondo te? Poi, con un compagno cerca altre parole per descriverla.

- ▶ passione
- ▶ coraggio
- ▶ forza
- ▶ determinazione

D. Osserva le frasi estratte dal podcast: c'è un nuovo tempo verbale, il trapassato prossimo. Come si coniuga l'ausiliare? Completa il quadro.

▶ L'anno prima, in provincia di Treviso, **c'era stata** una campagna di vaccinazione contro la meningite che, però, **aveva coinvolto** solo i bambini di età inferiore a quella di Bebe.

▶ Una volta dimessa dall'ospedale, Bebe torna a casa, a Mogliano Veneto, dove riprende a frequentare la scuola che **aveva lasciato** per colpa della malattia.

il trapassato prossimo ▶ p. 44

_____ dell'ausiliare (**avere** o **essere**)
+ participio passato

E. Osserva in contesto alcuni indicatori temporali estratti dalla biografia. Qual è il loro significato?

in poco tempo   gradualmente   parallelamente

- ▶ **Poco a poco**, grazie all'aiuto dei tecnici delle protesi, dei suoi insegnanti e della sua famiglia, ricomincia a fare scherma.
- ▶ All'età di cinque anni inizia a praticare la scherma, sport che, **ben presto**, si trasforma in una grande passione.
- ▶ **Nel frattempo** i suoi genitori creano un'organizzazione, Art4sport, pensata per dare supporto ai bambini che usano protesi di arto.

F. Osserva, nelle frasi estratte dal podcast, le forme dei verbi **darci dentro**, **mettercela tutta** e **farcela**. Abbina l'infinito al significato corrispondente. Come li tradurresti nella tua lingua?

- Sono anni in cui Bebe ci dà dentro: è determinata a portare avanti la sua grande passione.
- Nonostante le difficoltà, Bebe ce la mette tutta e ottiene grandi risultati.
- Alle Paralimpiadi di Rio, Bebe ce la fa: sale sul gradino più alto del podio nella competizione di fioretto.

.... → riuscire a raggiungere un obiettivo
.... → impegnarsi al massimo
.... → lavorare duramente

G. Leggi l'intervista a Bebe: cosa ti trasmette la sua storia? Amplia la lista di parole elaborata al punto C per descrivere la campionessa. Lavora con un compagno.

HOME   PROGRAMMI   RADIO   NEWS   WEBRADIO   VIDEO   CONCORSI

La vita è una figata!

Dopo averti raccontato la storia di Bebe Vio nell'ultima puntata del nostro programma radio, vi proponiamo un'intervista che abbiamo avuto il piacere di farle recentemente. Buona lettura!

Bebe, campionessa paralimpica di scherma e simbolo del superamento, quali sono le tre parole che ti descrivono meglio?
Le tre parole che mi descrivono (e con cui in tanti mi descrivono) sono: curiosità, testardaggine e competitività!

La scherma è sempre stata la tua passione, infatti avevi già praticato questo sport per circa tre anni quando ti sei ammalata. Che cosa significava prima e che cosa significa adesso per te la scherma?
La scherma è sempre stata un punto fermo della mia vita, sia prima che dopo la malattia. Bebe e scherma sono sempre stati due elementi inseparabili, sia quando ero una bimba sia oggi che ho vent'anni.

Qual è stata la spinta che ti ha fatto rialzare e superare te stessa?
Sono tantissime! La mia famiglia, tutte le persone che mi sono sempre state vicino, la mia testardaggine, la voglia di godere di ogni momento della vita!

Il motto "La vita è una figata" è un inno alla positività, alla forza d'animo: quanto ha influito la tua famiglia nel superamento del trauma?
È stata fondamentale, senza di loro non avrei potuto fare nulla! La mia famiglia è la mia forza! Ma questo vale per chiunque e io lo ripeto sempre: da solo non sei nessuno.

Nel 2009 i tuoi genitori hanno creato l'associazione ONLUS Art4sport perché avevano capito la necessità e l'importanza di dare un punto di riferimento alle famiglie di bambini e ragazzi portatori di protesi. Che cosa rappresenta per te l'associazione?
Per me Art4sport significa moltissimo. Credo tanto in Art4sport e secondo me tutti insieme possiamo fare molto, l'unione fa la forza. L'Associazione è partita con un solo membro nel team: io! Oggi siamo in 25, dai 6 ai 30 anni, provenienti da tutta Italia... In otto anni siamo cresciuti tantissimo!

Lo sport, come dimostra la tua storia, è un grande "contenitore" di valori. Che effetto fa essere considerata "la prova che i limiti non esistono"?
È un po' troppo forse... ma mi fa piacere e ci credo veramente, tutti dobbiamo crederci perché chiunque può riuscirci, dipende solo da noi!

Intervista gentilmente concessa da Bebe Vio a Casa delle Lingue

H. Osserva le frasi evidenziate nell'intervista e poi sottolinea, nel quadro, l'azione che è avvenuta prima. Quale tempo verbale compare?

I. Osserva le parole ed espressioni evidenziate in azzurro nel testo e cerca sul dizionario quelle di cui non conosci il significato.

il trapassato prossimo ▶ p. 44

- Avevi già praticato questo sport per circa tre anni quando ti sei ammalata.

- I tuoi genitori hanno creato l'associazione Art4sport perché avevano capito la necessità e l'importanza di dare un punto di riferimento.

CI — **I VALORI DELLO SPORT**
Scrivi un elenco dei valori che associ allo sport. Condividilo con la classe motivando le tue proposte.

2. Salute psicofisica

3. Mettersi in forma

A. Che tipo di attività fisica fai? Preferisci farla da solo o in compagnia? Parlane con un compagno.

• *Corro mezz'ora ogni mattina e mi piace farlo da sola o con il mio cane...*

- correre
- camminare
- ballare
- nuotare
- pattinare
- giocare a paddle / tennis / beach volley
- fare yoga / tai-chi / pilates
- andare a piedi / andare in bici / salire le scale

B. Quali possono essere i benefici del camminare? Scrivi una lista insieme a un compagno.

Camminare aiuta a rilassarsi...

C. Leggi l'articolo e sottolinea i benefici del camminare: corrispondono a quelli della tua lista? Ce ne sono alcuni che ti sorprendono? Parlane con un compagno.

UNA BELLA CAMMINATA

Non solo fa bene alla salute ma è anche uno stimolo positivo per le relazioni interpersonali, l'elasticità mentale e la serenità. Il Department of Psychology della Columbia University sta conducendo una ricerca per capire come e perché si hanno questi benefici inaspettati.

Favorisce la risoluzione dei conflitti
Diverse ricerche realizzate sul campo hanno dimostrato che chi cammina genera più facilmente soluzioni innovative rispetto a chi sta fermo, e questo aiuta sicuramente nella risoluzione dei conflitti interpersonali. Camminare stimola l'assunzione di punti di vista diversi, aiuta a vedere da più angolazioni, a sbloccarsi dalle proprie posizioni. Inoltre, camminando in compagnia si ha la tendenza inconsapevole a sincronizzare i propri passi con quelli dell'altro. Questa sincronizzazione aiuta ad armonizzare gli stati d'animo e a ridurre le incomprensioni.

Stimola la creatività e potenzia la produttività
Camminando all'aria aperta (possibilmente nel verde), il cervello si riposa, si disinibisce e si prepara a dare vita a nuovi processi di pensiero creativo. D'altra parte, il valore di stimolo cognitivo e creativo del camminare è noto da sempre, se si considera che già tre secoli prima di Cristo la scuola filosofica dei Peripatetici teneva le sue lezioni proprio camminando.

È un antidepressivo naturale
Camminare mette in moto i nostri muscoli e scioglie possibili tensioni, è provato che scarichi una bella dose di endorfine, una scossa benefica che fa stare bene con sé stessi. Camminare diventa così, oltre che un sano esercizio fisico, anche un potente strumento per combattere stati d'ansia e depressione, sradicare i pensieri negativi o comunque disintossicarsi da una brutta giornata.

Si può fare in compagnia
Camminare in compagnia è un modo per unire attività fisica e vita sociale. E questo può stimolare anche i più pigri a regolarizzare questa buona abitudine. Inoltre, le chiacchierate fatte mentre si cammina aiutano a rafforzare i legami tra le persone.

Insomma, un mix imbattibile di aspetti positivi! Siete pronti per inserire una bella camminata nella vostra routine?

Parzialmente estratto e adattato da: Camminare in compagnia fa bene di Danilo di Diodoro, corriere.it

D. Osserva le parole evidenziate nell'articolo e abbinale alla definizione corrispondente. Poi, confronta con un compagno.

Aggettivi
- inaspettati : non previsto, che produce sorpresa
- inconsapevole : che non ha piena coscienza di qualcosa
- imbattibile : che non può essere superato

Verbi
- sbloccarsi : liberarsi da un blocco
- disinibisce : liberare dall'inibizione
- sradicare : eliminare completamente
- disintossicarsi : liberarsi da qualcosa di tossico

E. Scrivi i contrari delle parole al punto D, aiutandoti con il dizionario. Che cosa noti?

F. Pensa all'abbigliamento necessario per fare camminate sportive e prendi nota. Poi, leggi la chat e sottolinea gli accessori e l'abbigliamento nominati.

> **Edoardo**
> Miki! Allora sei pronta per domani? Ho proprio voglia di una bella camminata! 22:26

> **Michela**
> Ciao Edo! Mah, guarda, visto che l'esperto sei tu, dimmi se sono pronta... Ho preparato le scarpe **da ginnastica**, i pantaloni e la maglietta **da corsa**. 22:38 ✓✓

> **Edoardo**
> Benissimo ma... solo con la maglietta fa freddo! Ce l'hai una giacca **da trekking** o una felpa di pile? 22:38

> **Michela**
> Mmm, sì, ho una felpa di pile... un po' vecchia ma molto calda! 22:40 ✓✓

> **Edoardo**
> Ecco, allora mettitela! E se vuoi ti presto un paio di guanti e un cappello, sennò ti si congelano le orecchie. 22:42

> **Michela**
> Grazie Edo! 😁 A domani 😘 22:45 ✓✓

> **Edoardo**
> Ah, e se fa bel tempo, mettiti gli occhiali **da sole**! Portati dell'acqua, mi raccomando 😉 22:46

G. Osserva l'uso della preposizione **da** al punto F e riscrivi le combinazioni di parole come nel modello. Che cosa esprime la preposizione **da**?

1. Scarpe da ginnastica: *scarpe per fare ginnastica*
2. .... : ....
3. .... : ....
4. .... : ....
5. .... : ....

H. Abbina gli elementi sottolineati al punto F all'illustrazione corrispondente.

a. b. c. d. e.

I. Ascolta tre testimonianze sui benefici dell'attività fisica e completa il quadro.

	attività fisica	benefici
1.	tu sport della squadra Basket	Psicologici e fanno sviluppare lo spirito di squadra
2.	yoga Taichi pilates	ricaricare l'energia e flessibilità
3.	Nuoto Zumba	usare tutti i muscoli

L. Aggiungi altri benefici per ciascuna delle attività menzionate nella registrazione al punto I. Lavora con un compagno.

CI **MENTE E CORPO**
Scegli un'attività fisica e spiega come ti aiuta a raggiungere il benessere psicofisico. Poi, indica l'abbigliamento necessario e arricchisci con eventuali consigli.

quarantuno **41**

3. Sport estremi

4. Adrenalina

A. Quali emozioni associ agli sport estremi? Aggiungine altre, se vuoi.

☐ coraggio ☐ paura ☐ euforia ☐ ansia

B. Osserva il volantino di un centro sportivo: hai mai provato o ti piacerebbe provare qualcuno di questi sport? Parlane con un compagno.

CENTRO SPORTIVO
OLTRE I LIMITI

RAFTING
A bordo di un gommone si scende lungo il corso di un torrente attraversando le rapide più belle della zona.

PARAPENDIO
Ci lanciamo da splendidi promontori per godere della sensazione di libertà più grande che si possa provare!

FREE CLIMBING
Arrampicata libera o con corda ma rigorosamente a mani nude sulle pareti migliori d'Italia.

BUNGEE JUMPING
Imbracature d'ultima generazione con cui lanciarsi nel vuoto. È l'emozione più forte che ci sia (forse)!

SKYDIVE
Pronti per volare? Lanci con il paracadute in tandem, individuale o con l'istruttore.

Da noi lo sport è adrenalina allo stato puro!

CONTATTi
Via alla Coste 32 38121 Trento
tel. 3280649838
email oltreilimiti.cdl

• A me piacerebbe provare il parapendio!
• Ma sei matto?! Che paura!

C. Cerca il significato delle parole evidenziate in azzurro nel volantino? Poi traducile nella tua lingua.

gommone	=
corda	=
imbracatura	=
paracadute	=

D. Osserva le frasi evidenziate in giallo, che esprimono un superlativo relativo. Noti qualcosa di particolare nella struttura? Completa il quadro con un compagno.

il superlativo relativo ▶ p. 44

art. determinativo + più + aggettivo + di + nome	art. determinativo + più + aggettivo + frase
le rapide più belle della zona	l'emozione più forte che ci sia

E. Osserva le frasi nella colonna destra del punto D: che modo verbale compare?

F. Scegli uno sport estremo che hai praticato o che ti piacerebbe provare e completa la seguente scheda.

SPORT: ....
DOVE SI PRATICA: ....
....
ATTREZZATURA: ....
....
EMOZIONI: ....
....

G. Ascolta l'intervista della dottoressa Desideri sugli sport estremi. Quali delle seguenti affermazioni sono presenti?

1. ☐ Nella scelta di praticare sport estremi i fattori culturali e biologici sono i più importanti.
2. ☐ Sfidare la natura è un modo per provare emozioni uniche.
3. ☐ La scossa dell'adrenalina può essere pericolosa.
4. ☐ Praticare il B.A.S.E. jumping è una scelta narcisistica, puro esibizionismo.
5. ☐ Attraverso queste esperienze le persone cercano di combattere le insicurezze e le paure.
6. ☐ L'ebbrezza della paura può indurre a sottovalutare il rischio.

H. Osserva le parole ed espressioni evidenziate al punto G: come le tradurresti nella tua lingua? Poi, condividi con un compagno la tua opinione sulle questioni trattate nell'intervista.

I. Alcuni radioascoltatori hanno scritto dei commenti nella pagina Facebook della radio. Con quali opinioni sei d'accordo? Perché?

Giorgio Rinaldi Ho sempre guardato con un po' di invidia le persone che praticano gli sport estremi. Però l'alta frequenza di incidenti è *proprio* una delle ragioni per cui ho scelto attività più sicure e meno avventurose.
👍 Mi piace • 💬 Commenta • 23h

Marina *Davvero*! Negli sport estremi non sono rari gli incidenti! Non riesco a capire perché la gente li pratica, a meno che non mi sfugga un significato nascosto… Perché mettere in pericolo la propria vita? Bisogno di attenzioni? Voglia di superare i propri limiti?
👍 Mi piace • 💬 Commenta • 6h

Romina Lami Secondo me @marina non ci sono *proprio* significati nascosti da scoprire. Chi pratica questi sport ha bisogno di emozioni forti e ne diventa dipendente. Diventano la sua "droga".
👍 Mi piace • 💬 Commenta • 14m

Carlotta P. @rominalami non puoi giudicare, a meno che tu non abbia provato almeno una volta. Io adoro gli sport estremi ma non mi sento "drogata". Mio padre, paracadutista esperto, mi ha fatto provare un sacco di sport estremi, in totale sicurezza. L'adrenalina è sana, ci fa sentire vivi, ci stimola. Credo che ti farebbe bene provare, eccetto che tu abbia problemi di gestione delle emozioni…
👍 Mi piace • 💬 Commenta • 14m

Ricky96 @carlotta *Davvero* ben detto! Io non rinuncerei mai a una bella scossa di adrenalina sportiva! Le persone spesso pensano che si tratti di prove di coraggio, o di egocentrismo. E invece per me è un modo per prendere coscienza dei miei limiti (non superarli). Tranne che tu soffra di problemi cardiaci, praticare lo sport estremo è uno modo per acquisire capacità di autocontrollo e gestione della paura.
👍 Mi piace • 💬 Commenta • 14m

L. Osserva gli avverbi **proprio** e **davvero**, evidenziati in azzurro nei testi. Come li tradurresti nella tua lingua? Indica quale/i funzione/i hanno tra le seguenti.

☐ confermare
☐ negare
☐ rafforzare
☐ contestare

gli avverbi **proprio** e **davvero** ▶ p. 44

M. Osserva le frasi evidenziate in giallo nei testi: in ciascuna viene espressa una limitazione, sottolineala. Da cosa è introdotta? Che tempo verbale compare?

le frasi limitative ▶ p. 44

CI — EUFORIA O PAURA?
Scrivi un commento per la pagina Facebook della radio. Puoi rispondere agli altri utenti, o esporre la tua opinione in generale sulla pratica degli sport estremi.

Grammatica

IL TRAPASSATO PROSSIMO

Si forma con l'imperfetto dell'ausiliare (**avere** o **essere**) + il participio passato.

AUSILIARE	+	PARTICIPIO PASSATO
avevo avevi aveva avevamo avevate avevano	+	parl**ato** ricev**uto** dorm**ito**
ero eri era eravamo eravate erano	+	and**ato/a** and**ati/e**

Usiamo il trapassato prossimo per esprimere un'azione anteriore a un'altra, nel passato. Spesso il trapassato prossimo è accompagnato da avverbi di tempo come **già**, **mai**, **prima**, **ancora**, **appena**, ecc.

Quando siamo arrivati in palestra, la lezione di yoga era già iniziata.
Mi facevano male tutti i muscoli perché non avevo fatto il riscaldamento.

ALCUNI VERBI PRONOMINALI

Alcuni verbi assumono un significato diverso quando sono accompagnati da un pronome.

mettere: collocare qualcosa
mettercela tutta: impegnarsi al massimo
Anna, dove hai messo lo zaino?
Posso vincere la gara, ce la metterò tutta!

dare: consegnare, concedere qualcosa
darci dentro: impegnarsi
Mi hanno dato un attestato per la partecipazione al torneo.
Ci ho dato dentro e adesso sono brava a pallavolo.

fare: compiere un'azione
farcela: essere in grado di fare qualcosa
Faccio una corsa nel parco stasera.
Non ce la faccio a venire a correre, ho troppo lavoro.

LA PREPOSIZIONE DA

Usiamo la preposizione **da** per indicare la funzione o la finalità di un oggetto, lo scopo a cui è destinato.

Ho comprato delle scarpe da ginnastica.
Quando fai trekking, mettiti gli occhiali da sole.

ALCUNI INDICATORI TEMPORALI

a poco a poco: gradualmente, progressivamente
ben presto: in poco tempo, velocemente
nel frattempo: parallelamente, intanto

I PREFISSI NEGATIVI DIS-, IN-, E S-

Aggiunti ad aggettivi e verbi, danno un significato negativo e/o contrario.

accordo - **dis**accordo (= mancanza di accordo)
atteso - **in**atteso (= non atteso)
fortunato - **s**fortunato (= senza fortuna)
fare - **dis**fare (≠ di *fare*; = distruggere)
abilitare - **in**abilitare (= non abilitare)
radicare - **s**radicare (≠ di *radicare*; = strappare)

IL SUPERLATIVO RELATIVO

Indica una qualità espressa al massimo o minimo grado in relazione a un gruppo. Possiamo esprimere il superlativo relativo in due modi.

▶ articolo determinativo + **più / meno** + aggettivo + **di / tra / fra** + nome:
L'attrezzatura più cara del negozio.

▶ articolo determinativo + **più / meno** + aggettivo + frase con congiuntivo:
Il parapendio è l'esperienza più divertente che esista!
Secondo me il bungee jumping è lo sport più pericoloso che ci sia.

⚠ Gli aggettivi **buono**, **grande**, **piccolo** e l'avverbio **bene** hanno forme irregolari al superlativo.
buono: il migliore   **piccolo**: il minore
grande: il maggiore   **bene**: il migliore

GLI AVVERBI PROPRIO E DAVVERO

Li usiamo per confermare, nelle risposte, o per rafforzare un concetto.

• *Emozionantissimo il lancio col paracadute!*
○ *Davvero!*
• *Proprio emozionante!*

LE FRASI LIMITATIVE

Sono frasi secondarie che esprimono una limitazione, un'eccezione. Il verbo è coniugato al congiuntivo.

Non credo di farcela, a meno che tu mi aiuti.
Lo sci non è uno sport estremo, eccetto che non si pratichi fuoripista.
Non farò bungee jumping, tranne che qualcuno mi obblighi.

1. **Sottolinea le frasi che esprimono anteriorità.**

   a. Bebe ha vinto l'oro ai mondiali grazie alla determinazione che aveva dimostrato fin da bambina.
   b. Ci siamo allenati tutto l'anno seguendo il programma che ci aveva preparato l'istruttore.
   c. Quando è tornata dall'ospedale, ha scoperto che i suoi genitori le avevano organizzato una festa.
   d. Nell'intervista, la ginnasta ha raccontato come aveva iniziato a dedicarsi all'agonistica.
   e. Quando sono tornato a casa, i miei figli erano usciti per andare a vedere il torneo.

2. **Completa le frasi con le espressioni adeguate. Devi esprimere azioni anteriori a quelle presenti.**

   allenarsi molto · essere uscito · andare via · fare già tre lezioni · informarsi bene

   a. Quando ti ho chiamato eri andato via.
   b. Sono tornato a casa ma voi eravate usciti.
   c. Ho vinto la gara perché negli ultimi mesi mi sono allenato molto.
   d. Prima di fare parapendio Giulio ha fatto già tre lezioni.
   e. Quando si è iscritto, noi ci informammo / abbiamo informato.

3. **Completa con farcela, darci dentro, mettercela tutta coniugati adeguatamente.**

   a. Esco tardi dal lavoro, ho cela faccia a venire a yoga con te.
   b. Brava! Ci dai dentro a paddle. Giochi con me?
   c. Se voglio vincere la maratona, devo metta cela tutta.

4. **Cerchia la forma corretta.**

   a. Devo guadagnarmi la sua fiducia **poco a poco** / nel frattempo, senza fretta.
   b. Brava, si vede che ti alleni molto. **Ben presto** / nel frattempo otterrai ottimi risultati.
   c. Mio figlio sta decidendo che sport vuole fare e **nel frattempo** / ben presto visitiamo varie palestre.

5. **Inserisci il contrario dei seguenti aggettivi nella colonna corrispondente. Consulta il dizionario.**

   atteso · fortunato · battibile · inibito · bloccato · corretto · organizzato · possibile · onesto · consapevole · radicato · intossicato · comprensibile

in-	atteso, comprensibile, corretto, consapevole
im-	possibile, battibile
dis-	organizzato, inibito, onesto, intossicato
s-	sfortunato, bloccato, radicato

6. **Costruisci delle frasi con i seguenti elementi.**

   3 a. Valentino Rossi è il miglior motociclista della
   5/1 b. Il rafting è lo sport più emozionante che
   2 c. Franca è l'istruttrice più brava che
   4 d. La zumba è la più divertente delle
   5 e. Lo yoga è l'attività più rilassante che

   1. tu possa provare.
   2. io conosca.
   3. storia
   4. attività cardio.
   5. ci sia.

7. **Completa le frasi coniugando adeguatamente i verbi tra parentesi. Poi, in ciascuna frase, sottolinea la limitazione.**

   a. Non andrò a sciare a meno che tu (venire) venga con me.
   b. Non posso fare trekking eccetto che tu mi (prestare) presti l'abbigliamento adeguato.
   c. Luigi non farà paracadutismo tranne che lo (fare) faccia anch'io.
   d. Non puoi entrare in piscina a meno che tu non (mettere) metta la cuffia.
   e. Non potrò fare il corso di nuoto, eccetto che (essere) sia di martedì.

quarantacinque **45**

Parole

Valori ed emozioni dello sport

1. Completa la mappa mentale con le parole che associ allo sport.

EMOZIONI: psicologici, benessere, passione, esultanza, euforia, ebbrezza, coraggio

DISCIPLINE: spirito di squadra, determinazione, coraggio, dedizione

SALUTE: flessibilità, sradicato lo stress, energia, forza, buona forma, unico, essere in forma, senso dell'equilibrio, disintossicarsi

2. Abbina le parole alla definizione corrispondente.

competitività — testardaggine — forza — grinta — passione

- _testardaggine_ : caratteristica di chi è ostinato. (stubbornness)
- _grinta_ : volontà decisa di raggiungere il proprio obiettivo. (willingness / grit/determination)
- _passione_ : inclinazione, interesse molto vivo per qualcosa o qualcuno.
- _forza_ : capacità di affrontare le difficoltà della vita.
- _competitività_ : capacità di stare al passo con la concorrenza. (competition)

3. Completa le frasi con una delle seguenti parole.

ebbrezza (intoxication/thrill) — temperamento — esibizionismo (exhibitionism) — adrenalina

1. L' _ebbrezza_ che si prova saltando nel vuoto è molto intensa.
2. Alcune persone praticano sport solo per dimostrare la propria bravura e il proprio coraggio, per puro _esibizionismo_.
3. L' _adrenalina_ fa aumentare i battiti cardiaci e migliora la reattività del corpo.
4. La scelta del tipo di sport da praticare dipende molto dal proprio _temperamento_.

Praticare sport

4. Cerca il nome italiano dei seguenti sport, poi scegline tre che ti piacciono e annota l'attrezzatura e l'abbigliamento necessari per praticarli. Se non è presente, aggiungi lo sport che preferisci.

a. pattinaggio   b. sciare   c. praticare il surf (surfista)
d. _(snowboard?)_   e. nuotare   f. calcio
g. tennis da tavolo / ping pong   h. palla canestro / basket   i. andare in bicicletta / ciclista / ciclismo

cosa serve per _____ : _____

cosa serve per _____ : _____

cosa serve per _____ : _____

5. Completa le combinazioni.

fare	tai chi
praticare	uno sport
giocare	a paddle
superare	un avversario
andare	a piedi

Il segnale discorsivo *mica*

6. Leggi il breve dialogo e indica il significato di **mica**. Poi ascolta la registrazione e fai attenzione all'intonazione.

1. Per niente / assolutamente no.
2. Per caso, forse.

• Tesoro? Hai **mica** visto la mia tuta da ginnastica? Voglio andare a correre. ....
◦ **Mica** male l'idea! Vengo con te. ....
• Sì, ma **mica** posso venire senza tuta! Aiutami a cercarla. ....

7. Completa adeguatamente i seguenti dialoghi. Poi ascolta la registrazione e verifica. Infine, traduci le risposte nella tua lingua: a cosa corrisponde **mica**?

a.
• ....
◦ No, non li ho visti.

b.
• Come stai?
◦ ....

c.
• Ti piacciono le mie nuove scarpe da corsa?
◦ ....

d.
• ....
◦ Perché no? Sono elasticizzati!

e.
• Dai Giorgio, alzati dal divano e andiamo in palestra. Sei troppo pigro!
◦ ....

1. Non è **mica** vero! Stamani sono andato a piedi fino al bar.
2. **Mica** vuoi andare a correre con questi pantaloni!?
3. Hai **mica** visto i miei occhiali da sole?
4. **Mica** male! Sono carine.
5. Non sto **mica** bene, ho il raffreddore da una settimana...

Suoni 2

1. Leggi le frasi e fai attenzione alla pronuncia della **s**: [s], come in **sole**, e [z], come in **casa**. Poi ascolta la registrazione per verificare. Infine completa la regola.

a. Fare **s**port fa bene alla **s**alute. Dà molto be**ss**ere.
b. **S**uperamento è la parola per de**s**crivere Bebe Vio.
c. L'arrampicata libera per me è pericolo**s**a. **S**e **s**bagli, cadi!
d. Belle que**s**te **s**carpe da ginna**s**tica! **S**ono da cor**s**a, no?
e. Gli atleti paralimpici tra**s**mettono tanta po**s**itività.
f. Mi piace il ri**s**chio, è una bella sco**ss**a di adrenalina.
g. **S**veglia alle 6:00 e maratona: una vera **s**fida per il mio fi**s**ico.
h. Oggi gioco a tenni**s** e domani ho pilate**s**.

La **s** doppia è [s] sorda / [z] sonora.
La **s** tra due vocali è [s] sorda / [z] sonora.
La **s** finale è [s] sorda / [z] sonora.
La **s** iniziale, seguita da vocale, è [s] sorda / [z] sonora.
La **s** che precede una consonante sorda è [s] sorda / [z] sonora.
La **s** che precede una consonante sonora è [s] sorda / [z] sonora.

2. Leggi le frasi. Che intonazione usi per esclamare o domandare? Poi ascolta la registrazione per verificare.

a. Forza ragazzi! Dateci dentro!
b. Che tipo di attività fisica preferisci?
c. • Allora, com'è andata la partita?
   ◦ Abbiamo vinto!
d. La vita è una figata!
e. Più di 40 km di maratona! Ma sei sicuro che ce la fai?
f. • Ti va di fare una bella camminata?
   ◦ Sì, dai! Bella idea!
g. Secondo te vanno bene queste scarpe per fare trekking?
h. Davvero emozionante il rafting! Vuoi provare anche tu?

Salotto culturale

ROBERTO BOLLE
UNA VITA NELLA DANZA

ROBERTO BOLLE, uno dei ballerini più acclamati e famosi del mondo. L'étoile della Scala di Milano e il Principal dancer dell'American Ballet di New York è un uomo sorprendente: parlare con lui ti mette in pace col mondo (merito forse della disciplina imposta dalla danza?). All'età di 42 anni è sempre pronto a mettersi in gioco, a confrontarsi con nuove sfide, come nello show televisivo *Danza con me*, di cui è direttore artistico e protagonista.

Cos'è la danza?
È un'arte meravigliosa, di cui mi sono innamorato da bambino e che ha arricchito la mia vita. Per questo voglio condividerla con tutti. È una disciplina che aiuta a prendere coscienza del proprio corpo, a istruirlo, a insegnargli a muoversi.

Perché hai deciso di creare uno spettacolo TV sulla danza?
Per mostrare che la danza non è qualcosa di lontano. Raggiunge gli spettatori di ogni età. Ho iniziato con Bolle & Friends portando la danza in luoghi mai immaginati, a persone che non l'avevano mai vista. Guardando la reazione del pubblico mi sono reso conto della potenzialità.

E infatti il successo della tua trasmissione dimostra che anche la danza può diventare un fenomeno popolare...
Il successo di *Danza con me* è stato sorprendente. La Rai ha puntato sulla cultura e ha vinto. L'eccellenza, la qualità, la bellezza sono stati premiati. Ma non solo dagli addetti ai lavori: il ritorno, anche sui social, è stato incredibile. I giovani hanno capito e apprezzato.

La disciplina del successo

Uno dei momenti più toccanti dello spettacolo è stato il tuo duetto con Ahmad Joudeh, ballerino siriano che, a causa della sua passione per la danza, ha la sua famiglia contro ed è stato minacciato di morte dall'Isis.
Era un momento a cui tenevo davvero tanto. Ho voluto raccontare la sua storia, fatta di determinazione, coraggio e passione per la danza, nonostante l'orrore della guerra e l'avversione della famiglia.

E infatti Joudeh ha affermato che sei stato e sei il suo idolo e, proprio nei video delle tue coreografie, ha trovato la ragione, la forza per portare avanti la sua passione.
Ahmad è un esempio positivo per tutti, ha lottato per il suo sogno e ha dimostrato che ne vale sempre la pena. Ballare con lui è stata una grande emozione.

Il tuo successo è stato raggiunto con impegno, studio, fatica e sacrifici. Qual è il tuo messaggio per i giovani?
Bisogna far capire loro che dietro la realizzazione di un sogno ci sono il duro lavoro, la dedizione e l'impegno nel coltivare una passione. Questo è ciò che ti fa arrivare a un traguardo con la consapevolezza di sapere chi sei e del tuo talento. Il successo, così come ti viene dato, può anche esserti tolto in un momento: per i giovani questa dinamica può essere molto pericolosa.

Stai anche organizzando una grande festa della danza.
Sì, *On Dance*, una festa in cui trasformeremo tutta la città di Milano in un palcoscenico con esibizioni, happening, flash mob, incontri. Insomma, una settimana di cultura sulla danza e di accoglienza di tutte le diverse danze, un'occasione di gioire insieme delle emozioni in movimento.

Parzialmente estratto e adattato da *Roberto Bolle: la danza è un'arte meravigliosa* di I. Fava, donnamoderna.com

A. Ti piace la danza? A cosa la associ? Parlane con un compagno.

B. Leggi l'intervista al ballerino Roberto Bolle e rispondi alle seguenti domande.

1. Quale valore e quali funzioni associa alla danza?

2. In che modo è possibile rendere la danza più popolare?

3. Quali sono gli "ingredienti" per raggiungere i propri obiettivi?

4. Perché ha voluto raccontare la storia di Ahmad Joudeh?

C. A coppie, quali sono secondo voi le parole chiave dell'intervista? Che cosa pensate di questo personaggio? Annotate le vostre impressioni e parlatene.

D. Tre persone esprimono la propria opinione sulla danza. Ascolta e completa il quadro. Chi considera la danza uno sport e chi un'arte? Perché?

18

	arte	sport	motivi
1.			
2.			
3.			

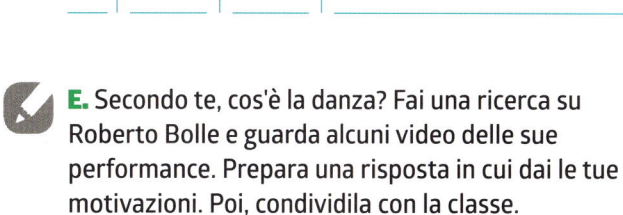

E. Secondo te, cos'è la danza? Fai una ricerca su Roberto Bolle e guarda alcuni video delle sue performance. Prepara una risposta in cui dai le tue motivazioni. Poi, condividila con la classe.

Compiti finali

CF Elaborare un volantino per promuovere un'attività fisica

A. Pensate alle attività fisiche che possono contribuire al benessere psicofisico e sceglietene una da promuovere.

B. Fate una lista delle informazioni fondamentali per avvicinarsi a questa attività (intensità, dove si pratica, attrezzatura necessaria, ecc.).

C. Scrivete i benefici che può dare la pratica di questa attività.

D. Preparate un volantino per promuovere lo sport prescelto e arricchitelo con una o più immagini. Poi, presentatelo ai compagni.

STRATEGIE PER LAVORARE

Prima di preparare il volantino, fate un brainstorming sulle preferenze sportive del gruppo.

Realizzate un video promozionale dell'attività che avete scelto e caricatelo su YouTube. Potete creare il canale della classe.

CF Raccontare la storia di uno sportivo

A. Pensa agli sportivi che ammiri e scegline uno su cui fare una ricerca.

B. Cerca informazioni sulla sua vita e sulla sua esperienza sportiva (obiettivi raggiunti, allenamenti, valori sportivi, ecc.)

C. Prepara una presentazione con immagini e documenti video.

D. Presenta alla classe il tuo lavoro e rispondi ad eventuali domande.

STRATEGIE PER LAVORARE

Prima di condividere il tuo racconto con la classe, prepara una mappa mentale del tuo discorso.

Puoi usare Prezi per la tua presentazione, sarà più dinamica. Poi condividila sullo spazio virtuale della classe.

Bilancio 2

Com'è andato il compito?

A. Fai un'autovalutazione delle tue competenze. Durante la realizzazione dei compiti hai incontrato qualche difficoltà? Quale/i?

	😄	😊	😕	😥
parlare dell'attività fisica e del benessere				
raccontare esperienze legate allo sport				
esprimere opinioni sui valori dello sport				

B. Cosa hai imparato di nuovo? Cosa ti è piaciuto di più dei compiti?

😄	😥

C. Valuta il compito dei tuoi compagni e poi parlane con loro.

	😄	😊	😕	😥
La presentazione è chiara.				
Hanno utilizzato i contenuti dell'unità.				
Il lessico utilizzato è adeguato.				
È originale e interessante.				
La pronuncia è chiara e l'intonazione corretta.				

Schede video

VIDEO 1
QUESTIONE DI ENERGIE
Durata: 02.59
Genere: sketch
Contenuti: personalità, emozioni e reazioni
Obiettivi: allenarsi a parlare di stati d'animo e reazioni, consolidare il lessico relativo alla personalità, osservare il linguaggio del corpo per esprimere sentimenti, scegliere la musica da abbinare a diversi stati d'animo

1. Guarda il video e, con un compagno, scegli un titolo adatto a ciascuno degli sketch.

1. ………………………………………………………… ☐
2. ………………………………………………………… ☐
3. ………………………………………………………… ☐

2. Guarda di nuovo il video. Come definiresti le tre diverse reazioni? Quale delle tre indica un'energia più Ying o più Yang? Puoi prendere spunto dai seguenti aggettivi.

pacato   sensibile   energico   paziente
ansioso   equilibrato   rabbioso
inquieto   diplomatico   aggressivo

- *Secondo me la prima reazione è abbastanza aggressiva...*

3. Abbina ciascun gesto allo stato d'animo corrispondente: rabbia (R), ansia (A) o equilibrio (E). Poi guarda di nuovo il video facendo attenzione al linguaggio del corpo: ci sono altri gesti o espressioni che rivelano lo stato d'animo di Laura?

1. ridere (…)
2. tremare (…)
3. urlare (…)
4. lanciare oggetti (…)
5. far cadere le cose (…)
6. sorridere (…)
7. agitare le braccia (…)
8. perdere l'equilibrio (…)

4. E tu, come reagisci? Racconta di una situazione o di un comportamento che non sopporti e delle reazioni che hai.

5. Completa le frasi con le seguenti parole.

eccitazione   gioia   rabbia
tensione   nostalgia

1. Se ti senti nervoso, prova a fare una passeggiata e a respirare profondamente: aiuta molto contro la ……………………… .
2. Clara è così emozionata per aver ricevuto il premio che per l' ……………………… non è riuscita a dormire.
3. Riguardando le vecchie foto, provo sempre un po' di ……………………… per il passato.
4. Mia sorella prende sempre le mie cose senza chiedermelo. Che ……………………… !
5. La ……………………… più grande che ho mai provato è stata la nascita di mio figlio.

6. Ascolta queste canzoni: a quale stato d'animo le associ? Perché? Completa il quadro, poi confrontati con un compagno.

Rimmel, Francesco De Gregori	
L'ultimo bacio, Carmen Consoli	
Tutti i miei sbagli, Subsonica	
Tu mi porti su, Giorgia	
Cuccurucucù, Franco Battiato	
Fata Morgana, Litfiba	

7. Guarda di nuovo il video e per ciascuna reazione scegli la musica più adatta ad accompagnare le emozioni espresse dalle immagini. Poi confrontati con i tuoi compagni e spiega i motivi delle tue scelte.

Video 1 e 2

VIDEO 2
ADRENALINA E SVAGO
Durata: 02:21
Genere: reportage
Contenuti: attività fisica
Obiettivi: far emergere le preconoscenze lessicali relative all'attività fisica; comprendere le caratteristiche di diversi profili sportivi e individuare lo sport adatto per ciascuno; parlare del proprio rapporto con l'attività fisica

1. Prima di guardare il video, confrontati con i tuoi compagni: cos'è l'attività fisica? Puoi farne alcuni esempi?

2. Scrivi cinque parole che associ all'attività fisica, poi confrontati con un compagno e spiega le tue scelte.

attività fisica

3. Quali sensazioni cerchi nell'attività fisica? Confrontati con i tuoi compagni, poi guarda il video.

4. Guarda di nuovo il video e completa il quadro con le caratteristiche di ciascun profilo e i relativi consigli.

BENESSERE ED EQUILIBRIO
Caratteristiche: ....
Consiglio: ....

ADRENALINA
Caratteristiche: ....
Consiglio: ....

SUPERAMENTO
Caratteristiche: ....
Consiglio: ....

DIVERTIMENTO
Caratteristiche: ....
Consiglio: ....

5. In quale di questi profili ti riconosci di più? Perché? Confrontati con un compagno.

6. Quali sono gli sport rappresentati nel filmato? Prova a ricordarne almeno cinque, confrontati con un compagno e infine guarda di nuovo il video per verificare.

7. Prepara una lista di sport e attività adatti ai diversi profili, poi confrontati con un compagno e spiega i motivi delle tue scelte.

cinquantatré **53**

3 Idee geniali

CF	**COMPITI FINALI**	CI	**COMPITI INTERMEDI**
	• Presentare un progetto di recupero di uno spazio in disuso • Creare un oggetto con materiale riciclato		• Preparare una "bacheca del riciclo" su Pinterest • Presentare degli spazi recuperati • Esprimere la propria opinione su un progetto di arte ambientale

1. La creatività in parole

A. Osserva la fotografia: secondo te di cosa si tratta? Cosa associ a questa immagine? Aiutati con la nuvola di parole e confrontati con un compagno.

B. Leggi le parole della nuvola e completa il quadro.

oggetti	materiali	aggettivi

C. Confronta le tue liste con quelle di un compagno e consultate il dizionario per le parole che non conoscete.

D. Se vuoi, alla fine dell'unità fai una proposta alternativa per questa doppia pagina: scegli una o più immagini e crea una nuova nuvola di parole.

▲ *Un'opera di Arte Sella (Trento)*

1. L'arte del riciclo

2. Oggetti reinventati

A. Hai mai sentito parlare di design sostenibile? Sai di cosa si tratta? Confronta le tue idee con quelle di un compagno, aiutandoti con questi concetti.

- materiale riciclato
- recupero e riuso di materiale
- impatto ambientale
- smaltimento che non danneggia l'ambiente

B. Ascolta la prima parte dell'intervista fino all'intermezzo musicale. Un esperto parla di ecosostenibilità: sono giuste le ipotesi che hai fatto al punto A? Puoi aggiungere qualche concetto in più?

C. Osserva questi oggetti di design sostenibile: ti piacciono? Vengono nominati nella seconda parte dell'intervista. Dopo l'ascolto completa la scheda sul ReMade in Italy.

Perpetua, la matita ecologica fatta con scarti di graffite © Alisea Recycled & Reused Objects Design

Lampada creata con carta riciclata © Seletti/ Design Valetina Carretta

Tavolo e sgabelli realizzati con granito, marmo e cemento: elementi naturali e riciclabili © Mariotti Fulget/Foto Italo Perna, Polifemo fotografia

D. Cosa ne pensi dell'iniziativa ReMade in Italy? Parlane con i compagni.

- *Secondo me è un'inziativa interessante!*
- *Sì, è un modo intelligente per fomentare il recupero e il riuso di materiale.*

E. Osserva questi Pin di Pinterest. Quali oggetti sono stati riciclati per realizzare queste creazioni? Parlane con un compagno. Poi, nella pagina seguente, leggi le descrizioni relative agli oggetti e abbinale ai Pin corrispondenti.

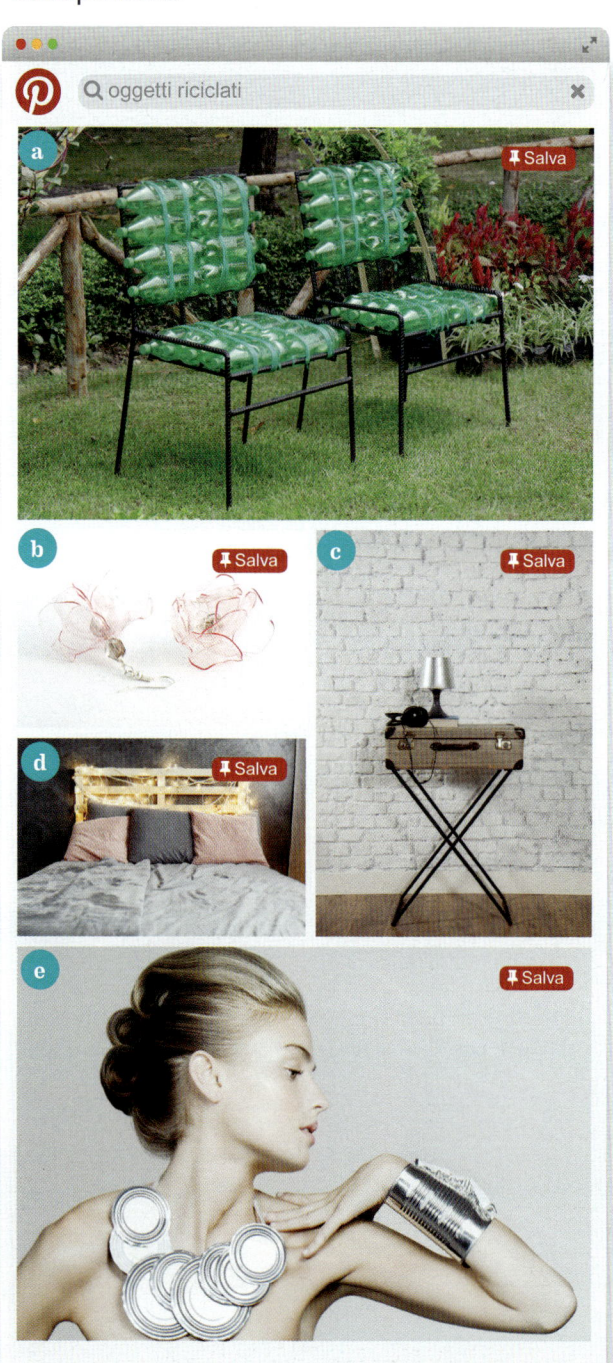

ReMade in Italy

obiettivi: ....
cosa fa: ....
requisiti per l'etichetta: ....

3

brico-brico
Una testata per il letto con un pallet di legno: semplice, economica ed ecologica!

creartiva
I barattoli di latta della passata di pomodoro diventano una collana e un bracciale stravaganti... per essere al centro dell'attenzione.

Tea
Una vecchia valigia di cuoio con un supporto di ferro può diventare un tavolino originale. Il supporto può essere anche di legno o alluminio.

riciclo facile
Non buttare via le bottiglie di plastica! Riusale per creare delle originalissime sedie! La struttura di ferro può essere di ferro o di legno.

unika
Orecchini particolari... creazioni uniche da bottiglie di vetro.

F. Rileggi le descrizioni degli oggetti e cerca le parole corrispondenti alle seguenti categorie.

| materiali utilizzati: .... |
| aggettivi per descrivere l'oggetto: .... |

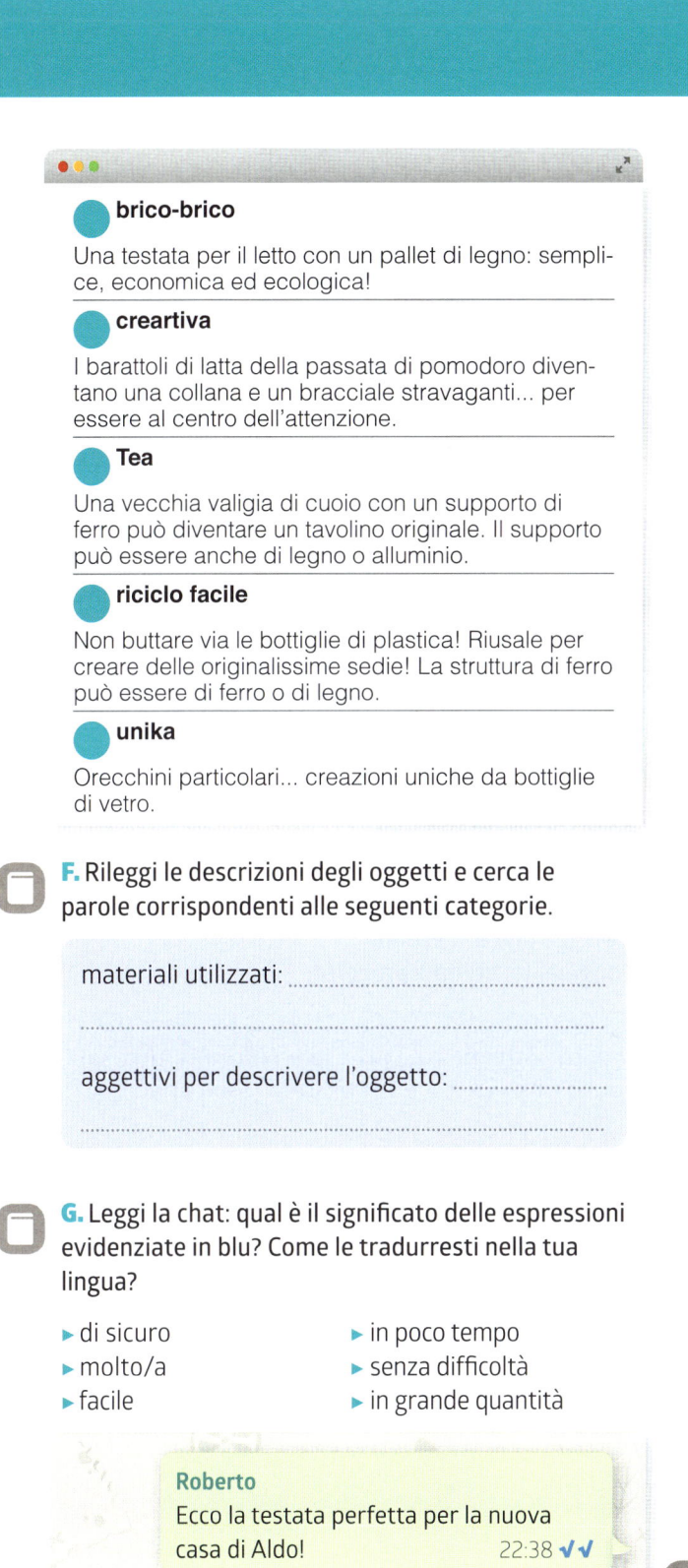

G. Leggi la chat: qual è il significato delle espressioni evidenziate in blu? Come le tradurresti nella tua lingua?

- di sicuro
- molto/a
- facile
- in poco tempo
- senza difficoltà
- in grande quantità

Roberto
Ecco la testata perfetta per la nuova casa di Aldo! 22:38 ✓✓

Mara
Sì! **Gliela** facciamo noi! Trovare un pallet non è difficile. Sarà **un gioco da ragazzi**! 👍 22:42

Giulio
Facciamo queste sedie? Però dove troviamo le strutture in ferro? 🤔 22:38 ✓✓

Rita
Ce le dà Marco, **senza dubbio**. Dai, sì! 😀 22:42

Anna
Anch'io voglio un tavolino così! Però lo vorrei fare con una valigia tonda... 22:38 ✓✓

Tina
Te la procuro io, non ti preoccupare. Ma... lo sai fare? Ci vuole **un sacco di** pazienza... 😅 22:42

Gabri
Mi piacciono questi orecchini! **Me li** fai tu? Hai manualità **da vendere**... li fai **a occhi chiusi**, no? 😘 22:38 ✓✓

Gianna
Certo! **Te li** faccio **in un batter d'occhio**! 😉 22:42

H. Osserva i pronomi combinati evidenziati in giallo nella chat e nel quadro. Come si combinano i pronomi? Completa la regola d'uso.

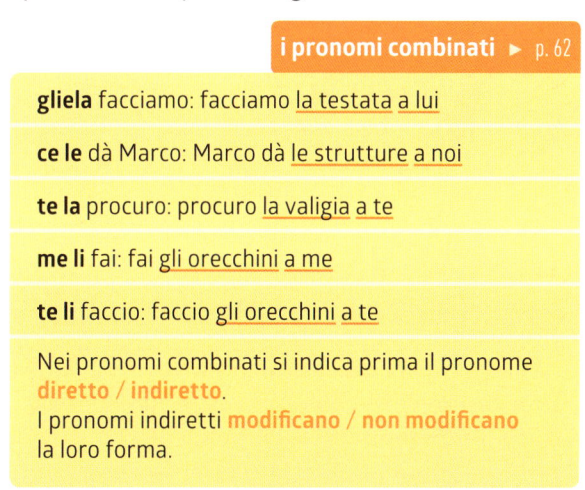

i pronomi combinati ▶ p. 62
gliela facciamo: facciamo la testata a lui
ce le dà Marco: Marco dà le strutture a noi
te la procuro: procuro la valigia a te
me li fai: fai gli orecchini a me
te li faccio: faccio gli orecchini a te
Nei pronomi combinati si indica prima il pronome **diretto / indiretto**. I pronomi indiretti **modificano / non modificano** la loro forma.

I. E tu che ne pensi delle creazioni proposte nei Pin? Fai dei commenti con un compagno. Poi, pensate ad altri oggetti che si possono realizzare con i materiali visti nei Pin.

CI — **CHE ORIGINALE!**
Cerca su Internet tre oggetti fatti con materiali riciclati e crea la tua "bacheca del riciclo" su Pinterest. Per ciascun oggetto scrivi una breve descrizione.

cinquantasette **57**

2. Reinventare gli spazi

3. Spazi recuperati

A. Osserva le fotografie di questi spazi recuperati: secondo te cos'erano prima? Consulta il dizionario e fai delle ipotesi con un compagno.

- un panificio
- una centrale elettrica
- una stazione ferroviaria
- un mattatoio
- un container
- una fabbrica
- una caserma
- un capannone industriale

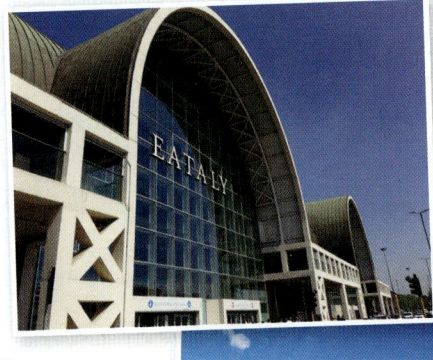

◄ L'Eataly a Roma

▲ Il Lingotto a Torino

◄ Il MAMbo a Bologna

▲ L'Impact HUB a Bari

B. A gruppi. Dividetevi i quattro paragrafi del testo: ciascuno ne legge uno e lo espone ai compagni. Poi, insieme, decidete quale spazio premiare per originalità, utilità e progetto.

Nuova vita agli spazi in disuso

LINGOTTO
Essendo nato intorno alla fabbrica FIAT, il Lingotto è sempre stato un quartiere operaio della periferia meridionale di Torino. Oggi non rappresenta solo un pezzo della storia industriale e operaia italiana, è un centro polifunzionale per le fiere, per lo shopping, per l'intrattenimento e per la cultura: una superficie coperta di 58.000 mq e una media di circa 50 eventi l'anno, tra manifestazioni fieristiche e appuntamenti culturali, eventi aziendali e convention.

IMPACT HUB BARI
È un innovativo spazio di coworking multidisciplinare situato nel quartiere fieristico di Bari, è un posto in cui si può trovare ispirazione ed entrare in contatto con altri professionisti. Avendo a disposizione 1600 metri quadri, i fondatori sono riusciti a ricavare quattro uffici semichiusi da vecchi container dismessi, varie sale riunioni, una sala eventi, una cucina e un grande open space.

EATALY ROMA
L'Air Terminal della stazione Ostiense, costruito dall'architetto Julio Lafuente per i Mondiali di calcio del '90, si è trasformato in quattro piani di buon cibo. Un luogo dove fare la spesa e mangiare in un buon ristorante. Proponendo in ogni reparto di vendita aree didattiche ed emozionali, Eataly promuove l'acquisto consapevole: i clienti conoscono la storia, la cultura e le caratteristiche dei prodotti.

MAMBO
Nato come panificio comunale durante la Prima guerra mondiale, nella seconda metà degli anni Novanta l'architetto Aldo Rossi lo trasforma nella nuova sede del Museo d'Arte Moderna di Bologna. Il progetto di recupero si è realizzato nel rispetto e nella valorizzazione delle caratteristiche architettoniche dell'antico panificio. Proponendo una ricca collezione permanente, una sezione dedicata a Giorgio Morandi ed esposizioni temporanee innovative, il MAMbo rappresenta una delle realtà più interessanti e vivaci del Paese

C. Leggi con attenzione le frasi evidenziate al punto B e poi osserva il quadro. Completa le riformulazioni: quale connettivo puoi usare per unire le frasi?

> **il gerundio causale** ▶ p. 62

▶ Il Lingotto è sempre stato un quartiere operaio della periferia meridionale di Torino .... è nato intorno alla fabbrica FIAT.

▶ I fondatori sono riusciti a ricavare quattro uffici semichiusi da vecchi container dismessi, varie sale riunioni, una sala eventi, una cucina e un gran open space .... avevano a disposizione 1600 metri quadri.

▶ Eataly promuove l'acquisto consapevole .... propone in ogni reparto di vendita aree didattiche ed emozionali.

▶ Il MAMbo rappresenta una delle realtà più interessanti e vivaci del Paese .... propone una ricca collezione permanente, una sezione dedicata a Giorgio Morandi ed esposizioni temporali innovative.

D. Confronta le frasi del quadro con quelle evidenziate al punto B: che cosa cambia nella struttura delle due versioni? Osservale con un compagno.

il gerundio causale ▶ p. 62

E. Leggi i commenti relativi al testo al punto B e completa il quadro nella colonna seguente.

B Beppe70 È importante recuperare questi spazi! In Puglia ne abbiamo vari. Ad esempio, il progetto "Laboratori urbani" trasforma edifici pubblici in disuso (caserme, mattatoi, scuole…) in spazi sociali per i giovani.

R RinaRC La situazione degli edifici in disuso in Italia è vergognosa. Ma con questi progetti ne usciremo! Vicino a Reggio Calabria è stato recuperato il Forte umbertino Batteria Gullì, che oggi è uno spazio dedicato ad attività didattico-museali.

C Cristiana A Terni, dopo 20 anni di abbandono, è stato recuperato un ex stabilimento chimico: è lo spazio Caos, che ospita un museo, un teatro, una biblioteca, un bar. Ne sono affascinata.

L Lillo72 A Milano è interessante la cascina Battivacco, Ne avete sentito parlare? È una delle oltre 100 cascine presenti sul territorio, esempi di architettura agricola lombarda di grande valore storico e culturale. Adesso comprende un'azienda agricola, una fattoria didattica e una bottega di vendita diretta.

	vecchio uso	nuovo uso
1.		
2.		
3.		
4.		

▲ *Una sala del Museo De Felice del Caos di Terni*

F. Quale tra le iniziative proposte nei commenti al punto E ti sembra più interessante? Parlane con un compagno.

G. Leggi le seguenti frasi e cerca nei commenti al punto E le frasi corrispondenti. Quali sono le differenze? Annotale e parlane con un compagno.

▶ In Puglia abbiamo vari spazi da recuperare.
▶ Ma con questi progetti usciremo dalla situazione vergognosa.
▶ Sono affascinata dallo spazio Caos.
▶ Avete sentito parlare della cascina Battivacco?

la particella **ne** ▶ p. 62

H. Ascolta l'opinione di tre persone sul recupero degli spazi in disuso e indica, per ciascuno, a quale aspetto si riferiscono. Poi dai la tua opinione.

▶ Riqualificare una zona ....
▶ Creare spazi socialmente utili ....
▶ Valorizzare il patrimonio ....

CI **UN BUON RECUPERO**
Com'è la situazione degli edifici in disuso nel tuo Paese? Sono spazi recuperati o abbandonati? Di che tipo di edifici si tratta? Fai degli esempi che ti sembrano interessanti.

3. Sostenibilità

4. Ambienti artistici

A. Cosa associ al concetto di "arte ambientale"? Parlane con un compagno. Poi, condividete le vostre idee con la classe.

B. Leggi il post e sottolinea i concetti chiave e le caratteristiche dell'arte ambientale. Ci sono corrispondenze o differenze con le idee che hai condiviso al punto A? Parlane con un compagno.

Sguardo curioso

Come sempre cari amici, vi anticipiamo nel nostro blog l'argomento della prossima puntata del programma radio *Sguardo curioso*. Sebbene il rapporto con la natura e l'ambiente sia un tema che abbiamo già trattato, vogliamo riproporvelo con una nuova prospettiva: quella dell'arte ambientale. In questo processo creativo, l'artista interagisce direttamente con l'ambiente, che diventa oggetto e soggetto della sua opera. Benché non sia il suo obiettivo principale, l'arte ambientale cerca di sensibilizzare il pubblico all'ecologia. E parleremo anche di questo, presentandovi alcune opere e iniziative davvero interessanti e originali.

PARCO ARTE VIVENTE (TORINO): un sito espositivo all'aria aperta e un museo interattivo intesi come luogo d'incontro tra arte e natura. Artisti italiani e internazionali realizzano opere e installazioni di "arte del vivente", sperimentazioni che includono materiali organici e inorganici. www.parcoartevivente.it/pav/

◀ Un'installazione del PAV

HUMUS PARK (PORDENONE): il principio di questo importante evento è "la Natura offre la scenografia e i suoi materiali". Gli artisti creano, così, delle opere uniche utilizzando le risorse naturali che offre l'ambiente, e il pubblico può godere di queste creazioni finché la natura non se le riprende. www.humuspark.it/it/

Un'opera realizzata per Humus Park ▶

ARTE SELLA (TRENTO): un progetto in cui arte e natura si fondono da più di trent'anni grazie all'incontro tra creatività e mondo naturale. Il pubblico scopre le opere realizzate dagli artisti passeggiando per gli spazi espositivi, tutti all'aperto. www.artesella.it/it/

◀ La Cattedrale vegetale di Arte Sella

Inoltre, anche se non è recente, vale la pena citare un'opera simbolo dell'arte ambientale italiana: il **Grande Cretto di Aldo Burri** (1986), realizzato sulle macerie della città di Gibellina (Sicilia), distrutta da un terremoto. L'artista ha ricoperto le macerie con del cemento, creando un monumento impressionante.

Il Grande Cretto di Aldo Burri ▶

Come sempre, vi invitiamo a collaborare: date la vostra opinione su opere e iniziative di arte ambientale, segnalate eventi e artisti... Mandate email, scrivete post, telefonate...

C. Tra le iniziative e opere presentate nel post, quali ti piacerebbe visitare? Cerca più informazioni e immagini su Internet. Poi, parlane con un compagno.

D. Leggi queste frasi e confrontale con le frasi corrispondenti evidenziate al punto B. Quali differenze noti?

- Il rapporto con la natura e l'ambiente è un tema che abbiamo già trattato, ma vogliamo riproporvelo con una nuova prospettiva.
- Non è il suo obiettivo principale, ma l'arte ambientale cerca di sensibilizzare il pubblico all'ecologia.
- Non è recente, ma vale la pena citare un'opera simbolo dell'arte ambientale italiana.

E. Osserva di nuovo le frasi evidenziate nel testo e completa il quadro.

le frasi concessive ▶ p. 62

premessa	conclusione imprevista
▶ Sebbene il rapporto con la natura e l'ambiente sia un tema che abbiamo già trattato	vogliamo riproporvelo con una nuova prospettiva.
▶	
▶	

F. Quattro persone hanno condiviso con la redazione di *Sguardo curioso* la loro opinione sulle iniziative e opere proposte nel post. Ascolta la registrazione e completa il quadro.

21

	iniziativa/opera	opinione
1.		
2.		
3.		
4.		

G. Leggi le frasi estratte dalla registrazione: compare un tempo verbale nuovo, il congiuntivo passato. Come si forma?

1. Penso che <mark>sia stata</mark> una riqualificazione urbana interessante.
2. Credo che <mark>abbiano restituito</mark> uno spazio molto bello alla città.
3. Credo che gli organizzatori <mark>abbiano avuto</mark> un'idea meravigliosa e originale.
4. Non mi sembra che <mark>abbiano realizzato</mark> delle opere d'arte vere e proprie.
5. È incredibile che l'artista <mark>sia riuscito</mark> a creare un'opera d'arte utilizzando solo del cemento.

H. Osserva di nuovo le frasi al punto G e, per ciascuna, sottolinea la frase principale e quella secondaria con due colori diversi. Quale delle due azioni è avvenuta prima? Con quale tempo verbale è espressa?

il congiuntivo passato ▶ p. 62

I. Rileggi il post del blog e annota il vocabolario che ti sembra utile per parlare di iniziative e opere di arte ambientale.

verbi	nomi
interagire	ambiente
sensibilizzare	natura

L. Scrivi un commento per esprimere la tua opinione su una delle iniziative od opere citate nel blog.

CI — CREDO CHE...
Cerca su Internet un esempio di arte ambientale che ti sembra interessante e presentalo ai compagni: descrivilo brevemente e dai la tua opinione.

Grammatica

I PRONOMI COMBINATI

Quando nella stessa frase usiamo un pronome diretto e uno indiretto, i due pronomi si combinano:
- il pronome indiretto precede sempre quello diretto;
- i pronomi indiretti **mi**, **ti**, **ci**, **vi** diventano **me**, **te**, **ce**, **ve**;
- i pronomi indiretti **gli** e **le** diventano **glie-** e formano un'unica parola con il pronome diretto che segue.

	+ lo	+ la	+ li	+ le
mi	me lo	me la	me li	me le
ti	te lo	te la	te li	te le
gli, le	glielo	gliela	glieli	gliele
ci	ce lo	ce la	ce li	ce le
vi	ve lo	ve la	ve li	ve le
gli	glielo	gliela	glieli	gliele

I pronomi combinati precedono il verbo, ma con le forme verbali dell'infinito, gerundio e imperativo informale seguono il verbo formando una sola parola.

Sono arrivati i libri. **Te li** porto *subito.*
I miei genitori vorrebbero un televisore nuovo, **glielo** regalerò *per l'anniversario.*
Mi servono le forbici. Puoi passar**mele** *per favore?*
Non abbiamo capito, ma spiegando**celo** *un'altra volta capiremo di sicuro.*
Quando la lampada è pronta, mette**tela** *in vetrina.*

IL GERUNDIO CAUSALE

Possiamo usare il gerundio per esprimere una causa. In questi casi il gerundio corrisponde a un *perché*.

Essendo *nato intorno alla fabbrica FIAT, il Lingotto è sempre stato un quartiere operaio.*
(= il Lingotto è sempre stato un quartiere operaio **perché** è nato intorno alla fabbrica FIAT.)
Ospitando *tanti ristorantini, Eataly Roma offre la possibilità di scegliere.*
(= Eataly Roma offre la possibilità di scegliere **perché** ospita tanti ristorantini.)

Al posto del gerundio, riformulando la frase, possiamo utilizzare i connettivi causali **perché**, **siccome**, **dato che**, ecc.
Siccome *è nato intorno alla fabbrica FIAT, il Lingotto è sempre stato un quartiere operaio.*
Dato che *ospita tanti ristoranti, Eataly Roma offre la possibilità di scegliere.*

LA PARTICELLA NE (ALCUNI USI)

Ha varie funzioni:
▶ avverbio di luogo quando sostituisce **da qui/qua, da lì/là**:
Il MAMbo ha una collezione ricchissima: siamo entrati alle 11 e **ne** *siamo usciti alle 17!*
(= siamo usciti **da lì** alle 17)

▶ pronome dimostrativo neutro quando sostituisce **di ciò/questo, da ciò/questo**:
Abbiamo fatto un tavolo e delle sedie per il giardino con il pallet, e **ne** *siamo proprio soddisfatti.*
(= siamo soddisfatti **di ciò**, di aver fatto i mobili)
Che bello! Organizzano un evento di arte ambientale. **Ne** *sono affascinata!*
(= sono affascinata **da ciò**, dall'arte ambientale)

▶ sostituisce un complemento oggetto quando si fa riferimento alla quantità:
Milano e Torino hanno tanti esempi di ex fabbriche recuperate, e anche Roma **ne** *ha vari.*
(= ha **vari esempi** di ex fabbriche)

LE FRASI CONCESSIVE

Esprimono una premessa seguita da una conclusione imprevista. Generalmente sono introdotte da connettivi come **sebbene**, **benché**, **nonostante** (seguiti dal congiuntivo) e **anche se** (seguito dall'indicativo).

Sebbene *l'arte ambientale non mi* **interessi** *molto [premessa], l'esposizione mi è piaciuta tantissimo [conclusione imprevista].*
Anche se *Guido non* **è** *molto creativo [premessa], fa degli oggetti riciclati davvero carini [conclusione imprevista].*

IL CONGIUNTIVO PASSATO

Si forma con il congiuntivo dell'ausiliare **avere** o **essere** + il participio passato.

AUSILIARE	+	PARTICIPIO PASSATO
abbia abbia abbia abbiamo abbiate abbiano	+	parl**ato** ricev**uto** dorm**ito**
sia sia sia siamo siate siano	+	and**ato/a** and**ati/e**

Usiamo il congiuntivo passato in frasi secondarie che esprimono anteriorità rispetto all'azione della frase principale, ad esempio in frasi oggettive introdotte da verbi di opinione (**pensare, credere, immaginare, supporre, considerare**, ecc.), o da espressioni impersonali come **è incredibile, è assurdo, è impossibile, è giusto**, ecc.

Penso che **abbiano recuperato** *molto bene l'edificio della ex fabbrica.*
È impossibile che non **abbiano riutilizzato** *questo spazio.*

3

1. Completa i dialoghi con i pronomi combinati adeguati.

a. Mi porti il pallet per fare la testata?
   Sì, _te lo_ porto domani a casa.
b. Ci dai le bottiglie di plastica per fare le sedie?
   Certo, _ve le_ do senz'altro.
c. Hai portato le strutture metalliche a Giulia?
   No, non _gliele_ ho ancora portate.
d. Devi restituire la colla ai vicini
   Va bene, _gliela_ porto subito.
e. Ragazzi, vi hanno dato gli oggetti da riciclare?
   _ce li_ hanno portati questa mattina.

2. Riformula le frasi usando il gerundio causale, quando è possibile.

a. Dato che avevamo tante bottiglie di plastica, le abbiamo riciclate per fare degli oggetti.
   → *Avendo tante bottiglie di plastica, le abbiamo riciclate per fare degli oggetti.*
b. Non hanno terminato i lavori di recupero perché non avevano più fondi.
   → ....
c. Dato che poche persone conoscono l'arte ambientale, si organizza questo Festival.
   → ....
d. Bisogna comprare i biglietti con anticipo dato che molte persone sono interessate all'evento.
   → ....
e. Siccome adesso ho molto tempo libero, creo oggetti con materiale riciclato.
   → ....
f. Ci preoccupa l'impatto ambientale e così abbiamo deciso di creare oggetti di design riciclati.
   → ....

3. Indica quali elementi sostituisce la particella ne.

a. Stamattina sono andata alle Poste e **ne** sono uscita dopo tre ore! *da lì (dalle Poste)*
b. Ho accettato il lavoro ma adesso me **ne** sto pentendo. _di ciò / di questo_
c. Ti ricordi la vecchia valigia di pelle? **Ne** ho fatto un tavolino! _da ciò / da questa_
d. Se volete idee per riciclare oggetti, io **ne** ho tante! _di ciò / di queste_

4. Riformula le seguenti frasi usando la particella ne.

a. La situazione degli edifici abbandonati è grave, ma usciremo da questa sistuazione. → *La situazione degli edifici abbandonati è grave, ma ne usciremo.*
b. Non conosco Eataly Roma, ma ho sentito parlare bene di Eataly Roma.
   → _ma ne ho sentito_
c. Non c'è problema per il pallet, io ho tanto pallet.
   → _io ne ho tanto_
d. Faranno un centro per anziani nella vecchia caserma, sono sicura di questo.
   → _ne sono sicura_
e. Hai visto queste opere di arte ambientale? Sono affascinato da queste opere!
   → _ne sono affascinato ad queste_

5. Scrivi delle frasi concessive a partire dalle seguenti informazioni.

a. materiali economici [premessa] / oggetti belli e originali [conclusione imprevista]
   → *Benché i materiali siano economici, gli oggetti sono belli e originali.*
b. opera di trent'anni fa [premessa] / tematica molto attuale [conclusione imprevista]
   → ....
c. lavori di recupero iniziati tempo fa [premessa] / progetto non ancora terminato [conclusione imprevista]
   → ....
d. non si parla molto dell'evento [premessa] / partecipano artisti da tutto il mondo [conclusione imprevista]
   → ....

6. Per ciascun item, indica se la frase sottolineata è anteriore (✔) o no (✗) alla principale.

a. Penso che <u>abbiate fatto un buon lavoro</u>.
b. Credo che <u>sia un progetto ambizioso</u>.
c. Supponiamo che <u>abbiano già deciso come recuperare lo spazio</u>.
d. È incredibile che tu non <u>abbia ancora visitato il Lingotto</u>.
e. È giusto che <u>esista il design sostenibile</u>.

Parole

Materiali e oggetti

1. Abbina questi materiali agli oggetti indicati sotto. Sono possibili più opzioni.

> legno · cartone · plastica · sughero · latta · metallo · cuoio · vetro

a. barattolo di _vetro_ / _latta_
b. tavolo di _legno_
c. bottiglia di _plastica_ / _vetro_
d. valigia di _cuoio_
e. scatola di _latta / cartone / plastica / vetro_
f. bicchiere di _cartone / plastica / vetro_
g. tappo di _sughero_
h. posate di _metallo_

2. Completa le frasi con i seguenti aggettivi.

> ecologico/a · economico/a · unico/a · semplice · stravagante

a. Questa lampada in carta riciclata rispetta l'ambiente. È _ecologica_
b. Realizzare delle lampade con le bottiglie di vetro non è un lavoro complicato. È _semplice_
c. Diana realizza oggetti con materiale riciclato, ogni oggetto è diverso dagli altri. È _stravagante_
d. Per fare questo tavolo con il pallet ho speso pochi soldi. È _economico_
e. Una collana fatta con barattoli di latta è un oggetto un po' eccentrico. È _unica / stravagante_

Espressioni

3. Completa le frasi con le espressioni adeguate.

> senza dubbio · un sacco di · in un batter d'occhio · un gioco da ragazzi · da vendere

a. Per fare questi orecchini ci vuole _un sacco di_ pazienza, è un lavoro che richiede precisione e tempo.
b. Usiamo queste bottiglie di plastica per fare dei vasi per le piante aromatiche, è facile, sarà _un gioco da ragazzi_
c. Benché non sia facile, il falegname è un esperto e farà bene la riparazione _in un batter d'occhio_
d. Dai realizziamo insieme degli oggetti: tu hai molta manualità e io sono molto creativa, ho idee _da vendere_
e. Vuoi delle idee originali per la casa? Cercale su Pinterest, le troverai subito, _senza dubbio_

Recuperare edifici

4. Completa le seguenti mappe mentali.

spazi in disuso

nuovo uso

5. Inserisci i seguenti verbi, coniugati adeguatamente, per completare le frasi.

> utilizzare · interagire · incontrarsi · scoprire · sensibilizzare

a. Nell'arte ambientale, l'artista _si incontra / interagisce_ con la natura.
b. L'arte ambientale può anche _sensibilizzare_ all'ecologia.
c. Il Parco Arte Vivente è un luogo in cui arte e natura _interagono / si incontrano_
d. Gli artisti che partecipano all'Humus Park _utilizzano_ risorse naturali.
e. Il pubblico _scopre_ le opere passeggiando per gli spazi espositivi di Arte Sella.

Suoni 3

I verbi del riuso

6. Completa la lista di combinazioni.

- riciclare — un oggetto
- recuperare — uno spazio
- riusare — un materiale
- trasformare — un edificio
- valorizzare — una zona
- ridurre — gli sprechi
- creare — un'opera

Il segnale discorsivo *anzi*

7. Leggi le frasi e indica la funzione di **anzi**. Poi traducile nella tua lingua: a cosa corrisponde **anzi**? Poi ascolta la registrazione e fai attenzione all'intonazione.

a. Si usa per correggere un'affermazione già negata (= *invece, al contrario*).
b. Si usa per modificare un'affermazione (= *o meglio*).

1. L'edificio non è stato recuperato, **anzi** è in stato di abbandono. ....
   = ...

2. La biblioteca che hanno fatto nell'ex fabbrica è grande, **anzi** enorme! ....
   = ...

3. • È difficile fare un tavolo con il pallet?
   ○ No, **anzi**! ....
   = ...

4. Ti dò io la struttura in ferro per fare le sedie, **anzi** ti aiuto anche a farle! ....
   = ...

5. • Vieni anche tu all'esposizione sulla Land Art, o non ti interessa?
   ○ No, **anzi**! ....
   = ...

1. Leggi le frasi e fai attenzione alla pronuncia dei suoni bilabiali [p], come in **pasta**, e [b], come in **basta**. Poi ascolta la registrazione per verificare.

a. Il design sosteni**b**ile riduce l'im**p**atto am**b**ientale.
b. È im**p**ortante recu**p**erare edifici in disuso.
c. L'o**b**iettivo è ridurre gli effetti negativi.
d. Il **p**rogetto si chiama "La**b**oratori ur**b**ani".
e. Questo s**p**azio prima os**p**itava una fa**bb**rica.
f. Ti faccio un **b**racciale di latta un **b**atter d'occhio!

2. Ascolta la registrazione e completa le parole con **p** o **b**.

a. **p**azienza
b. **b**ottiglia
c. **p**lastica
d. a**bb**andono
e. res**p**onsa**b**ile
f. **b**arattolo

3. Leggi ad alta voce le seguenti frasi: che intonazione dai ad **anzi**? Verifica con la registrazione.

a. L'Arte povera mi sembra interessante, **anzi** mi piace proprio!
b. Non è difficile, **anzi**!
c. È triste vedere edifici abbandonati, **anzi** è vergognoso!
d. • Hanno recuperato bene l'ex caserma?
   ○ No, **anzi**!
e. Questo non si fa in poco tempo, **anzi** ci vuole un sacco di pazienza!
f. Probabilmente farò delle lampade con queste bottiglie. **Anzi**, senza dubbio.

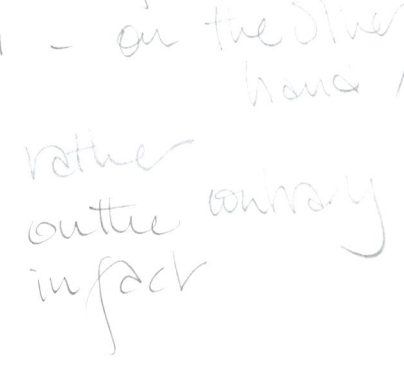

Salotto culturale

L'ARTE POVERA

L'arte povera nasce in Italia nella seconda metà degli anni Sessanta come reazione al consumismo del "miracolo economico" e all'arte tradizionale, di cui rifiuta sia tecniche e supporti che l'idea dell'opera d'arte come superiore e sublime. Questa etichetta variegata raccoglie un gruppo di artisti che crea utilizzando materiali "poveri": scarti industriali come cemento e ferro ed elementi naturali come terra, acqua e legno. Le loro opere hanno un forte messaggio intellettuale, in cui si dà particolare importanza all'idea ma anche all'installazione, come luogo della relazione tra opera e ambiente. Alcuni dei principali esponenti sono: Michelangelo Pistoletto, Alighiero Boetti, Jannis Kounellis, Mario e Marisa Merz e Pino Pascali.

Michelangelo Pistoletto, *Venere degli stracci*, 1967

MICHELANGELO PISTOLETTO (1933)

Dopo aver frequentato lo studio del padre, pittore e restauratore, e la scuola grafica pubblicitaria diretta da Armando Testa, ha iniziato il suo percorso artistico. È rapidamente diventato famoso per l'inserimento nei suoi lavori di specchi, superfici riflettenti che ribaltano la prospettiva e fanno diventare attori gli spettatori. Anche la sua attualizzazione di classici della scultura e le sue installazioni hanno colpito e colpiscono pubblico ed esperti. Tra i suoi lavori più celebri ci sono *Uomo in piedi* (1962/82) e *Venere degli stracci* (1967/74), conservati alla Tate Gallery, e *Oggetti in meno* (1965/66), al Guggenheim Museum. La *Venere degli stracci*, considerata l'opera simbolo dell'Arte Povera e della creatività contemporanea, accosta provocatoriamente la bellezza classica della dea a un cumulo di stracci variopinti, scarto di una società sempre più consumista.

ALIGHIERO BOETTI (1940-1994)

Genio eclettico che ha sperimentato varie discipline, dalla scultura al ricamo al mosaico, mettendo insieme le tematiche più diverse: geografia e algebra, esoterismo e politica. Una delle opere più celebri è *Mappa* (1971-1972), un arazzo raffigurante un planisfero politico in cui ogni nazione è tessuta con i colori e i simboli della propria bandiera, realizzato con il contributo di un gruppo di ricamatrici afgane.
Boetti gioca con i materiali e i colori, spesso nel ruolo di regista di una visione che fa realizzare ad altre persone, mettendo così in discussione il ruolo tradizionale dell'artista.

Alighiero Boetti, *Mappa*, 1971-73

Arte povera

A. Sai cos'è l'arte povera? Prima di leggere il testo, osserva le immagini e scambia idee con un compagno.

B. Leggi l'introduzione e verifica se le tue ipotesi sono corrette.

C. Leggi i testi sui tre artisti: ne conosci qualcuno? Sottolinea le caratteristiche distintive di ciascuno e poi confronta con un compagno.

D. Leggi le seguenti citazioni e abbinale ai tre artisti dell'articolo. Motiva il tuo abbinamento.

> **1** "Non c'è mai stata divisione tra la mia vita privata e la mia opera."

> **2** "Per molte mie opere, io non ho fatto niente, quando emerge l'idea base, il concetto, tutto il resto non è da scegliere."

> **3** "Lo spettatore dell'opera, osservandola, diventa parte della creazione artistica."

E. Conosci altri artisti dell'arte povera? Fai una ricerca su Internet, seleziona un artista e prepara una scheda con le seguenti informazioni.
- opere principali
- materiali preferiti
- caratteristiche distintive

F. Nel tuo Paese esiste un movimento artistico che ha un rapporto simile con i materiali? Fai una ricerca e prepara una breve presentazione.

Marisa Merz, *Untitled (Living Sculpture)*, 1966

MARISA MERZ (1926)

Unica donna del movimento, Leone d'Oro alla carriera nel 2013, sperimenta temi e materiali con eleganza e raffinatezza: dalle sculture di nylon, ai ricami in filo di rame, alle installazioni con la cera. Nella sua serie di *Living sculptures* manipola la materia portandola ai limiti delle sue proprietà specifiche. A partire dal suo lavoro svolto in parallelo ai protagonisti dell'arte povera, tra i quali si distingueva per la riflessione sullo spazio intimo e femminile, l'artista ha sviluppato un linguaggio personale in cui pittura, scultura e disegno si combinano per dare forma a immagini all'apparenza arcaiche e primordiali, ma che ci invitano a guardare il mondo da nuove prospettive.

Compiti finali

CF — Presentare un progetto di recupero di uno spazio in disuso

A. A gruppi, fate una ricerca sulle zone e gli edifici in disuso di una città a vostra scelta.

B. Valutate le opzioni e selezionate insieme l'edificio da recuperare.

C. Considerando lo spazio a disposizione, la zona e la città in cui si trova, valutate le possibili opzioni di recupero e decidete insieme il nuovo uso.

D. Presentate il vostro progetto motivando le vostre scelte e decisioni e spiegando come sarà il nuovo spazio.

E. Discutete tutti insieme sulle varie proposte e scegliete quella migliore.

STRATEGIE PER LAVORARE

Consultate con attenzione le risorse che vi offre l'unità: i modelli di lingua e i contenuti linguistici.

Potete proporre il vostro progetto al Comune o condividere l'idea sui social network.

CF — Creare un oggetto con materiale riciclato

A. Pensa a un oggetto che ti piacerebbe creare con del materiale riciclato. Può essere qualcosa di utile o avere una funzione decorativa.

B. Prepara una scheda "tecnica" per la realizzazione della tua creazione, con le informazioni proposte nel modello.

C. Aggiungi una breve descrizione per "promuovere" la tua creazione e cerca delle immagini delle fasi di realizzazione e del prodotto finale.

D. Condividi la tua creazione con i compagni. Quali sono le idee più originali e stravaganti?

Lampada di vetro riciclato
materiale: bottiglie di vetro, colori per il vetro, spago
difficoltà: un gioco da ragazzi!
caratteristiche: ecologica, originale, economica
consigli: create almeno 3 lampade di colori diversi da appendere insieme, l'effetto è più bello!

STRATEGIE PER LAVORARE

Il web è una fonte di risorse per farti venire delle idee originali e per consultare dei modelli linguistici.

Puoi creare un Pin e caricarlo su Pinterest, o fare un tutorial per YouTube.

Bilancio 3

Com'è andato il compito?

A. Fai un'autovalutazione delle tue competenze.

	😄	😊	😕	😢
descrivere e commentare oggetti riciclati				
esprimere opinioni su spazi recuperati				
parlare di opere ed eventi di arte ambientale				

B. Durante la realizzazione dei compiti hai incontrato qualche difficoltà? Quale/i? Cosa hai imparato di nuovo? Cosa ti è piaciuto di più dei compiti?

😄	😢

C. Valuta il compito dei tuoi compagni e poi parlane con loro.

	😄	😊	😕	😢
La presentazione è chiara.				
Hanno utilizzato i contenuti dell'unità.				
Il lessico utilizzato è adeguato.				
È originale e interessante.				
La pronuncia è chiara e l'intonazione corretta.				

4 Non solo scienza

CF	**COMPITI FINALI**	CI	**COMPITI INTERMEDI**
	• Proporre un progetto di domotica per la classe • Redigere una notizia di argomento scientifico		• Descrivere un fenomeno paranormale • Presentare un oggetto di domotica • Redigere una notizia falsa

1. La scienza in parole

A. Osserva la fotografia: quali parole della nuvola associ a questa immagine? Parlane con un compagno.

B. Completa le seguenti categorie con le parole della nuvola. Poi confronta le tue liste con un compagno.

scienza	tecnologia	paranormale

C. Se vuoi, alla fine dell'unità fai una proposta alternativa per questa doppia pagina: scegli una o più immagini e crea una nuova nuvola di parole.

▲ *Muse, Museo delle Scienze (Trento)*

1. Scienza e paranormale

2. Tu ci credi ai fantasmi?

A. Quali fenomeni associ al paranormale? Annota cosa ti viene in mente e poi confronta con i compagni.

B. Leggi il post e i commenti nella pagina seguente: si parla di fenomeni paranormali. Quale spiegazione ti sembra più convincente? Ne conosci altre? Parlane con un compagno.

---

www.ilblogdigio.cdl

Il blog di GIO

    CHI SONO   CONTATTI   PROPOSTE

Oggi vi parlo di un argomento che mi terrorizza fin da quando ero bambina: i fantasmi! Ancora oggi quando di notte sono sola in casa e sento dei rumori strani mi si gela il sangue…

Facendo una ricerca in rete ho scoperto, però, di non essere l'unica! Secondo un sondaggio, infatti, il numero di italiani che crede ai fantasmi è incredibile: il 76% ci crede e il 49,68% afferma addirittura di averli visti! La cosa che mi ha un po' tranquillizzata è che ci sono alcune ipotesi scientifiche che contestano queste credenze.

Eccole qui:

1. ELETTROMAGNETISMO

Analizzando i palazzi antichi dove la gente avvisterebbe spesso i fantasmi, molti psicologi hanno scoperto che in questi luoghi ci sono variazioni del campo elettromagnetico, percepibili dal cervello umano come fantasmi. A confermare la stessa ipotesi sarebbe anche un gruppo di ricercatori guidati dal neuroscienziato Michael Persinger, che hanno sottoposto alcuni volontari a dei campi elettromagnetici, provocando in loro l'idea di presenze soprannaturali nella stanza.

2. INFRASUONI

Gli infrasuoni sono suoni inavvertibili all'orecchio umano. Queste vibrazioni a bassa frequenza causerebbero disagio, panico, cambiamenti nel battito cardiaco e nella pressione sanguigna: tutte sensazioni facilmente associabili alla possibile presenza di un fantasma.

3. AUTOSUGGESTIONE

Il motivo per cui così tante persone crederebbero ai fantasmi è che li rassicura l'idea di una vita dopo la morte. Essere mortali non ci piace, per questo per molti sarebbe inevitabile cercare una speranza.

Dopo aver letto queste spiegazioni cercherò di essere più razionale, anche se sarà difficile… E voi cosa ne pensate dei fantasmi? Ci credete?

LELLA79 Fantasmi? Case infestate? Ma figuriamoci! Non siamo più nel Medioevo, lasciamo perdere queste credenze infondate per dare spazio alla scienza.

GIU_LIA Io invece ci credo e queste spiegazioni non mi convincono... Perché in alcuni luoghi ci sarebbero variazioni dei campi elettromagnetici? A me è capitato di sentire delle strane presenze nella vecchia casa dei nonni…

CHICCO Concordo con Lella79. Figurati se nel XXI secolo si può credere ancora ai fantasmi! Ma per favore!

ALE Grazie Gio per aver condiviso queste spiegazioni scientifiche, magari adesso anch'io dormirò sonni più tranquilli! Essere più razionali aiuta!

C. Rileggi il post del blog e trova gli aggettivi che hanno i seguenti significati.

che non si può credere = ...
che si può percepire = ...
che non si può avvertire = ...
che si può associare = ...
che non si può evitare = ...

D. Alcuni degli aggettivi che hai annotato al punto C sono alla forma negativa: noti qualcosa di particolare?

il prefisso negativo ▶ p. 78

E. Osserva ancora una volta gli aggettivi del punto C e completa il quadro.

gli aggettivi in -bile ▶ p. 78	
radice del verbo	**suffisso**
(1ª coniugazione) evit-	....
(2ª coniugazione) cred-	ibile
(3ª coniugazione) percep-	....

F. Osserva le forme verbali evidenziate in giallo nel blog, considera il contesto in cui compaiono e traducile nella tua lingua. Poi, prova a scrivere la coniugazione completa.

G. Osserva le forme verbali evidenziate in blu nel blog. Secondo te quale funzione ha il condizionale in questi casi?

☐ informare su fatti accertati
☐ dare notizie non verificate
☐ fornire delle opinioni

usi del condizionale ▶ p. 78

H. Partecipa anche tu alla discussione sul blog: scrivi un commento per esprimere la tua opinione.

I. Tre amici, Elisa, Antonio e Matteo parlano di alcuni fenomeni paranormali. Segna quelli che nominano. Poi ascolta un'altra volta e indica qual è il loro atteggiamento.

☐ fantasmi ☐ poltergeist ☐ telecinesi
☐ medium ☐ telepatia ☐ alieni

.... è incerto/a.
.... è scettico/a.
.... ci crede.

L. E tu cosa ne pensi dei fenomeni paranormali? Hai avuto qualche esperienza in questo ambito? Parlane con un compagno. Potete utilizzare le seguenti espressioni.

▶ Ma figuriamoci!
▶ Ma per favore!
▶ Sì, va beh!
▶ Ma che dici!
▶ Mah… non so…
▶ Certo… è strano…
▶ Forse la spiegazione…

▶ In effetti si può spiegare…
▶ Io ci credo.
▶ Assolutamente sì!
▶ Ma certo che esistono!
▶ E allora come spieghi…?
▶ Ma come no?

CI **FENOMENI PARANORMALI**
Scegli un fenomeno paranormale che ti incuriosisce: scrivi una breve descrizione e la possibile spiegazione scientifica.

2. Domotica

3. Una casa intelligente

A. Hai mai sentito parlare di domotica? Leggi la definizione.
Tu hai qualche oggetto di domotica in casa? Parlane con un compagno.

> **Domotica** Disciplina che studia e applica le tecnologie alla gestione della casa, con lo scopo di migliorare la qualità della vita dei suoi abitanti.

B. Leggi l'articolo. Qual è secondo te l'invenzione più utile o interessante? Parlane con un compagno.

TECNOLOGIE / DESIGN

Domotica

Suona la sveglia: l'impianto stereo diffonde la vostra musica preferita, le persiane si aprono da sole, in cucina la caffettiera elettrica e il tostapane si accendono per preparare la colazione, in bagno la temperatura si alza per la doccia perfetta. E non è finita qui: luci che si accendono da sole, frigoriferi che ti avvisano quando è ora di fare la spesa e anche un maggiordomo robot… No, non è la casa di un film futuristico, è la nuova tecnologia domotica: sicurezza, intrattenimento, comodità e risparmio energetico. Insomma, rende la vita più facile. Ecco gli accessori per avere una casa intelligente.

IL MAGGIORDOMO ROBOT
Dopo che sarete usciti di casa, Sensor NT, un sistema di sensori, accenderà l'allarme, controllerà il giardino e vi avviserà appena i bambini saranno tornati da scuola.

VIDEOCAMERA INTERATTIVA
Una piccola telecamera vi permetterà di sapere sempre cosa succede in casa: con la funzione di notifica riceverete un avviso sul vostro smartphone o tablet, che vi avviserà di quello che sta avvenendo in casa in vostra assenza.

IL FRIGORIFERO CHE EVITA GLI SPRECHI
Frigus Top, il frigo intelligente che legge le date di scadenza dei prodotti e invia i dati al vostro telefono. In questo modo, sarete informati sulle opzioni di menù per la sera stessa ed eviterete gli sprechi.

TERMOSTATO DOMO
Uno dei primi gadget di domotica: un piccolo apparecchio con cui potrete controllare la temperatura della casa con lo smartphone o il tablet.

SMART POT
Una pentola intelligente che si controlla tramite una app. Potrete programmare la cottura e la temperatura per cucinare i cibi e, mentre siete fuori casa, riceverete notifiche sullo stato dei piatti. Quando tornerete stanchi dopo una lunga giornata, la vostra Smart Pot vi avrà già preparato la cena.

C. Nell'articolo compare, evidenziato in giallo, un tempo verbale nuovo: il futuro composto. Rileggi le frasi e completa il quadro. Poi, osserva l'uso dei tempi verbali.

il futuro composto ▶ p. 78	
azione anteriore	**azione posteriore**
▶ Dopo che sarete usciti di casa,	▶ Sensor NT accenderà l'allarme.
▶ Appena i bambini saranno tornati da scuola	▶ vi avviserà.
▶	▶ ....
▶	▶ ....

D. Pensa agli accessori per rendere la tua casa "intelligente". Quali di questi oggetti hai o vorresti? Poi aggiungine altri e parlane con i compagni.

- ☐ telecomando smart
- ☐ sistema di illuminazione
- ☐ sistema di sicurezza
- ☐ robot aspirapolvere
- ☐ assistente domestico

E. Ascolta la conversazione tra Federica e Claudio e completa il quadro.

oggetto	funzione	per chi

F. Leggi le frasi estratte dalla registrazione e sottolinea con due colori diversi gli aggettivi e i pronomi possessivi. Poi, con un compagno, prova a spiegare la differenza d'uso.

1. Visto che fai il simpatico con le mie abitudini, pensiamo anche alle tue...
2. Così non dovrai più ricordare dove hai messo le tue chiavi. E smetterai di prendere le mie!
3. La caffettiera elettrica, quella che si accende a un'ora prestabilita e prepara il caffè. Magari non fa il caffè buono come la nostra, ma avremmo un risveglio più dolce.
4. Potremmo regalarla anche ai miei genitori, che sono un po' pigroni. Ai tuoi invece non serve.

G. Leggi altre frasi estratte dalla conversazione e fai attenzione alle forme di **sapere** e **conoscere**. Poi, abbina le forme verbali al loro significato.

- ▶ Ho saputo che il prossimo fine settimana c'è la fiera della Casa Intelligente, ci andiamo?
- ▶ Una ragazza che ho conosciuto in palestra ce l'ha e si trova molto bene.
- ▶ Non conoscevo questa novità.
- ▶ Sapevi della caffettiera elettrica, quella che si accende a un'ora prestabilita e prepara il caffè?

1. incontrare qualcuno per la prima volta e fare conoscenza: ....
2. conoscere qualcuno o qualcosa da molto tempo: ....
3. venire a sapere qualcosa da qualcuno: ....
4. sapere qualcosa da molto tempo: ....

H. Quali oggetti tra quelli nominati nella registrazione conosci già? Di quali, invece, non sapevi niente? Parlane con un compagno ed esprimi le tue preferenze.

- *Sapevo che esiste la caffettiera elettrica ma non conoscevo...*
- *Ho saputo da un amico che la serratura con le impronte digitali...*

CI **ROBOTICA INTELLIGENTE**
Fai una breve ricerca e descrivi un oggetto di domotica che ritieni particolarmente utile, originale o innovativo.

3. Tecnologia e informazione

4. L'informazione nell'era del Web

A. Come ti informi di solito? Indica il mezzo o i mezzi di informazione che preferisci.

☐ stampa   ☐ TV   ☐ radio   ☐ Internet

B. Leggi queste due notizie: una è vera e una è falsa. Secondo te, qual è la notizia falsa? Perché? Parlane con un compagno.

---

www.crazypost.cdl

L'ultimissima! *Le notizie più sorprendenti!*

Palloncino in orbita manda in tilt una Stazione Spaziale Internazionale

UNIVER (SO) - La Stazione Spaziale Internazionale (ISS) si è scontrata contro un palloncino particolarmente resistente che ne ha temporaneamente bloccato il funzionamento. La NASA, grazie a complessi calcoli matematici, ha individuato il colpevole: un ragazzino panamense di 8 anni, Juan Pablo Quintero Gomez Rodriguez Garcia, che aveva liberato nell'aria un palloncino. Ha poi, però, deciso di non denunciarlo e ha annunciato che chiederà i danni e il ritiro del palloncino dal mercato direttamente a chi lo produce, l'azienda A.I.R.

Ma come mai quel palloncino è riuscito ad arrivare fino allo spazio, passando attraverso l'atmosfera senza distruggersi? Il motivo è che i palloncini, ormai, sono sempre più resistenti, per soddisfare le esigenze di chi ama questi oggetti, i bambini.

Lo spiega proprio l'ideatore della linea di palloncini, l'ingegner Ario Nuvoletti: "I nostri piccoli clienti ci chiedono da sempre quando faremo dei palloncini più resistenti, e noi li abbiamo accontentati." Nuvoletti risponde poi alle accuse della NASA: "Vorrei dire a chi ci chiede i danni che questa è solo invidia perché riusciamo a raggiungere lo spazio con soli 4,99 €".

▲ *Adattato da Palloncino molto resistente finisce in orbita: in tilt Stazione Spaziale Internazionale di Vittorio Lattanzi (www.lercio.it)*

---

www.tuttoscienza.cdl

Tutto Scienza. *Divulghiamo la Scienza*

L'alcol migliora le abilità linguistiche

Chi parla una lingua straniera si chiede spesso se esiste un piccolo aiuto per migliorare la pronuncia e si domanda quale sia. Il classico "bicchiere di troppo"! Lo conferma uno studio condotto dalle Università di Liverpool, di Maastricht e dal King's College di Londra. L'esperimento è stato condotto su un gruppo di 50 studenti tedeschi che parlano fluentemente in olandese; metà di loro ha bevuto una piccola dose di alcol proporzionata ad altezza e peso, e metà una bevanda analcolica. Tutti hanno parlato nella lingua straniera mentre alcuni volontari li monitoravano e valutavano. I risultati hanno confermato che gli studenti che avevano consumato alcol hanno ottenuto migliori punteggi degli altri, specialmente nella pronuncia.

Probabilmente adesso vi state domandando se potete ubriacarvi, magari prima di un esame di lingua. Ma, sebbene sia vero che una moderata quantità di alcol agisce positivamente sull'ansia sociale e aumenta la sicurezza in sé stessi, gli effetti nefasti dell'alcol sono noti a tutti: interferisce con la memoria, abbassa la soglia di attenzione e dà anche difficoltà motorie.

Quindi, attenti a non esagerare: i partecipanti hanno bevuto in modo contenuto e conoscevano già bene una seconda lingua. Ubriacarsi per improvvisare una conversazione in inglese non è la stessa cosa…

Fonte: Università di Liverpool, Università di Maastricht, King's College di Londra

▲ *Adattato da A piccole dosi, l'alcol sembra migliorare le abilità linguistiche di Elisabetta Intini (www.focus.it)*

C. Un esperto di informazione online parla delle "bufale", cioè le notizie false. Prendi nota dei consigli che dà per riconoscerle. Hai usato le stesse strategie per individuare la "bufala" al punto B?

D. Osserva il pronome relativo **chi**, evidenziato in giallo negli articoli e scegli l'opzione corretta per completare la regola d'uso.

> **il pronome relativo chi** ▶ p. 78
>
> **chi** è sempre **singolare / plurale**,
> è **variabile / invariabile** e ha funzione di
> **soggetto / oggetto / complemento indiretto**.

E. Negli articoli sono presenti delle frasi che corrispondono alle seguenti domande. Trovale e completa il quadro. Quali sono gli elementi che cambiano? Osservali con un compagno.

> **le interrogative indirette** ▶ p. 78
>
> ▶ Quando farete dei palloncini più resistenti?
> → *Ci chiedono quando faremo dei palloncini più resistenti.*
> ▶ Esiste un piccolo aiuto per migliorare la pronuncia?
> → *Si chiede* ....
> ▶ Qual è?
> → *Si domanda* ....
> ▶ Possiamo ubriacarci?
> → *Vi state domandando* ....

F. Cosa ne pensi delle "bufale"? Ti divertono o ti infastidiscono? Parlane con i compagni.

- *Beh, dipende... alcune bufale sono divertenti.*
- *Sì. Secondo me chi inventa le bufale ha molta fantasia.*
- *Mah, a me sembrano notizie stupide...*

G. Ascolta la seconda parte dell'intervista all'esperto di informazione online e poi rispondi alle domande.

	V	F
1. Prima degli anni Duemila le notizie venivano raccolte direttamente sul posto o alle conferenze stampa.		
2. Dagli anni Duemila in poi si è diffuso il giornalismo online, che non è attendibile.		
3. Le notizie divulgate in rete spesso non hanno fonti serie e valide.		
4. Neanche il giornalista professionista è in grado di distinguere tra informazioni corrette e bufale.		
5. Ancora oggi è importante per un giornalista raccogliere le notizie direttamente sul posto dove accadono.		

H. Leggi queste frasi estratte dalla seconda parte dell'intervista e abbina le parole inglesi alla traduzione in italiano. Poi confronta con un compagno.

> notizia in esclusiva   in rete   autore di blog
> non in linea   corrispondente   notizie false
> giornalisti amatoriali   mondo virtuale

1. Negli anni Novanta c'era una netta distinzione tra **cyberspazio** e mondo reale. Le notizie venivano raccolte **offline**.
2. Dagli anni Duemila in poi tutto è cambiato, si è diffuso il giornalismo **online**.
3. Siamo sommersi da notizie imprecise, scorrette e anche da vere e proprie **fake news**: le cosiddette "bufale".
4. C'è tanta informazione "fai da te" divulgata da **blogger** e da **citizen journalist**.
5. Navigare in Rete è, per molti **reporter**, meno avventuroso che vivere le notizie nel mondo reale.
6. Non c'è bisogno di fare tanta strada per uno **scoop**.

I. In italiano si usano molte parole inglesi, anche nella tua lingua è così? Parlane con un compagno.

> **CI — CHE BUFALA!**
> Scrivi una notizia falsa per i tuoi compagni e poi scegliete la miglior "bufala" della classe.

Grammatica

GLI AGGETTIVI IN -BILE
Derivano da un verbo ed esprimono possibilità.
Dai verbi in -**are** si formano aggettivi con il suffisso -**abile**:
adattare → adatt**abile** = che si può adattare
Dai verbi in -**ere** e -**ire** si formano aggettivi con il suffisso -**ibile**:
credere → cred**ibile** = che si può credere
digerire → diger**ibile** = che può digerire

IL PREFISSO NEGATIVO IN-
Lo aggiungiamo agli aggettivi per dare un significato negativo: credibile → **in**credibile
evitabile → **in**evitabile

ℹ **im**possibile (**im**- davanti a *p, m, b*)
irresistibile (**ir**- davanti a *r*)

USI DEL CONDIZIONALE
Il condizionale viene usato molto spesso in ambito giornalistico per riportare notizie non del tutto certe, non ancora verificate.

Qui la gente **avvisterebbe** UFO di tanto in tanto.
L'innovativo sistema di riscaldamento **si baserebbe** sulla temperatura corporea.
Le persone che credono ai fantasmi **sarebbero** moltissime.

IL FUTURO COMPOSTO
Si forma con il futuro semplice di **essere** o **avere** + il participio passato.

AUSILIARE	+	PARTICIPIO PASSATO
avrò avrai avrà avremo avrete avranno	+	parlato ricevuto dormito
sarò sarai sarà saremo sarete saranno	+	andato/a andati/e

Usiamo il futuro composto per esprimere un'azione futura accaduta prima di un'altra azione futura, espressa con il futuro semplice.
Normalmente, nelle frasi in cui compare il futuro composto, troviamo le congiunzioni **appena**, **dopo che**, **quando** e l'avverbio **già**.

Appena Frigus Top **avrà trovato** un alimento che sta per scadere, vi invierà una notifica.
Quando **sarete arrivati** a casa, troverete già la temperatura perfetta.
Dopo che **avrete impostato** Smart Pot, dovrete preoccuparvi solo di apparecchiare la tavola.

I PRONOMI POSSESSIVI
Esprimono possesso e sostituiscono un sostantivo nominato in precedenza.

Il mio Smartphone è dell'anno scorso, **il tuo** è nuovo?
Queste sono le tue chiavi, vero? Hai visto **le mie**?
La loro caffettiera è buona, però preferisco **la nostra**.

MASCHILE		FEMMINILE	
singolare	**plurale**	**singolare**	**plurale**
il mio	i miei	la mia	le mie
il tuo	i tuoi	la tua	le tue
il suo	i suoi	la sua	le sue
il nostro	i nostri	la nostra	le nostre
il vostro	i vostri	la vostra	le vostre
il loro	i loro	la loro	le loro

ℹ In alcuni casi, l'uso dell'articolo determinativo è facoltativo:
- Questo tablet è (il) **tuo**?
- Sì, è (il) **mio**.
- Questa borsa è di Carla?
- Sì, è (la) **sua**.

SAPERE E CONOSCERE AL PASSATO PROSSIMO E IMPERFETTO
I verbi **sapere** e **conoscere** hanno due significati diversi se usati al passato prossimo o all'imperfetto.

Ho saputo che Eva si sposa. (= Ho ricevuto la notizia.)
Sì, **sapevo** che Eva si sposa. (= Ero a conoscenza della notizia da tempo.)
Ho conosciuto Paola all'università. (= Ho incontrato e fatto conoscenza.)
Conoscevo già questo ristorante. (= Ci ero già stato/a o me ne avevano già parlato.)

IL PRONOME RELATIVO CHI
Si riferisce solo a persone, mai a cose, è invariabile e sempre singolare, significa "la persona che". Può avere funzione di soggetto, oggetto e complemento indiretto.

Chi crede troppo nel paranormale, sbaglia. [soggetto]
Ho scoperto **chi** ha diffuso la notizia falsa. [oggetto]
Chiederà i danni a **chi** produce l'oggetto. [compl. indiretto]

LE INTERROGATIVE INDIRETTE
Quando nella domanda c'è un interrogativo, si riporta l'interrogativo e si cambia il soggetto, se necessario:

Come funziona la Smart Pot?
→ Chiede/Domanda **come** funziona la Smart Pot.

Quando non c'è un interrogativo, la domanda riportata è introdotta da un **se**. Si cambia il soggetto, se necessario:

Avete istallato il termostato intelligente?
→ Chiede/Domanda **se** abbiamo istallato il termostato intelligente.

4

1. **Trasforma i seguenti verbi in aggettivi in** -bile. **Poi scrivi la forma negativa.**

   a. ballare → _____ ≠ _____
   b. ascoltare → _____ ≠ _____
   c. prevedere → _____ ≠ _____
   d. riconoscere → _____ ≠ _____
   e. guarire → _____ ≠ _____
   f. fallire → _____ ≠ _____

2. **Leggi questa notizia: non è verificata. Riscrivila con il tempo verbale adeguato.**

   > ### Alieni
   > Gli alieni sono tra noi. Alcuni documenti rivelano l'esistenza di esseri che provengono da un'altra dimensione. La loro presenza rappresenta una minaccia per i terrestri, quindi ecco alcune caratteristiche per riconoscerli: la tipologia di alieno più comune ha la pelle grigia, la testa rigonfia e grandi occhi scuri e allungati; non portano vestiti e sono di corporatura esile. Esiste anche il "tipo insetto", dalla pelle dura, verde o marroncina. Questa tipologia di alieno è un'evoluzione delle cavallette che popolano la terra.

3. **Trasforma al futuro le frasi secondo il modello. Fai attenzione a quale azione si compie prima.**

   a. Finiamo di prepararci e andiamo alla festa.
      → *Quando avremo finito di prepararci, andremo alla festa.*
   b. Mi laureo e faccio un bel viaggio di tre mesi.
      → _____
   c. Valeria esce dalla riunione e ti chiama.
      → _____
   d. Mi dite che programmi avete stasera e decido cosa fare. → _____
   e. Compri la pentola intelligente e la tua vita è più facile. → _____
   f. Programmiamo la caffettiera e abbiamo caffè appena fatto tutte le mattine.
      → _____

4. **Completa le frasi con i pronomi possessivi.**

   a. Ho bisogno di una nuova bicicletta, (di me) _la mia_ è troppo vecchia.
   b. I miei figli vanno già al liceo, e (di te) _i tuoi_?
   c. Scusi, ma questo è il mio carrello. (di Lei) _suo_ e lì.
   d. • Ragazzi, di chi sono queste pizze?
      ○ Sono (di noi) _le nostre_
   e. La nostra casa è bella perché è in centro, però (di loro) _la loro_ ha un giardino bellissimo!
   f. Enzo ci chiede la macchina in prestito perché (di lui) _la sua_ è dal meccanico.

5. **Completa le frasi scegliendo tra passato prossimo e imperfetto.**

   a. **Ho conosciuto** / Conoscevo mia moglie 10 anni fa a una festa.
   b. Maria si è sposata? Ma dai, non lo **sapevo** / ho saputo!
   c. **Ho saputo** / Sapevo solo ieri che Luigi si è licenziato.
   d. Laura non **sapeva** / ha saputo proprio niente della sua festa a sorpresa, si è emozionata tantissimo!
   e. **Conoscevo** / Ho conosciuto un libro di buonissime ricette vegane, ma non ricordo più il titolo.
   f. Giulia, sapevi / **hai saputo** che ho vinto un viaggio alle Maldive?

6. **Trasforma le frasi usando il pronome relativo** chi **come nell'esempio.**

   a. Le persone che non sono educate mi fanno innervosire parecchio.
      → _Chi non è educato mi fa_
   b. Non ricordo il nome della persona che ti ha chiamato ieri. → _Non ricordo chi ti ha_
   c. È bello aiutare le persone che hanno bisogno.
      → _È bello aiutare chi ha bisogno_
   d. Non riesco a vedere la persona che è con Flavia.
      → _Non riesco a vedere chi è con_
   e. Avviso per coloro che dovranno fare l'esame: è obbligatorio spegnere il cellulare.
      → _Avviso per chi dovrà fare l'esame_

7. **Trasforma le seguenti domande da dirette a indirette.**

   a. Sapete quando apre la Fiera della Domotica?
      → _Chiede se sapete quando apre la Fiera_
   b. Tu ci credi ai fantasmi?
      → _Chiede se ci credi ai_
   c. Perché questa notizia vi sembra falsa?
      → _Chiede se questa notizia_
   d. Carlo ha programmato la Smart Pot?
      → _Chiede se tu hai programmato_

Parole

Scienza e paranormale

1. Abbina i sostantivi agli aggettivi corrispondenti. Sono possibili più combinazioni.

a. fenomeni
b. ipotesi
c. credenze
d. spiegazioni
e. teorie

1. infondate
2. paranormali
3. scientifiche
4. assurde
5. razionali

2. Completa la mappa mentale con gli aggettivi che abbini al paranormale.

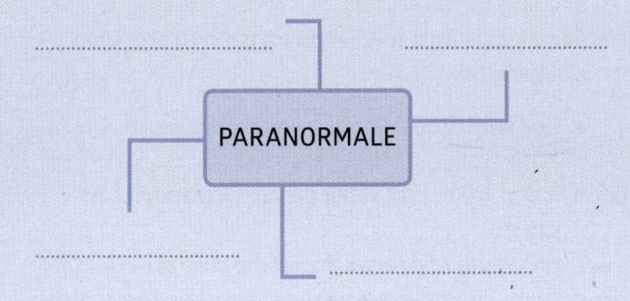

PARANORMALE

Domotica

3. Combina le tessere per trovare degli accessori di domotica.

sistema	stereo
videocamera	interattiva
caffettiera	intelligente
frigorifero	di sensori
impianto	elettrica

4. Completa le frasi con le seguenti parole ed espressioni.

automatico | accessori | sicurezza
apparecchio | invenzioni | notifiche
risparmio energetico | comodità

a. Per me la domotica è soprattutto _sicurezza_, mi interessano i sistemi di allarme e le videocamere.
b. Grazie al termostato e all'illuminazione intelligente, il nostro _risparmio energetico_ è aumentato parecchio.
c. La pentola intelligente è davvero un _apparecchio_ utile, puoi cucinare senza stare in casa!
d. La tecnologia applicata alla casa ha prodotto delle _invenzioni_ veramente interessanti e pratiche.
e. Il bello di una casa intelligente è che tutto può essere _automatico_.
f. Il Maggiordomo Robot ti invia delle _notifiche_ per avvisarti.
g. Da quando abbiamo installato questo kit per la domotica, è tutto più facile da gestire: una bella _comodità_.
h. Alla Fiera della Casa Intelligente c'erano degli _accessori_ proprio interessanti, e non sono tutti cari.

Informazione e comunicazione

5. Inserisci le seguenti parole nella colonna corrispondente.

fonti verificate | citazioni inventate
titolo sensazionalistico | link ad agenzie di stampa
fotomontaggi | citazioni autorevoli | fonti false

notizia vera	"bufala"

6. Inserisci le seguenti parole inglesi accanto ai corrispettivi italiani.

offline | scoop | reporter | fake news
online | cyberspazio

La professione del **corrispondente** (_____) è interessante ma, forse, non più tanto avventurosa come prima. Quando bisognava andare a raccogliere le notizie **non in linea** (_____), avere una **notizia in esclusiva** (_____) dava più soddisfazione. Oggi trovi praticamente tutte le informazioni **in rete** (_____). Però ci sono altre difficoltà: il **mondo virtuale** (_____) è pieno di **notizie false** (_____) e il compito del giornalista professionista è fornire notizie esatte e verificate.

80 ottanta

Scienza, tecnologia e paranormale

7. Completa la lista di combinazioni.

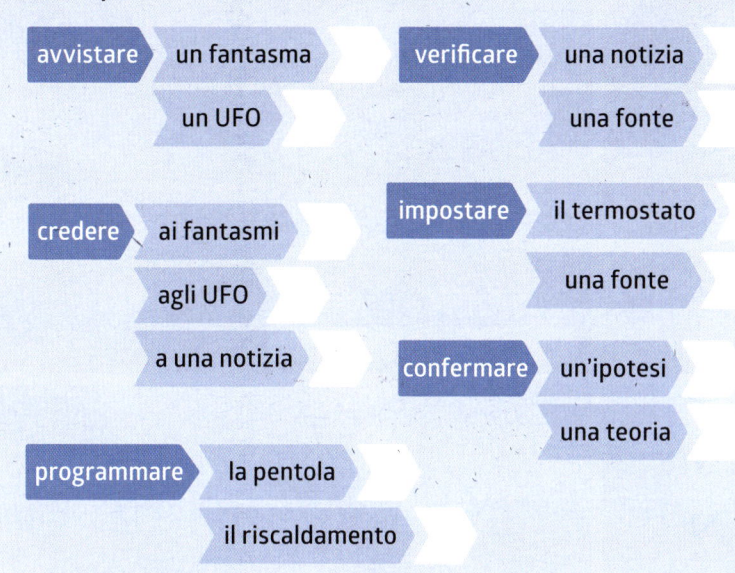

- avvistare → un fantasma
- → un UFO
- verificare → una notizia
- → una fonte
- credere → ai fantasmi
- → agli UFO
- → a una notizia
- impostare → il termostato
- → una fonte
- confermare → un'ipotesi
- → una teoria
- programmare → la pentola
- → il riscaldamento

I segnali discorsivi: *figurati, figuriamoci*

8. Leggi le frasi e indica la funzione di **figurati** e **figuriamoci**. Poi traducile nella tua lingua: a cosa corrispondono i due segnali discorsivi? Infine ascolta la registrazione e fai attenzione all'intonazione. *(30)*

- ☐ esprimere dubbio
- ☐ confermare o negare in maniera decisa
- ☐ esprimere sorpresa

a. • Secondo te domani Fabio verrà alla maratona?
   ○ **Figurati**, è un pigrone! La domenica vuole stare solo sul divano a guardare la tv.

b. • Tu ci credi ai rapimenti degli alieni?
   ○ Ma **figuriamoci**! Queste cose si leggono solo nelle bufale!

c. • Secondo te è vero che Marina ha fatto il giro del mondo a 18 anni?
   ○ **Figuriamoci**, se l'è sicuramente inventato!

d. • Hai chiamato Luca per fare pace?
   ○ No, **figurati** se lo chiamo! Stavolta ho ragione io.

e. • Roberto ha una nuova fidanzata, sarà quella giusta stavolta?
   ○ Ma **figurati**! Ne cambia una al mese!

Suoni 4

1. Leggi le frasi e fai attenzione alla pronuncia dei suoni labiodentali [f], come in **Firenze**, e [v], come in **Venezia**. Poi ascolta la registrazione per verificare. *(31)*

a. Hai mai **v**isto un **f**antasma?
b. Queste sono credenze in**f**ondate.
c. Ho **v**erificato tutte le **f**onti.
d. Questa notizia è **f**alsa e tutti la crede**v**amo **v**era!
e. Il sistema ti a**vv**isa con delle noti**f**iche.
f. In questa zona si a**vv**isterebbero U**F**O, ogni tanto.

2. Ascolta la registrazione e completa le parole con f o v. *(32)*

a. scienti___ico
b. interatti___o
c. esclusi___a
d. ___enomeno
e. ___eri___icare
f. ine___itabile

3. Ascolta le frasi e ripetile facendo attenzione a quali parole si legano tra loro. Sottolinea come nel modello. *(33)*

a. Ma figuriamoci! <u>Fantasmi e alieni</u> <u>non esistono</u>!
b. Alcuni fenomeni paranormali sono credibili, io ci credo.
c. Secondo me, per tutto c'è una spiegazione scientifica.
d. Ormai ci sono tanti sistemi di domotica sul mercato.
e. Una casa intelligente è comoda e sicura.
f. Sapevi che esiste una pentola che cucina da sola?
g. A me piace il giornalismo tradizionale, è più serio.
h. Le notizie vere hanno fonti serie e valide.

Salotto culturale

PER MUSEI A FAR SCIENZA

▲ La Galleria Leonardo da Vinci

▲ Vista interna del Muse (piano 1)

▲ Il sottomarino Enrico Toti esposto nell'area esterna

▲ Ricostruzione di un ghiacciaio con ghiaccio vero

Museo Nazionale della Scienza e della Tecnologia Leonardo da Vinci (Milano)

È il più grande museo della scienza e della tecnologia in Italia e uno dei maggiori in Europa. Custodisce la più grande collezione al mondo di modelli di macchine realizzati a partire dai disegni di Leonardo da Vinci. Tra gli oggetti più significativi esposti nel museo, oltre al sottomarino Enrico Toti, sono da segnalare il Detector magnetico di Guglielmo Marconi (il prototipo originale usato dallo stesso Marconi), l'Elicottero sperimentale di Enrico Forlanini (del 1877) e la Centrale termoelettrica Regina Margherita, emblema dell'industria meccanica italiana. Il museo offre, inoltre, numerosi e variati servizi educativi destinati a insegnanti, scuole, famiglie e adulti.

Muse (Trento)

Il Muse invita alla curiosità scientifica e al piacere della conoscenza per dare valore alla scienza e alla sostenibilità. Attraverso la metafora della montagna, le esposizioni del Muse raccontano la vita sulla Terra. Cominciando dalla vetta, terrazza e quarto piano, si vivono le emozioni del paesaggio montano e si ammira un ghiacciaio vero e proprio; scendendo poi ai piani inferiori, si approfondiscono le tematiche della biodiversità delle Alpi e della la geologia delle Dolomiti. Al primo piano, la preistoria delle montagne, e al piano interrato, le meraviglie della serra tropicale. Il Muse ha un ruolo importante anche nella comunicazione e diffusione della cultura ambientale e nell'ambito della ricerca, con particolare attenzione al tema della biodiversità e dell'ecologia di ecosistemi montani.

Festival della scienza in Italia

Il Festival della Scienza di Genova è uno dei più grandi eventi di diffusione della cultura scientifica a livello internazionale. Si propongono le questioni più attuali in ambito scientifico e si offrono mostre e spettacoli dove arte e scienza si incontrano.

Il Festival Bergamo Scienza ha l'obiettivo di creare una nuova cultura della divulgazione scientifica, che possa educare i giovani alla conoscenza e all'indipendenza culturale.

4

La scienza in Italia

A. Conosci qualche Museo della Scienza? Cosa ti colpisce di più di questi tipi di museo? Parlane con un compagno.

B. Leggi i testi e poi annota, per ciascun museo e ciascun festival, le caratteristiche che, secondo te, lo contraddistinguono.

Museo Nazionale della Scienza e della Tecnologia Leonardo da Vinci: ....

....

Città della Scienza: ....

....

Muse: ....

....

Il Festival della Scienza di Genova: ....

....

Il Festival Bergamo Scienza: ....

....

Cagliari FestivalScienza: ....

....

C. Visita il sito Internet di un museo e prendi nota degli aspetti più interessanti (esposizioni, eventi, attività). Cosa ti piace di più? Parlane con i compagni.

D. Scegli un tema scientifico che ti interessa e vorresti approfondire e pensa a come ti piacerebbe vederlo trattato: con un'esposizione in un museo, come tema di un festival, con dei laboratori, ecc. Scrivi una proposta schematica e condividila con i tuoi compagni.

E. Scegli un Museo della Scienza e un evento scientifico del tuo Paese e presentalo ai tuoi compagni. Usa delle immagini per accompagnare la tua presentazione.

▲ *La città della Scienza vista dall'alto*

▲ *Un'emozionante proiezione al Planetario*

Città della Scienza (Napoli)

È il primo museo scientifico interattivo italiano, un luogo di sperimentazione, apprendimento e divertimento, la cui filosofia è basata sull'interattività e la sperimentazione diretta. Le aree espositive sono Corporea, con 13 isole tematiche e più di 100 exhibit interattivi per scoprire il corpo umano, il Planetario 3D, il più avanzato tecnologicamente in Italia, che offre una fedele riproduzione della volta celeste, la Mostra interattiva dedicata al Mare con acquari, installazioni multimediali e ricostruzioni ambientali, infine, l'Officina dei Piccoli, un ampio spazio riservato e dedicato ai bambini.

Il Cagliari Festivalscienza è un'occasione per conoscere la scienza in modo semplice e accattivante attraverso appuntamenti con la fisica, la chimica, le scienze naturali e la matematica raccontate in modo semplice.

ottantatré **83**

Compiti finali

CF — Proporre un progetto di domotica per la classe

A. A gruppi, pensate a un oggetto tecnologico che possa servire per migliorare la vita di classe sotto vari aspetti: apprendimento, divertimento, sicurezza, risparmio energetico, comodità, ecc.

B. Preparate una presentazione per descrivere le funzioni che dovrà svolgere, scegliete un nome per la vostra invenzione e accompagnatela con un'immagine (illustrazione o foto).

C. Presentate ai compagni il vostro progetto e scegliete l'invenzione più utile e originale.

STRATEGIE PER LAVORARE

- Pensate a cosa veramente renderebbe più comoda e facile la vita di classe. Consultate Internet per tovare idee a cui ispirarvi.

- Scegliete un progetto facile da mettere in pratica e realizzatelo.

CF — Redigere una notizia di argomento scientifico

A. Scegli un argomento scientifico che ti incuriosisce e raccogli informazioni e notizie.

B. Scrivi un articolo di divulgazione utilizzando il lessico appropriato e rispettando le caratteristiche che deve avere una notizia vera e accreditata. Arricchisci il tuo testo con immagini.

C. Condividi il tuo articolo con i compagni.

STRATEGIE PER LAVORARE

- Scegli un argomento non complesso e facile da divulgare; osserva bene i modelli di riferimento e rispettane le caratteristiche.

- Con i tuoi compagni, crea una rivista o un blog di divulgazione scientifica su cui pubblicare notizie e curiosità.

Bilancio 4

Com'è andato il compito?

A. Fai un'autovalutazione delle tue competenze.

	😄	😊	😕	😥
parlare di fenomeni scientifici e parascientifici				
descrivere oggetti tecnologici				
riferire notizie				

B. Durante la realizzazione dei compiti hai incontrato qualche difficoltà? Quale/i? Cosa hai imparato di nuovo? Cosa ti è piaciuto di più dei compiti?

😄	😥

C. Valuta il compito dei tuoi compagni e poi parlane con loro.

	😄	😊	😕	😥
La presentazione è chiara.				
Hanno utilizzato i contenuti dell'unità.				
Il lessico utilizzato è adeguato.				
È originale e interessante.				
La pronuncia è chiara e l'intonazione corretta.				

Schede video

VIDEO 3
PERPETUA, LA MATITA ECOLOGICA
Durata: 01:10
Genere: pubblicità
Contenuti: oggetti prodotti con materiali riciclati
Obiettivi: comprendere e dare informazioni su materiali e caratteristiche degli oggetti; consolidare il lessico relativo a sostenibilità e riciclo; proporre idee per il riciclo degli scarti domestici

1. Guarda il video e annota le caratteristiche di Perpetua che ti sembrano più interessanti.

Perpetua
....
....
....
....
....

2. Guarda di nuovo il video e scegli l'opzione corretta.

1. Perpetua è ecologica perché è prodotta:
   - a. con un materiale naturale, il legno.
   - b. riciclando altre matite.
   - c. con materiali recuperati.

2. Perpetua è comoda da usare perché:
   - a. nell'80% dei casi non si rompe.
   - b. non sporca le mani.
   - c. rotola facilmente.

3. La gomma di Perpetua:
   - a. è incollata alla matita.
   - b. ha un lato piatto per cancellare meglio.
   - c. è colorata con ingredienti naturali.

3. Quali sono gli aspetti di Perpetua che trovi più interessanti? Parlane con un compagno. Puoi prendere spunto dalle seguenti proposte.

design   sostenibilità   innovazione
praticità d'uso   materiali

- *Secondo me è un prodotto innovativo perché...*

4. Completa le frasi con le seguenti parole.

ambiente   ecologia   inquinamento
riciclo   spreco

1. L' .... ambientale è un problema da affrontare immediatamente: fiumi, mari e aria sono sempre più sporchi e contaminati.
2. Non riciclare le materie prime è un enorme .... : molti materiali possono essere riutilizzati per creare nuovi oggetti.
3. Tutti i cittadini dovrebbero impegnarsi di più nella protezione dell' .... , insieme possiamo fare la differenza.
4. Il .... di materiali come carta, vetro e plastica è sicuramente utile, ma da solo non basta a ridurre l'inquinamento.
5. Negli ultimi anni molte aziende si sono impegnate nel campo dell' .... e hanno adottato delle politiche di sviluppo sostenibile.

5. Perpetua è realizzata con materiali di scarto industriali. Conosci altri prodotti con queste caratteristiche? Fai una ricerca e presentali ai tuoi compagni.

6. Come si potrebbero riciclare gli scarti domestici (carta, vetro, plastica, ecc.)? Proponi qualche idea, poi confrontati con i tuoi compagni e scegliete la più utile o originale.

Video 3 e 4

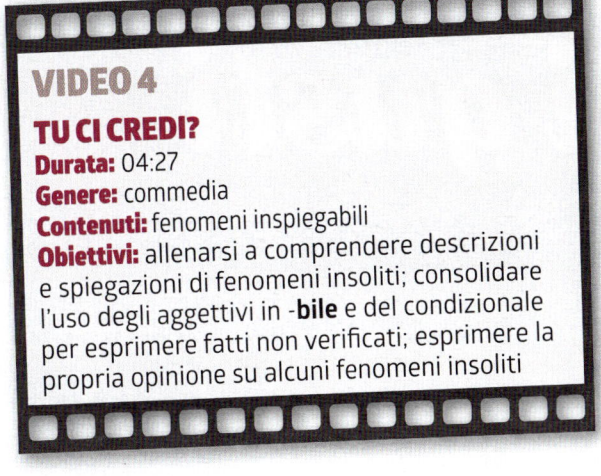

VIDEO 4
TU CI CREDI?
Durata: 04:27
Genere: commedia
Contenuti: fenomeni inspiegabili
Obiettivi: allenarsi a comprendere descrizioni e spiegazioni di fenomeni insoliti; consolidare l'uso degli aggettivi in **-bile** e del condizionale per esprimere fatti non verificati; esprimere la propria opinione su alcuni fenomeni insoliti

1. Guarda il video e rispondi alle seguenti domande.

1. Di cosa parlano i tre amici?
   ....

2. Quali sono i fenomeni che nominano?
   ....

2. Descrivi brevemente i fenomeni del déjà vu e dei sogni premonitori.

déjà vu: ....
....

sogni premonitori: ....
....
....

3. Abbina ciascun fenomeno alle possibili spiegazioni, poi indica se si tratta di una spiegazione scientifica (S) o paranormale (P).

A déjà vu   B sogni premonitori

☐ universi paralleli che si toccano. (....)
☐ capacità extrasensoriali. (....)
☐ ricordi di una vita precedente. (....)
☐ il cervello elabora e ricostruisce informazioni che già abbiamo. (....)
☐ differenza di velocità tra le due parti del cervello. (....)

4. Abbina ciascun aggettivo alla frase corrispondente.

adattabile   credibile   invisibile
percepibile   inspiegabile

1. Si può credere a questa teoria. ....
2. Non c'è nessuna spiegazione per questo fenomeno. ....
3. Con questo strumento si può percepire la variazione degli ultrasuoni. ....
4. La nostra teoria si può adattare a diversi fenomeni. ....
5. Il campo elettromagnetico non si può vedere a occhio nudo. ....

5. Riformula le frasi coniugando il verbo sottolineato in modo opportuno per far capire che si tratta di notizie non verificate.

1. Quella casa è infestata dai fantasmi.
   → ....
2. Gli studi dimostrano una nuova teoria.
   → ....
3. Secondo alcuni scienziati, esistono molti universi paralleli.
   → ....
4. Il déjà vu è il ricordo di una vita precedente.
   → ....
5. Secondo questa teoria, gli ultrasuoni causano la sensazione di aver visto un fantasma.
   → ....

6. Come definiresti l'atteggiamento dei tre ragazzi riguardo ai fenomeni "inspiegabili"? Guarda di nuovo il video e confrontati con un compagno.

7. Abbina ciascuna frase tratta dal video alla persona che la pronuncia: Elisa (E), Matteo (M) o Antonio (A).

1. Ma per piacere! (....)
2. E quale sarebbe questa spiegazione? (....)
3. Mah, sarà! (....)
4. Sì, vabbeh! (....)
5. E vabbeh, un po' di apertura mentale, però! (....)
6. Mmm... ma sai che è successo pure a me? (....)
7. Sei il solito scettico! (....)
8. Queste cose semplicemente non esistono. (....)

8. Cosa ne pensi dei fenomeni e delle teorie citati nel video? Confrontati con un compagno.

5 Ricette per tutti i gusti

| CF | **COMPITI FINALI**
• Creare un evento gastronomico dedicato a una regione italiana
• Scrivere la ricetta di una tua specialità | CI | **COMPITI INTERMEDI**
• Preparare la lista degli ingredienti di una ricetta
• Descrivere un utensile che vorresti in cucina
• Preparare la locandina di un evento gastronomico |

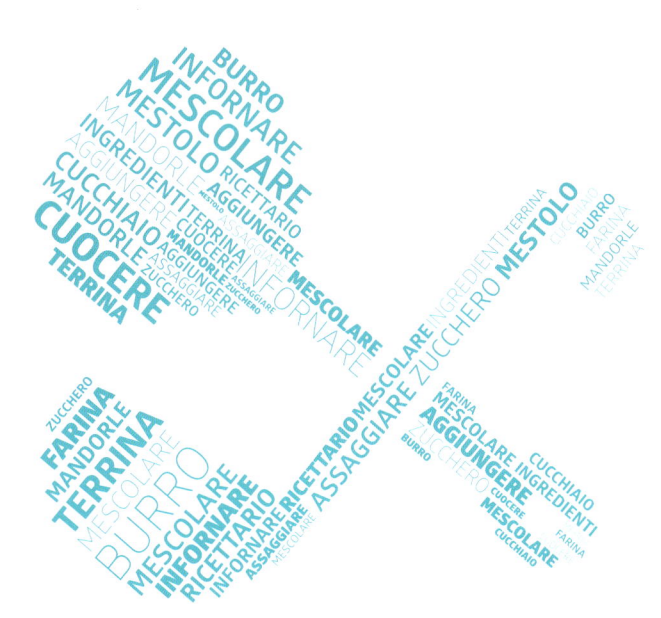

1. La cucina in parole

A. Osserva la fotografia: quali elementi riconosci? Parlane con un compagno.

B. Osserva la nuvola di parole e completa le seguenti categorie.

utensili da cucina	ingredienti	azioni in cucina
TERRINA (MIXING BOWL) CUCCHIAIO RICETTARIO (RECIPE BOOK) CUCCHIAIO di legno	ZUCCHERO MANDORLE FARINA UOVA BURRO LATTE MIELE?	MESCOLARE AGGIUNGERE ASSAGGIARE INFORNARE CUOCERE

C. Confronta le tue liste con quelle di un compagno. Cercate insieme le parole che non conoscete.

TERRINA - MIXING BOWL
RICETTARIO - RECIPE BOOK

D. Se vuoi, alla fine dell'unità fai una proposta alternativa per questa doppia pagina: scegli una o più immagini e crea una nuova nuvola di parole.

1. Preparazione e cottura

2. La cucina degli avanzi

A. Ti piace cucinare? Quali di queste cose fai? Parlane con un compagno.

- Segui programmi televisivi di cucina.
- Partecipi a blog di cucina.
- Hai molte app di cucina.
- Sei abbonato a una rivista di cucina.
- Hai ricettari in casa.
- Scrivi un tuo ricettario.

B. Leggi il post di questo blog: sei d'accordo con i principi proposti? In cucina preferisci la sperimentazione o la tradizione? Parlane con un compagno.

- A me piace sperimentare: uso ingredienti esotici in ricette tradizionali.

Cucina d'autore

CHI SIAMO   RICETTE   TUTORIAL   CONTATTI

Non si butta via niente

Negli ultimi tempi, l'atteggiamento dei cuochi nei confronti dell'alimentazione è davvero schizofrenico: alcuni, proponendo piatti psichedelici, fatti con almeno dieci ingredienti diversi, sostengono che la sperimentazione è la vita della cucina. Altri, adottando uno stile ispirato alla semplicità, difendono la cucina povera e tradizionale. Ma allora, quali "regole" possiamo seguire davanti ai fornelli?

Rileggendo uno dei libri di cucina più conosciuti al mondo, *La scienza in cucina e l'arte del mangiar bene*, ho trovato degli ottimi consigli di Pellegrino Artusi:

- rispettate gli ingredienti naturali
- usate ingredienti di qualità e di stagione
- valorizzate la cucina povera

Li ho proposti ad alcuni colleghi cuochi e, confrontando le nostre esperienze e sfogliando i ricettari storici più importanti, siamo arrivati alla conclusione che le ricette più gustose sono quelle semplici. La nostra cucina tradizionale regionale offre molte ricette nate dal "riciclo" degli avanzi. Qualche esempio? Se avanza della pasta, a Napoli si prepara la frittata di pasta. In Piemonte, invece, se avanza dell'arrosto, si preparano gli involtini di verza. Ecco le ricette, fatemi sapere cosa ne pensate!

FRITTATA DI PASTA

INGREDIENTI PER 4 PERSONE

- 350 gr di spaghetti cotti avanzati
- 5 uova
- 50 gr di parmigiano
- 200 ml di latte
- 100 gr di scamorza
- sale, pepe e olio q.b.

Per prima cosa sbattete le uova e aggiungete lentamente il latte e il parmigiano. Dopo, unite un pizzico di pepe, la scamorza tagliata a cubetti e mescolate per amalgamare il tutto. Nel frattempo, in una padella mette l'olio e uno spicchio d'aglio, fate soffriggere e saltate gli spaghetti. A questo punto, unite l'impasto delle uova alla pasta, coprite con un coperchio e lasciate cuocere per 15-20 minuti circa muovendo di tanto in tanto la padella. Dopodiché, girate la frittata e fate cuocere per altri 5 minuti.

INVOLTINI DI VERZA

INGREDIENTI PER 4 PERSONE

- 16 foglie di verza
- 150 gr di carne avanzata
- 100 gr di riso avanzato
- 80 gr di burro
- 1 manciata di prezzemolo
- 2 uova
- 2 cucchiai di Parmigiano grattugiato

Innanzitutto scottate le foglie di verza e mettetele su un asciugamano. Poi, tritate il prezzemolo e la carne e mettete tutto in una terrina. Aggiungete le uova e il parmigiano e mescolate bene utilizzando un mestolo. Con l'impasto ottenuto, formate 16 piccoli cilindri e, arrotolandoli nelle foglie di verza, create gli involtini. Chiudeteli con uno stuzzicadenti. Successivamente, mettete sul fuoco una padella con il burro e friggeteli. Mentre cuociono, preparate un vassoio con dei fogli di carta assorbente. Appena pronti, tamponateli delicatamente e serviteli caldissimi.

C. Osserva i verbi al gerundio evidenziati in giallo nel blog e completa il quadro.

il gerundio modale e temporale ▶ p. 96	
Funzione modale: "come?"	proponendo, ...
Funzione temporale: "quando?"	rileggendo, ...

D. Scrivi l'infinito dei verbi del quadro al punto C e poi confronta con un compagno.

E. Cerca nelle ricette i verbi per completare il quadro. Poi, traducili nella tua lingua.

PREPARAZIONE:	COTTURA:
sbattere	saltare

F. Quale delle ricette del post ti sembra più gustosa? La rifaresti uguale o cambieresti qualcosa?

• *Preferisco la ricetta degli involtini. Comunque, secondo me, aggiungendo delle spezie sarebbe più gustosa.*

G. Osserva le parole evidenziate in azzurro nel blog: quale funzione svolgono? Completa il quadro.

gli indicatori temporali ▶ p.96	
indicare contemporaneità:	nel frattempo, ...
indicare un'azione precedente:	per prima cosa, ...
indicare un'azione successiva:	dopo, ...

H. Leggi i commenti di alcuni lettori del blog. Sottolinea gli aggettivi usati per descrivere la frittata di pasta.

ANGELA MISTONE
14 febbraio 6:21 pm

Quali sono le dosi giuste per una frittata di pasta per 6 persone? Ho fatto le proporzioni ma secondo me occorrono più uova: mi è venuta troppo secca.

MISYA
14 febbraio 10:26 pm

@angelamisone Secondo me il problema non è la quantità di uova: per renderla più morbida ci vogliono almeno 250 ml di latte e poi occorre latte intero, più denso e cremoso di quello scremato.

ANDREA
15 febbraio 2:24 pm

Che bontà! L'ho appena fatta seguendo questa ricetta ed è venuta davvero saporita... Croccante fuori e morbida all'interno. Sono d'accordo con @Misya ci vuole il latte intero per renderla soffice.

I. Osserva le strutture evidenziate nei commenti e completa il quadro. Poi, scrivi un consiglio per rendere ancora più appetitosa la frittata di pasta.

volerci e occorrere ▶ p. 96
ci vuole e **occorre** + nome singolare / plurale
ci vogliono e **occorrono** + nome singolare / plurale

L. Guarda la foto: conosci questo piatto? Scrivi una lista di possibili ingredienti. Poi, ascolta la registrazione e verifica o completa la tua lista. Infine, prendi nota dei passaggi per la preparazione.

CI — CHE BUONO!
A coppie, preparate la lista degli ingredienti di una ricetta tipica del vostro Paese in cui si utilizzano gli avanzi. Poi, unendo le proposte di tutta la classe, preparate un menù.

2. Ai fornelli

3. Passaverdura o frullatore?

A. Quali sono i tre utensili indispensabili nella tua cucina? Scrivili e confrontati con un compagno. Avete gli stessi oggetti?

B. Leggi l'articolo e osserva le immagini: abbina gli utensili alla descrizione corrispondente. Poi, confronta con un compagno.

• CUCINA DA MILLE E UNA NOTTE •

I ferri del mestiere

In un'era super-tecno-foodie, nelle cucine degli italiani c'è chi ama cucinare con utensili tradizionali e chi, invece, si è lasciato sedurre da quelli tecnologici. Abbiamo fatto un sondaggio tra i nostri lettori e questi sono gli immancabili.

Cuoco tradizionale

1. mortaio: di legno, pietra o marmo, è indispensabile per preparare il vero pesto alla genovese, certo, ma anche per tritare le erbe aromatiche e le spezie.

2. mezzaluna: utilissimo coltello con due impugnature ideale per tritare gli alimenti con precisione.

3. mattarello: l'utensile di legno più usato per stendere e rendere sottile un impasto, immancabile per chi ama fare la pasta in casa.

4. passaverdura: strumento indispensabile per fare la classica passata di pomodoro e ottime vellutate di verdure.

Cuoco tecnologico

5. affettatrice: per affettare con precisione e rapidità vari tipi di alimenti dai salumi alla carne, ma anche per pane e verdure.

6. termometro a sonda: non certo una novità, però adesso è digitale. Scaricando l'apposita app, aggiorna in tempo reale sui gradi all'interno dell'alimento in cottura.

7. frullatore: utilizzato per mescolare o tritare il cibo. È composto da una base, il motore e un recipiente alto con coperchio.

8. bilancia digitale: per pesare gli ingredienti con grande precisione. Molto utile per le ricette nuove.

C. E tu, quali degli utensili proposti nel testo usi? Sei un cuoco tradizionale o tecnologico? Parlane con un compagno.

• *Io uso il passaverdura perché il risultato è più cremoso.*
○ *Il passaverdura? Ma dai! Ma è molto più comodo il frullatore!*

92 novantadue

D. Cerca nel testo la struttura **per** + **infinito**: che funzione ha?

☐ esprime un fine   ☐ esprime una causa

E. Conosci il significato di questi verbi? Consulta il dizionario.

stendere	→	....
passare	→	....
affettare	→	....
frullare	→	....
pesare	→	....

F. Sai come si chiamano questi oggetti in italiano? Abbina le etichette con un compagno e scrivete a cosa servono.

tagliere   mestolo   grattugia   padella

1. ....
2. ....
3. ....
4. ....

G. Ascolta la telefonata tra due amici e rispondi alle domande.

35

1. A cosa serve l'utensile di cui parlano?
   ....

2. Che cosa vuole cucinare Anna e quali sono le fasi per la preparazione?
   ....

3. Qual è il menù della cena dei due amici?
   ....

H. Osserva le frasi estratte dalla registrazione e sottolinea cosa sostituisce la particella **ci**.

● Mi hanno regalato una macchina per fare il pane ma non la so usare... Mi spieghi che cosa **ci** faccio?

○ Ma come! **Ci** fai un sacco di cose: il pane fresco, la schiacciata, la pizza...

alcuni usi di ci ▶ p. 96

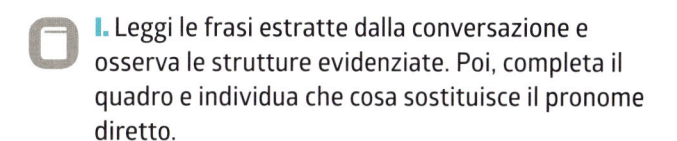

I. Leggi le frasi estratte dalla conversazione e osserva le strutture evidenziate. Poi, completa il quadro e individua che cosa sostituisce il pronome diretto.

● Wow sembra facilissimo, sai cosa? Ho voglia di pane fatto in casa... ora **me lo faccio** e **me lo mangio** stasera a cena con gli involtini di seitan!

○ Mmm, che buono! Hai mai provato la pizza con la farina di farro?

● No, ma promette bene... Com'è?

○ Guarda, ottima! Se vuoi, **te la preparo** e domani sera vieni a cena da me.

● Perfetto! Allo porto una bottiglia di Chianti.

○ Vai, così **ce la beviamo** mentre facciamo due chiacchiere!

alcuni usi della forma riflessiva ▶ p. 96		
pronome riflessivo	pronome diretto	verbo
me	lo (il pane)	mangio
....	....	....
....	....	....
....	....	....

L. Hai mai usato la macchina per fare il pane, oppure un altro utensile con cui preparare tante ricette? Parlane con un compagno: scambiatevi idee e suggerimenti.

CI **UTILISSIMO!**
C'è un utensile che vorresti avere in cucina, ma che ancora non hai? Descrivilo ai tuoi compagni: indica il materiale, spiega a cosa serve, di' per quali ricette lo useresti.

3. Cibo, eventi e gusti

4. Quando il cibo fa spettacolo

A. Conosci pubblicazioni o programmi televisivi italiani dedicati alla cucina? Parlane con un compagno.

B. Hai mai sentito parlare del Gambero Rosso? Leggi l'intervista e completala inserendo al posto giusto le seguenti domande. Poi confronta con un compagno.

- Quali sono i premi d'eccellenza assegnati dal Gambero Rosso?
- Di cosa si tratta esattamente?
- Hanno risonanza internazionale?
- Quali sono le novità in casa Gambero Rosso?
- Che cosa sono le Città del gusto?

---

cuochi curiosi — NOTIZIE · LIFESTYLE · CUCINA · PRODOTTI · VIDEO · FORUM

Ambasciatori del gusto

Il Gambero Rosso, fondato nel 1986, è l'azienda leader del settore enogastronomico italiano e internazionale. Oltre alla rivista mensile omonima e al settimanale *Tre Bicchieri*, pubblica guide e libri, realizza programmi televisivi sul Gambero Rosso Channel, organizza corsi di formazione e promuove il Made in Italy all'estero.

Noi di *Cuochi curiosi* abbiamo intervistato Alessandra Monda, General manager della Città del Gusto di Torino.

1. ....
A.M. Sono le sedi in cui la Gambero Rosso Academy organizza corsi, workshop, degustazioni, dibattiti ed eventi per privati e aziende. Ad oggi sono Torino, Romagna, Roma, Napoli, Lecce e Palermo.

2. ....
A.M. Tante, come sempre! Allora… Innanzitutto, il nuovo logo della Gambero Rosso Academy, che si dedica alla formazione multidisciplinare con corsi di formazione professionale, Master e seminari. Ci rivolgiamo a un target molto vasto che va dagli appassionati di cucina ai professionisti. Il nostro obiettivo è educare al gusto perché tutti possano migliorare e approfondire la bellezza e la bontà della cucina. Poi, nel 2017 abbiamo ideato il Gourmet Food Festival, un nuovo grande evento che nasce dalla collaborazione tra Gambero Rosso e Lingotto Fiere Milano.

3. ....
A.M. Gourmet Food Festival è una manifestazione di tre giorni rivolta al mondo dei foodies, degli amanti dei prodotti enogastronomici italiani di qualità e degli operatori interessati ad avviare nuovi contatti professionali. Un evento con dibattiti e workshop con chef ed esperti del Gambero Rosso e dove produttori e artigiani espongono le loro bontà enogastronomiche perché il pubblico possa assaggiarle, acquistarle e portare a casa un'esperienza gourmet.

4. ....
A.M. Beh, ne abbiamo per tutti i gusti: i Tre Bicchieri per il vino, le Tre Forchette per i ristoranti, i Tre Chicchi e le Tre Tazzine per i bar e le Tre Foglie per i migliori produttori di olio extravergine. Tutti sono diventati un traguardo ambitissimo e un marchio di garanzia per il consumatore.

5. ....
A.M. Certo, sono simbolo di eccellenza per la gastronomia e l'enologia italiana nel mondo. Come le nostre guide! Ad esempio, *Tre bicchieri* è stata tradotta in cinese, inglese e tedesco e i palati raffinati che amano il vino la seguono con grande interesse da molti anni. Con *Tre forchette Ristoranti* vogliamo offrire un panorama esaustivo che va dai ristoranti alle enoteche fino alle osterie. Insomma, ci impegniamo perché una grande varietà di esigenze e realtà siano prese in considerazione e ottengano il giusto riconoscimento.

C. Cerchia le parole dell'intervista evidenziate in azzurro di cui conosci o capisci il significato. Poi confronta con un compagno.

D. Esiste nel tuo Paese un equivalente del Gambero Rosso? Che attività svolge? Prendi nota delle informazioni essenziali e parlane con un compagno.

E. Rileggi le parti dell'intervista evidenziate in giallo e sottolinea le frasi introdotte dal connettivo **perché**: che cosa esprimono? Quale tempo verbale compare? Completa la regola d'uso.

> **il connettivo perché** ▶ p. 96
>
> **perché** + frase con verbo al .... esprime
> **fine / causa / conseguenza**

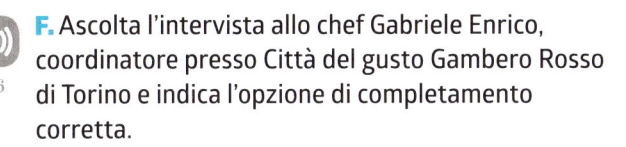

F. Ascolta l'intervista allo chef Gabriele Enrico, coordinatore presso Città del gusto Gambero Rosso di Torino e indica l'opzione di completamento corretta.

1. Gli italiani ai fornelli
   - [ ] non si lasciano contaminare dalle altre cucine.
   - [ ] usano solo materie prime nazionali.
   - [ ] amano la sperimentazione.

2. Il pesce si cucina
   - [ ] rigorosamente con olio d'oliva.
   - [ ] con salse di vario tipo.
   - [ ] con vari tipi di spezie.

3. Il pasto di tre portate è
   - [ ] un'usanza passata.
   - [ ] limitato al fine settimana.
   - [ ] una tradizione intramontabile.

4. Gli chef oggi
   - [ ] non sono attenti ai principi nutritivi.
   - [ ] lanciano sempre nuove tendenze culinarie.
   - [ ] si adattano lentamente alle esigenze salutiste.

G. Leggi il programma di una giornata di un festival del cibo. Quali eventi consiglieresti alle seguenti persone? Perché? Confrontati con un compagno.

1. persona che cerca prodotti di stagione e di qualità
2. persona che ha esigenze dietetiche specifiche
3. persona che è appassionata di pasticceria

18 Novembre 2017

11:00 – 12:00 Sala 1
Il buongiorno si vede dal mattino
Evento a pagamento con degustazione - 5€
Nella categoria "lievitati del mattino" rientrano molti prodotti. Cerchiamo di fare chiarezza sulle differenze tra brioche, cornetto o pasta danese, sugli ingredienti <u>da utilizzare</u> e sulle tecniche <u>da conoscere</u> assolutamente.

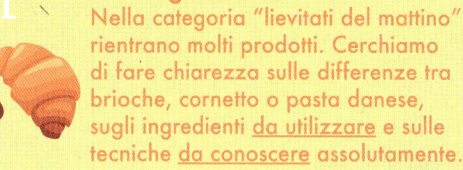

12:30 – 13:30 Sala 2
Cosa mettiamo in tavola
Evento a pagamento con degustazione - 10€ 
La freschezza è fondamentale negli acquisti del pesce. Ma quanto ne sappiamo? Per una spesa attenta, bisogna ricordare che il pesce ha un'incredibile varietà <u>da offrire</u>: ha le sue stagioni, le sue zone e i suoi sapori. Conosciamoli insieme!

15:00 – 16:00 Sala 1
Soffice come il pane!
Evento gratuito su prenotazione con degustazione
Pane, schiacciata, pizza e pasta fresca senza glutine: è possibile renderle deliziose? Vi daremo consigli <u>da annotare</u> nel vostro ricettario!

H. Osserva le espressioni sottolineate nel testo. Come tradurresti nella tua lingua?

da + infinito ▶ p. 96

I. E tu? A quale evento del festival vorresti partecipare? Parlane con un compagno.

> **CI IMPARARE DEGUSTANDO**
> Organizza un evento gastronomico di una giornata: inventa un nome, descrivi brevemente gli obiettivi e le attività che proponi.

Grammatica

IL GERUNDIO MODALE E TEMPORALE

Possiamo usare il gerundio per esprimere il **modo** in cui avviene qualcosa. In questi casi il gerundio risponde alla domanda "Come? In che modo?":

Utilizzando gli avanzi, si possono fare buoni piatti.
Insaporire il sugo unendo pepe e erba cipollina.

Possiamo usare il gerundio per indicare il **momento** in cui avviene qualcosa. Le azioni della principale e della secondaria avvengono contemporaneamente:

Fate cuocere a fuoco lento mescolando frequentemente.
Ascoltando il cuoco, ho scoperto che questo piatto è adatto anche per i vegani.

GLI INDICATORI TEMPORALI

Indicano quando si svolge l'azione nel tempo.

PER COMINCIARE	innanzitutto inizialmente in un primo momento prima
PER CONTINUARE	poi dopo a questo punto in un secondo momento successivamente
PER INDICARE CONTEMPORANEITÀ	nel frattempo intanto mentre

Innanzitutto prepara gli ingredienti e gli utensili. Poi, svolgi le varie fasi della preparazione. Nel frattempo accendi il forno perché si riscaldi.

OCCORRERE E VOLERCI

Usiamo questi verbi alla terza persona singolare e plurale per esprimere necessità e obbligo.

Ci vuole + nome singolare:
Ci vuole tempo per cucinare l'arrosto.

Ci vogliono + nome plurale:
Ci vogliono anni per cambiare le abitudini alimentari.

Occorre + nome singolare o infinito:
Occorre il frullatore per questa ricetta.
Occorre seguire bene le istruzioni per fare il pane.

Occorrono + nome plurale:
Occorrono sei uova per 500 grammi di tagliatelle.

PER + INFINITO

Usiamo la costruzione **per** + infinito per esprimere finalità.

Per rendere più morbido l'impasto, usa un po' di latte.

ALCUNI USI DI CI

La particella **ci**, oltre ad avere valore di avverbio di luogo, può avere valore di pronome dimostrativo neutro. In questo caso sostituisce *ciò*, *quello*.

Questo fine settimana c'è un evento del Gambero Rosso, ci andiamo? [avverbio di luogo: **ci** = all'evento]

- *Mi hanno regalato un frullatore... ma che ci faccio?*
- *Ci fai un sacco di cose: frullati, vellutate di verdura...* [pronome dimostrativo neutro: **ci** = con ciò, con il frullatore]

ALCUNI USI DELLA FORMA RIFLESSIVA

Possiamo usare la forma riflessiva per alcuni verbi che, normalmente, non sono riflessivi. In questo modo enfatizziamo l'azione, diamo maggiore espressività.

Ma che buona! Mi mangio tutta la torta della nonna!
Ci beviamo una bella tazza di cioccolata calda?

Nei tempi composti, prendono l'ausiliare **essere**:
- *Senti, ma allora hai deciso se compri o no la macchina per fare il pane?*
- *Sì, me la sono comprata! E ho già fatto tre tipi di pane... buonissimo!*

I PRONOMI CON LA FORMA RIFLESSIVA

La lasagna di zia Mariella? Ce la divoriamo in un attimo!
Il libro di Artusi è un ricettario fantastico. Me lo sono letto più volte.

IL CONNETTIVO PERCHÉ

Può introdurre una causa o un fine. Quando introduce una causa, è seguito dal verbo all'indicativo; quando introduce un fine, è seguito dal verbo al congiuntivo.

Leggo spesso riviste di cucina perché mi piace sperimentare nuove ricette. [causa]
Devi mescolare con frequenza perché non si attacchi alla pentola. [fine]

DA + INFINITO

La preposizione **da** seguita dall'infinito dà una sfumatura d'obbligo.

Un'esperienza gastronomica da non perdere.
[= che non bisogna perdere]
Ecco gli ingredienti da utilizzare per ottenere un impasto soffice. [= che bisogna utilizzare]
Questa è proprio una ricetta da ricordare.
[= che bisogna ricordare]

5

1. Abbina le frasi e indica il valore del gerundio: modale o temporale. In alcuni casi sono valide le due opzioni.

a. Preparo le polpette
b. Guardando un programma di cucina,
c. Aggiungendo un po' di latte
d. Aggiungete del vino bianco,
e. Seguendo il corso di cucina indiana,

1. l'impasto sarà più morbido.
2. ho imparato a usare tante spezie.
3. mescolando delicatamente.
4. utilizzando l'arrosto avanzato.
5. ho visto un sacco di utensili utili.

2. Completa le frasi con il gerundio dei seguenti verbi.

promuovere   seguire   guardare
andare   usare   ascoltare

a. Ho fatto la ricetta _____ il programma di cucina.
b. _____ bene il mattarello, le tagliatelle vengono sottili e buonissime.
c. _____ questa ricetta, ho preparato una frittata magnifica.
d. _____ i piccoli produttori, diffondiamo il meglio della gastronomia italiana.
e. _____ al mercato, possiamo riscoprire i prodotti del territorio.
f. _____ i consigli di mia nonna, ho cucinato dei supplì deliziosi!

3. Completa la ricetta con i seguenti indicatori temporali. Alcuni sono intercambiabili.

nel frattempo   innanzitutto   quindi
poi   a questo punto

Patate al forno

INNANZITUTTO _____ scaldate il forno a 200 gradi. Nel frattempo, pelate, lavate e tagliate a spicchi le patate. Quindi _____, conditele con olio, sale e pepe. Poi _____, mettetele in forno e lasciatele cuocere per trenta minuti. A questo punto, lavate e asciugate il rosmarino che userete per aromatizzare a fine cottura.

4. Cerchia l'opzione di completamento corretta.

La crema di ricotta e pistacchi è una delizia della cucina piemontese. Che **cosa occorre** / ci vogliono per prepararla? Ci vuole / **Occorrono** 250 gr ricotta piemontese. **Occorrono** / Occorre 40 gr zucchero. **Occorre** / Ci vogliono 30 gr pistacchi sgusciati. **Occorre** / Ci vuole un'arancia.

5. Trasforma le frasi enfatizzando il significato.

a. Mangiamo un bel gelatone?
   Ci mangiamo un bel gelatone?
b. Facciamo una pausa e prendiamo un caffè.
   Ci facciamo una pausa e ci prendiamo un caffè.
c. Ho deciso: compro la macchina per fare il pane.
   Ho deciso: mi compro la macchina
d. Questa enoteca è ottima: beviamo un buon vino?
   Ci beviamo un
e. Emiliano mi ha mandato la ricetta, dopo cena la leggo con calma.
   dopo cena me la leggo

6. Inserisci i seguenti pronomi per completare le frasi.

se lo   se le   te la   ce lo   ve li   me lo

a. Dai, andiamo al mercato, compriamo il pesce e ce lo cuciniamo per pranzo.
b. Ma te la sei finita tu la lasagna?
c. No, grazie, adesso non voglio il dolce. Me lo mangio a merenda.
d. Serena adora il caffè: se lo beve almeno cinque volte al giorno.
e. Belli questi utensili per cucinare! Dove ve li siete comprati?
f. Hai fatto le crespelle, bravo! Così i bambini se le mangiano a merenda.

7. Leggi queste frasi e completa con il modo verbale adeguato.

a. Frequento il corso di pasticceria perché (volere) voglio imparare a fare le crostate senza burro.
b. Abbiamo questa offerta formativa perché tutti (potere) possano migliorare la loro professionalità in cucina.
c. Abbiamo voluto coinvolgere i piccoli produttori perché (dimostrare) dimostrassero le loro capacità e (presentare) presentassero la bontà dei loro prodotti.
d. Adoro i mercati perché (rappresentare) rappresentano la vita italiana: colori, profumi, rumori...

novantasette **97**

Parole

Le ricette

1. Scrivi l'azione corrispondente a ciascuna illustrazione.

> stendere   pelare   cuocere   mescolare
> tagliare   grattugiare
> sbattere   friggere   infornare

a. pelare
b. tagliare
c. grattugiare
d. sbattere / mescolare
e. mescolare / sbattere
f. stendere
g. cuocere
h. cuocere / friggere (to fry)
i. infornare

2. Metti in ordine le fasi di preparazione della ricetta.

Pappa al pomodoro

- [4] Mentre i pomodori cuociono, tagliate il pane e immergetelo nel brodo caldo.
- [3] Fateli cuocere a fuoco lento.
- [1] Prima lavate, pelate e tagliate i pomodori a cubetti.
- [6] Girate costantemente per 15 minuti circa, fino a quando le molliche sono quasi disfatte e la "pappa" comincia a prendere forma.
- [2] Poi metteteli in padella con un filo d'olio e due spicchi d'aglio.
- [5] Dopo qualche minuto toglietelo dal brodo e aggiungetelo al pomodoro.
- [7] A questo punto, quando tutti gli ingredienti sono in padella, insaporite unendo sale, pepe e basilico.

3. Completa la ricetta con i seguenti verbi.

> tagliare   tritare   cuocere   mescolare
> aggiungere   saltare

Spaghetti alla zucca

Tagliate (1) la zucca a dadini e _tritate_ (2) finemente la cipolla. Poi, _cuocete_ (3) in padella per circa 30 minuti. Di tanto in tanto _mescolate_ (4) e, se necessario, _aggiungete_ (5) un bicchiere d'acqua. Nel frattempo, cuocete la pasta al dente, scolatela. Infine _saltate_ (6) gli spaghetti in padella con la zucca. E adesso... il vostro piatto è pronto!

Gli aggettivi per il cibo

4. Abbina gli aggettivi ai contrari corrispondenti.

1. liquido — d. cremoso
2. saporito — b. insipido
3. gustoso — e. disgustoso (disgusting)
4. fresco — c. vecchio
5. secco — a. morbido

Gli utensili

5. Completa le frasi con gli utensili adeguati.

> bilancia   mortaio (pestle + mortar)   padella   mezzaluna   mattarello (rolling pin)

a. Per la frittata di pasta ti serve una _padella_ grande.
b. Ti regalo un bel _mortaio_, così mi prepari il tuo ottimo pesto!
c. Hai visto il _mattarello_? Voglio fare la pizza.
d. Bisogna seguire con attenzione questa ricetta, dai, prendi la _bilancia_ così pesiamo tutto.
e. Io preferisco tritare (chop) la cipolla con la _mezzaluna_.

6. Pensa a una ricetta che ami e scrivi gli utensili che ti servono per prepararla.

Gli alimenti

7. Completa i tipi di portate con i piatti che conosci e con quelli visti nel corso dell'unità.

Antipasti: ....

Primi: ....

Secondi: ....

Contorni: ....

Dolci: ....

I verbi in cucina

8. Completa la lista di combinazioni.

- preparare → la cena / la pasta
- servire → l'arrosto / un piatto
- tagliare → a fette / le verdure
- cuocere → in forno / alla griglia

I segnali discorsivi: *aspetta, appunto*

9. Completa il dialogo con i segnali discorsivi adeguati. Scegli tra **aspetta** e **appunto**. Poi ascolta la registrazione per verificare. A cosa corrispondono questi segnali discorsivi nella tua lingua?

- Amore, cosa mangiamo stasera?
- Abbiamo il sugo di pomodoro avanzato di ieri...
- No, un'altra volta pasta al pomodoro?!
- No, no... ...., possiamo aggiungerci le melanzane e fare una bella pasta alla norma!
- Mm, questa è un'ottima idea! Ma non serve anche la ricotta salata?
- Sì... puoi controllare se ce l'abbiamo?
- Ok, ... Sì, eccola! Quindi, cucini tu, giusto?
- Come io? Ci vuole tempo per tagliare le melanzane a cubetti e friggerle...
- ....! Tu il venerdì finisci di lavorare un'ora prima di me!
- .... un po'... Io dopo il lavoro devo andare a correre nel parco.
- ...., amore: dopo una bella corsa, pieno di adrenalina, ti metti in cucina. Poi, quando arrivo, cucino io la pasta.
- Va bene... però dopo cena ti toccano i piatti!

Suoni 5

1. Ascolta la registrazione e indica se senti il suono [r] o il suono [l].

	[r]	[l]
a		
b		
c		
d		
e		
f		
g		
h		
i		
l		

2. Ascolta la registrazione e completa le parole con r o l.

a. po....pette
b. c....ostata
c. scamo....za
d. utensi....e
e. pento....a
f. e....be
g. sa....umi
h. sapo....e

3. Leggi le frasi ad alta voce e sottolinea le parole che marchi di più con l'intonazione. Poi ascolta la registrazione per verificare.

a. Per prima cosa sbattete le uova e aggiungete lentamente il latte e il parmigiano.
b. Utilizzando un mestolo, aggiungete le uova e il parmigiano e mescolate bene.
c. Che buona questa crostata, me la mangio tutta!
d. Questi premi sono diventati un traguardo ambitissimo e un marchio di garanzia per il consumatore.
e. Il nostro obiettivo è educare al gusto perché tutti possano migliorare e approfondire la bellezza e la bontà della cucina.

Salotto culturale

Un tripudio di colori, profumi e sapori

Il mercato, cuore delle città grandi e piccole, luogo dove si intrecciano storie, profumi e tradizioni. Custode fedele del patrimonio gastronomico italiano, è la tappa fondamentale per buongustai e professionisti che vogliono mettere in tavola prodotti freschi e sapori locali. Tra le migliaia del nostro stivale, ne abbiamo selezionati tre, secondo noi, imperdibili!

MERCATO ORIENTALE
GENOVA

In questo eden gastronomico bisogna lasciarsi guidare dal profumo delle spezie e delle erbe di campo, dai colori della frutta secca e candita, dalla carne fresca e dal pesce invitante lungo il corridoio centrale o dal banco che vende esclusivamente olive. E se vi trovate a passare di qui nella stagione giusta, troverete anche grandi ceste invase da petali di rosa, che i genovesi usano per la produzione di un prelibato infuso chiamato, appunto, Sciroppo di rose.

MERCATO DI SANT'AMBROGIO
FIRENZE

Mercato storico fiorentino (aperto dal 1873), luogo dove trovare tutte le migliori prelibatezze toscane. Se scegliete di andare nel fine settimana, armatevi di pazienza perché ormai si è convertito anche in un luogo di ritrovo: giovani e meno giovani, dopo aver fatto la spesa, si concedono spesso una sosta da *Il trippaio* per un po' di street food: panini al lampredotto, trippa alla fiorentina, stracotto...

MERCATO BALLARÒ
PALERMO

Basta superare un paio di strade dopo la Cattedrale per trovarsi immersi nel folklore della cultura siciliana, tra le voci chiassose dei venditori palermitani. La cordialità abbonda tanto quanto le meravigliose composizioni di frutta e verdura fresche, che sembrano proiettarci in un quadro di Guttuso. Poi ci sono le panelle, le polpette fritte, gli arancini, i cannoli e le altre gemme dello street food palermitano, da assaggiare e gustare assolutamente!

▲ *Un variopinto banco del mercato di Sant'Ambrogio a Firenze*

Al mercato

A. Ti piace fare acquisti al mercato? Che importanza culturale hanno i mercati nel tuo Paese? Parlane con i compagni.

B. Leggi il testo: quale dei mercati descritti ti piacerebbe visitare? Perché? Prendi nota delle caratteristiche che ti colpiscono di più. Poi, parlane con un compagno.

> Mercato Orientale: _(Genova) spezie e erbe, frutta secca, carne e pesce fresco, sciroppo di rose_
>
> Mercato di Sant'Ambrogio: _(Firenze)_
>
> Mercato Ballarò: _(Palermo)_

C. I mercati enogastronomici italiani hanno le stesse caratteristiche di quelli del tuo Paese? Oppure ci sono delle differenze? Parlane con i compagni.

D. Alcune persone spiegano perché amano fare la spesa al mercato. Ascolta le testimonianze e scrivi le motivazioni.

41

	motivazioni
1.	
2.	
3.	
4.	

E. Scegli un mercato della tua città e scrivi una descrizione, proponendo qualche curiosità sulla sua storia e indicando quali sono i prodotti tipici che vi si possono acquistare. Poi, presenta il mercato ai compagni.

centouno **101**

Compiti finali

Creare un evento gastronomico dedicato a una regione italiana

A. A gruppi, scegliete una regione italiana su cui volete fare la ricerca.

B. Dividete tra i componenti del gruppo gli ambiti di ricerca: prodotti locali, specialità, ricette tradizionali, origini e curiosità su alcune ricette, ecc.

C. Condividete le informazioni raccolte e decidete come promuovere la gastronomia della regione scelta: durata dell'evento, luogo, workshop, conferenze, mercati, ecc.

D. Preparate una locandina per presentare l'evento ai compagni. Qual è la proposta più interessante?

STRATEGIE PER LAVORARE

Selezionate le informazioni chiave e inseritele nella vostra presentazione.

Utilizzate musica e tante immagini per la vostra presentazione. Poi condividetela nello spazio virtuale della classe.

Scrivere la ricetta di una tua specialità

A. Pensa a un piatto che cucini bene e annota tutti gli ingredienti necessari per 4 persone.

B. Scrivi i passaggi della ricetta e dai dei consigli per ottenere il miglior risultato possibile.

C. Proponi un'immagine del piatto e dai istruzioni sulla sua presentazione.

D. Appendi la ricetta in bacheca e leggi quelle dei tuoi compagni: scambiatevi commenti, domande e suggerimenti.

STRATEGIE PER LAVORARE

Per rendere la tua ricetta "artusiana", secondo lo stile del grande scrittore gastronomo italiano, puoi inserire anche qualche commento personale.

Realizza un tutorial della ricetta della tua specialità e caricalo su Youtube. Potete creare il canale della classe.

Bilancio 5

Com'è andato il compito?

A. Fai un'autovalutazione delle tue competenze.

	😀	😊	🙁	😢
parlare di ricette e gastronomia				
descrivere utensili per la cucina				
esprimere le proprie preferenze gastronomiche				

B. Durante la realizzazione dei compiti hai incontrato qualche difficoltà? Quale/i? Cosa hai imparato di nuovo? Cosa ti è piaciuto di più dei compiti?

😀	😢

C. Valuta il compito dei tuoi compagni e poi parlane con loro.

	😀	😊	🙁	😢
La presentazione è chiara.				
Hanno utilizzato i contenuti dell'unità.				
Il lessico utilizzato è adeguato.				
È originale e interessante.				
La pronuncia è chiara e l'intonazione corretta.				

centotré

6 Obiettivo lavoro

CF	**COMPITI FINALI**	CI	**COMPITI INTERMEDI**
	• Partecipare a un recruiting day • Redigere una lettera di motivazione		• Fare la classifica delle inclinazioni di studio della classe • Verificare le competenze trasversali di un compagno • Scegliere un'offerta di lavoro

1. Il lavoro in parole

A. Osserva la fotografia: di che situazione si tratta, secondo te? Cosa associ a questa immagine? Aiutati con la nuvola di parole e confrontati con un compagno.

B. Leggi le parole e le espressioni della nuvola e completa il quadro.

percorso di studio	caratteristiche del lavoratore	informazioni di un'offerta di lavoro
MATERIE (SUBJECTS) STUDI	MANSIONI (TASKS) ABILITA ESPERIENZA INTRAPENDENTE COMPETENZE CONTRATTO	INTRAPENDENTE (ENTERPRISING) COLLOQUIO (INTERVIEW) FORMAZIONE (TRAINING) STIPENDIO CONTRATTO

C. Confronta le tue liste con quelle di un compagno e consultate il dizionario per le parole che non conoscete.

D. Se vuoi, alla fine dell'unità fai una proposta alternativa per questa doppia pagina: scegli una o più immagini e crea una nuova nuvola di parole.

1. Formazione

2. Il sistema educativo

A. Osserva lo schema del sistema educativo italiano: quali differenze e similitudini ci sono tra il sistema educativo italiano e quello del tuo Paese? Parlane con un compagno.

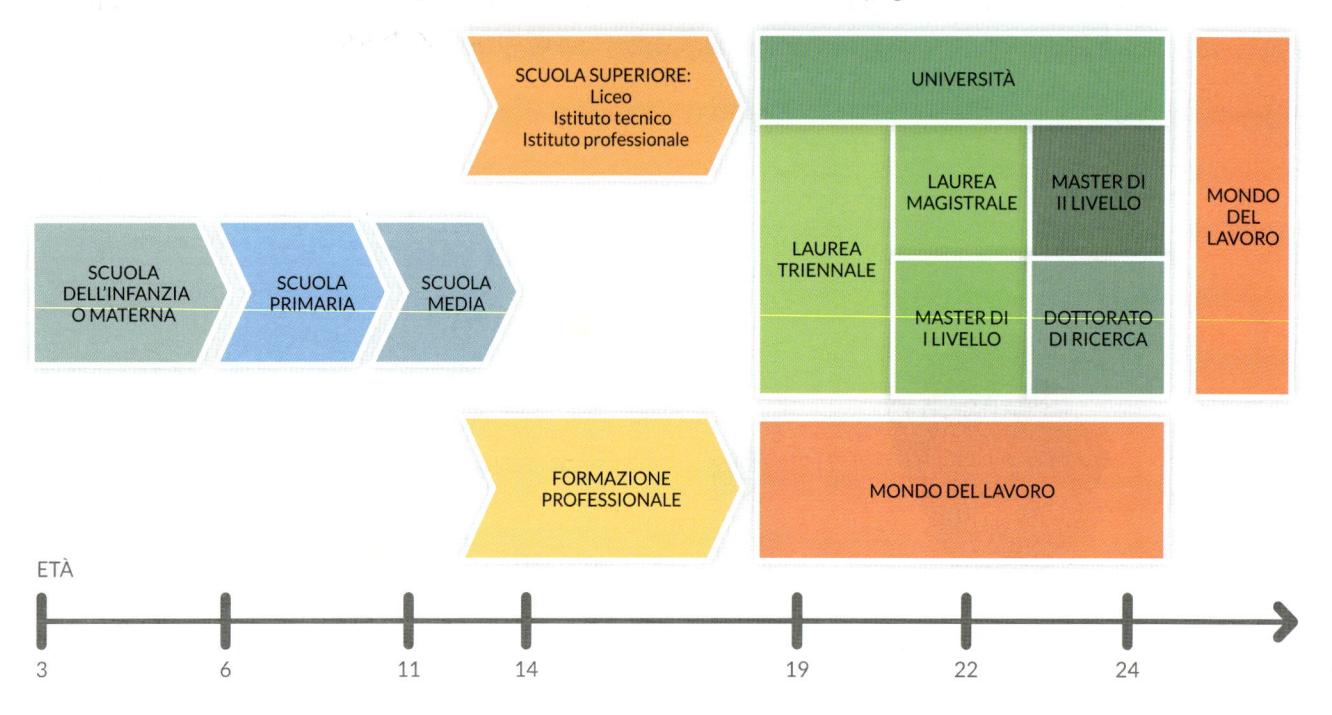

- SCUOLA DELL'INFANZIA O MATERNA
- SCUOLA PRIMARIA
- SCUOLA MEDIA
- SCUOLA SUPERIORE: Liceo / Istituto tecnico / Istituto professionale
- FORMAZIONE PROFESSIONALE
- UNIVERSITÀ: LAUREA TRIENNALE, LAUREA MAGISTRALE, MASTER DI I LIVELLO, MASTER DI II LIVELLO, DOTTORATO DI RICERCA
- MONDO DEL LAVORO

ETÀ: 3 – 6 – 11 – 14 – 19 – 22 – 24

B. Ascolta la registrazione e abbina le quattro informazioni alle tappe formative corrispondenti.

1. ....
2. ....
3. ....
4. ....

C. Leggi questi post e sottolinea con due colori diversi gli aspetti positivi e negativi del rendimento scolastico. Poi confronta con un compagno.

> **Andrea (28 anni)** Alle elementari non andavo molto bene. Poi, alle medie, sono migliorato e prendevo spesso dei bei voti, soprattutto in Matematica e Scienze. Così ho scelto il Liceo scientifico. L'esame di maturità l'ho superato brillantemente. Dopo volevo fare Ingegneria, ma ho trovato un posto in banca e ho lasciato gli studi.

> **Isabella (21 anni)** Quando andavo alle elementari, mi piaceva molto leggere e, alle medie, ero brava a scrivere i temi d'italiano. Volevo fare la scrittrice. Al liceo, avevo voti alti nelle materie umanistiche. Non ho mai preso un brutto voto in Italiano, Storia o Latino. Adesso sono al 2° anno di Lettere classiche.

> **Marco (24 anni)** Alle medie andavo piuttosto male. In seconda stavo per essere bocciato perché non avevo voglia di studiare e a volte marinavo le lezioni. Però ero bravo in Inglese e Spagnolo e così dopo ho fatto l'Istituto tecnico per il turismo e ho raggiunto dei buoni risultati in quasi tutte le materie.

D. Ecco delle espressioni utili per parlare delle proprie esperienze scolastiche e universitarie. Completale con altre opzioni. Poi, se vuoi, traduci nella tua lingua.

andare bene/male **alle** elementari, *al liceo,* ....
andare bene/male **in** matematica, ...
essere bravo **in** Inglese, ...
essere bravo **a** scrivere, ...

E. E tu, come andavi a scuola? Parlane con un compagno: avete dei punti in comune?

3. Studi universitari

A. Quali sono gli studi più adatti a te? Fai il test e poi commenta il risultato con un compagno.

1. **A scuola ero bravo in…**
   - a. Scienze
   - b. Matematica
   - c. Fisica
   - d. Storia

2. **Se dovessi leggere una biografia, sceglierei quella di…**
   - a. Ippocrate
   - b. Giulio Cesare
   - c. Galileo Galilei
   - d. Dante Alighieri

3. **Se fossi un giornalista…**
   - a. mi occuperei delle questioni di salute
   - b. tratterei le politiche economiche
   - c. mi dedicherei alla divulgazione scientifica
   - d. farei reportage in giro per il mondo

4. **Sarei felicissimo/a, se …**
   - a. avessi l'opportunità di aiutare le persone in difficoltà
   - b. mi occupassi di mercati finanziari
   - c. diventassi un ricercatore universitario
   - d. mi offrissero un lavoro nel mondo dell'arte

5. **In un Paese in via di sviluppo farei volontariato in …**
   - a. assistenza sanitaria
   - b. tutela dei diritti umani
   - c. ingegneria civile
   - d. conservazione dei beni culturali

6. **Mi piacerebbe fare uno stage presso …**
   - a. un ospedale
   - b. una banca
   - c. un centro di ricerca scientifica
   - d. una casa editrice

RISULTATI

MAGGIORANZA DI A: Area socio-sanitaria
A te si addicono gli studi di Medicina, Infermieristica, Odontoiatria o Farmacia. Forse ti potrebbe interessare anche una laurea in Servizio sociale?

MAGGIORANZA DI B: Area economica e giuridica
Per te è consigliata la facoltà di Economia e commercio, magari a indirizzo finanziario, ma anche le facoltà di Giurisprudenza o Scienze politiche potrebbero fare al caso tuo.

MAGGIORANZA DI C: Area scientifico-tecnologica
Il tuo profilo è incline alle discipline scientifiche come Matematica, Fisica, Biologia, Chimica, Informatica o Ingegneria.

MAGGIORANZA DI D: Area umanistica
Hai un'inclinazione umanistica: gli studi consigliati sono quelli di Lettere antiche o moderne, Storia, Scienze della comunicazione, Lingue straniere, Filosofia o Storia dell'arte.

B. Gli elementi evidenziati nel test formano dei periodi ipotetici. Osservali e completa il quadro individuando le ipotesi e le conseguenze.

il periodo ipotetico della possibilità ▶ p. 112	
ipotesi	**conseguenza**
Se dovessi leggere una biografia	sceglierei quella di…

C. Osserva di nuovo le frasi al punto B e scegli l'opzione corretta. Poi confronta con un compagno.

il periodo ipotetico della possibilità ▶ p. 112
L'ipotesi esprime un fatto che **si può realizzare / si realizza di sicuro**.

D. Nelle ipotesi che hai trovato nel test compare un nuovo tempo verbale: il congiuntivo imperfetto. Scrivi l'infinito di ciascun verbo.

il congiuntivo imperfetto ▶ p. 112

E. Quale tempo verbale compare nelle conseguenze? Lavora con un compagno.

il periodo ipotetico della possibilità ▶ p. 112

F. Ascolta il colloquio tra Carla, una studentessa all'ultimo anno di liceo, e un suo professore. Completa il quadro e confronta con un compagno.

facoltà	ipotesi
Medicina se…	*non fosse a numero chiuso (prima deve fare il test d'ingresso)*
Biologia	
Farmacia	
Chimica	

> **CI** — **LE INCLINAZIONI DELLA CLASSE**
> A gruppi. Annotate le vostre materie preferite o gli studi intrapresi e poi condividete la lista con il resto dei compagni. Fate la classifica generale. Siete un gruppo scientifico o umanistico?

2. Lavorare contenti

4. Il lavoratore ideale

A. Quali dei seguenti aggettivi, secondo te, descrivono meglio il lavoratore ideale? Aggiungine altri, se vuoi. Poi parlane con un compagno.

- ☑ intraprendente
- ☐ disponibile (willing)
- ☑ collaborativo
- ☐ flessibile
- ☑ creativo
- ☐ empatico
- ☐ propositivo

B. Ecco 10 soft skill, o competenze trasversali: le conosci? Leggi l'elenco con un compagno e cercate informazioni su Internet, se ne avete bisogno.

1. Flessibilità cognitiva
2. Problem solving
3. Creatività
4. Service orientation
5. Intelligenza emotiva
6. Capacità di giudizio e di prendere decisioni
7. Capacità di coordinarsi con gli altri
8. Negoziazione
9. Pensiero critico
10. Gestione delle persone

(colloquio - interview; empathy)

C. Leggi queste frasi e abbinale alle competenze del punto A. Poi confronta con un compagno.

a. Sono bravo a motivare e valorizzare le altre persone.
b. Riesco a fare proposte innovative e apportare idee originali. CREATIVO
c. Ho una buona abilità a trasformare i disaccordi con altre persone in accordi. DISPONIBILE
d. Sono capace di adattarmi alle diverse situazioni e modificare le mie idee. Flessibile
e. So valutare le informazioni e le situazioni in modo oggettivo e razionale. disponibile
f. Ho una buona capacità a risolvere situazioni complesse in modo efficace e rapido. propositivo
g. So rendermi utile agli altri ed essere attento alle loro esigenze. disponibile
h. Sono in grado di riconoscere e gestire le mie emozioni e quelle degli altri. empatico
i. Sono capace di collaborare con gli altri e contribuire allo spirito di gruppo. collaborativo
l. So valutare il contesto e ascoltare gli altri, ma, al momento opportuno, so anche decidere. intraprendente

D. Quali competenze del punto B ti sembrano collegate tra loro? Perché? Parlane con un compagno.

• *Allora, secondo me, la gestione delle persone è collegata con l'intelligenza emotiva... perché...*

E. Osserva le espressioni evidenziate al punto C: come le traduci nella tua lingua? Poi, per ciascuna, scrivi una tua competenza.

Sono bravo a collaborare con gli altri.

F. Ascolta la conversazione e indica le abilità di ciascun candidato: scrivi **C1** (candidato 1) o **C2** (candidato 2). Poi confronta con un compagno.

1. contribuire a risolvere i conflitti — C1
2. proporre soluzioni innovative — C2
3. comunicare in modo efficace — C1
4. capire il punto di vista degli altri — C1
5. analizzare i problemi — C2
6. affrontare positivamente le difficoltà — C2

G. Riascolta la conversazione: secondo te, quali competenze trasversali hanno i due candidati? Lavora con un compagno.

H. Parla con un compagno delle competenze trasversali che hai indicato al punto E, facendo esempi concreti di situazioni di lavoro o studio in cui le hai messe in pratica.

• *Io sicuramente ho la competenza della negoziazione... Infatti una volta al lavoro...*

5. L'azienda dei sogni

A. Cosa ti viene in mente quando pensi all'azienda "dei sogni"? Annota le tue idee e condividile con i compagni. Aiutati con il dizionario.

B. Leggi l'articolo e annota le caratteristiche dell'azienda dei sogni. Poi confronta con un compagno.

L'AZIENDA DEI SOGNI

Un lavoratore su quattro **vorrebbe avere** la possibilità di fare carriera e di crescere professionalmente.

Tuttavia pochi (16%) sono disposti a lavorare in un ambiente competitivo: la stragrande maggioranza (84%) preferisce un ambiente sereno e collaborativo. Altre caratteristiche fondamentali sono la possibilità di esprimere il proprio talento (19%) e di ricevere uno stipendio adeguato alla propria mansione (15%).

Qualche lavoratore (10%) **vorrebbe che gli orari e i luoghi di lavoro fossero più flessibili**, e molti (62%) **preferirebbero che l'azienda offrisse servizi** di welfare. I servizi aziendali più apprezzati sono soprattutto quelli per la famiglia (asilo nido, mensa, ecc.), quelli per l'assistenza medica e infine quelli ricreativi (viaggi e spettacoli).

Per otto dipendenti su dieci l'apertura dell'azienda alla diversità e all'inclusione (di genere, generazione, origine, disabilità e orientamento sessuale) contribuirebbe a migliorare il clima interno, la motivazione e la fidelizzazione.

Infine, l'indagine rivela che per il 74% dei lavoratori sono cruciali la trasformazione digitale, l'innovazione e la tecnologia. E cresce anche la sensibilità verso la responsabilità sociale dell'impresa: **il 42% dei lavoratori preferirebbe lavorare** per un'azienda attenta ai temi sociali ed etici.

Adattato da *L'azienda dei sogni secondo candidati e referenti HR*, The Adecco Group

C. Dai un valore da 1 a 10 a ciascuna caratteristica dell'azienda dei sogni. Confronta con un compagno e motiva la tua valutazione: su quali caratteristiche avete le stesse opinioni?

- Bene, io ho dato 9 all'ambiente sereno e collaborativo... perché per me è fondamentale...
- Sì, è importante ma ho dato 7. E ho dato 5 a...

D. Osserva le strutture evidenziate al punto B. Quale tempo verbale segue i verbi **volere** e **preferire**? Completa la regola d'uso.

esprimere desideri ▶ p. 112

volere / preferire al condizionale semplice + **che** + congiuntivo	il soggetto della frase principale **coincide / non coincide** con il soggetto della secondaria
volere / preferire al condizionale semplice + infinito	il soggetto della frase principale **coincide / non coincide** con il soggetto della secondaria

E. Scrivi cinque desideri che renderebbero ideale il tuo posto di lavoro e poi condividili con un compagno: avete desideri simili?

1. Mi piacerebbe avere...
2. Vorrei che l'azienda fosse...

LE COMPETENZE GIUSTE
Scegli quattro competenze trasversali. Per ciascuna competenza immagina una situazione di lavoro e chiedi al tuo compagno come si comporterebbe. Possiede le competenze che hai scelto?

3. Requisiti e motivazione

6. Nuove figure professionali

A. Quali professioni conosci in questi settori lavorativi? Confronta la tua lista con un compagno.

- educazione
- enogastronomia
- risorse umane
- agricoltura

B. Leggi i profili di queste professioni e annota, per ciascuna, le seguenti informazioni. Poi confronta con un compagno.

- mansioni generali — TASKS
- formazione — TRAINING
- datore di lavoro — EMPLOYER

AGRITATA: Si prende cura di bambini dai 3 mesi ai 3 anni presso la propria casa, in un'azienda agricola, FARM offrendo un ambiente familiare e naturale. Per ottenere il titolo **bisogna che l'aspirante agritata frequenti un percorso formativo** sulle tecniche di assistenza all'infanzia.

FOOD INNOVATOR: Lavora in aziende alimentari creando nuovi prodotti gastronomici e modi di consumo alternativi. Per esercitare la professione, **è indispensabile che il food innovator abbia un titolo di studio** specialistico, come il Master in *Food Innovation*.

DIVERSITY MANAGER: È necessario che le aziende gestiscano e valorizzino le diversità dei propri dipendenti (genere, abilità, provenienza, ecc.). Chi si occupa di Risorse umane all'interno d'istituzioni pubbliche e d'imprese può svolgere questa funzione grazie a corsi di formazione o a master universitari.

PERSONAL TUTOR DELL'ORTO: Offre consulenza e tutoraggio a chi desidera coltivare l'orto a casa. Di solito si tratta di ex imprenditori agricoli o giardinieri che utilizzano le proprie conoscenze per insegnare ai "contadini urbani" a diventare esperti.

C. Osserva le espressioni evidenziate al punto B e completa la regola d'uso con il tempo verbale della frase secondaria. Poi indica qual è il soggetto della principale. Lavora con un compagno.

esprimere obbligo e necessità ▶ p. 112	
principale	secondaria
bisogna è necessario / indispensabile	**che** + frase al ....

D. Ascolta l'intervista a un esperto di risorse umane sulla professione del diversity manager e indica se le seguenti affermazioni sono vere o false.

45

	V	F
1. Fa fare all'azienda un salto di qualità.		
2. Un requisito è avere esperienza nell'ambito della gestione del personale.		
3. Deve saper fare scelte importanti.		
4. Ha uno stipendio medio.		
5. È un libero professionista.		
6. La sua giornata di lavoro è regolare.		

E. Osserva le due strutture verbali evidenziate al punto D e abbinale al significato corrispondente.

1. potere, essere in grado di = ...
2. causare, provocare = ...

F. Ecco altre professioni emergenti. Scegline una e fai delle ipotesi su: requisiti, mansioni, datore di lavoro, stipendio e giornata lavorativa. Lavora con un compagno. Potete consultare Internet, se volete.

- pilota di droni
- mediatore culturale
- etnopsichiatra
- assaggiatore professionale
- auditor ambientale

7. La lettera di motivazione

A. Leggi l'offerta di lavoro e poi la lettera di presentazione di Alina: quali sono i suoi punti di forza e quali i suoi punti deboli? Secondo te, è una buona candidata? Parlane con un compagno.

SL Group ricerca un diversity manager

Requisiti

Titolo di studio: Laurea in discipline umanistiche, giuridiche o economiche
Esperienza lavorativa: indispensabile in ambito HR, preferibilmente in contesto internazionale
Competenze: doti comunicative, predisposizione al lavoro di gruppo e per obiettivi; ottima conoscenza di italiano, inglese e altra lingua comunitaria

Contratto

A tempo determinato per 12 mesi con possibilità di assunzione

---

A: hr.recruting@sl-group.it

Oggetto: Candidatura diversity manager - Alina Götz

1   Spett.le SL Group,

in riferimento al Vs. annuncio su lavoro-online, Vi invio la mia candidatura per la posizione di diversity manager presso la Vs. sede di
5   Milano.

Dopo aver conseguito la laurea in Psicologia presso l'Università di Würzburg, ho svolto uno stage come assistente alle attività di selezione e inserimento del personale in Inghilterra. Di recente ho concluso il
10   Master in Management multiculturale presso la HR School di Torino.

Mi considero una persona con ottime capacità relazionali, di problem solving e di comunicazione, ritengo di avere acquisito le conoscenze necessarie e di avere sviluppato le competenze indispensabili per un
15   inserimento positivo nella Vs. azienda.

Dal momento che SL Group ha un profilo fortemente internazionale e crede nelle diversità del proprio personale, sono molto interessata a collaborare con Voi.
20

In attesa di un Vs. riscontro, Vi porgo i miei più distinti saluti.
Alina Götz

Allegato: Curriculum Vitae

B. Indica in quali righe della lettera di presentazione trovi i seguenti contenuti.

1. competenze ....
2. indicazione di allegati ....
3. formula di chiusura e saluti ....
4. riferimento all'offerta di lavoro ....
5. formula di apertura *riga 1*
6. motivazione ....
7. formazione ed esperienze precedenti ....

C. Leggi le seguenti espressioni e abbinale ai contenuti del punto B.

1. Sperando di poterLa incontrare per un colloquio, La ringrazio per l'attenzione.
2. Sono fortemente motivato/a a...
3. Gentile Dott.ssa Sabatini / Egregio Dott. Rossi
4. Ho letto l'annuncio sul sito web....
5. Cordiali saluti
6. Ritengo di essere una persona...
7. Grazie ai miei studi in.... e al tirocinio...
8. In attesa di una Vs. cortese risposta, Vi invio in allegato il mio curriculum.

> **CI** **OFFERTE DI LAVORO**
> Cerca su un portale italiano del lavoro un'offerta a cui puoi candidarti e spiega ai compagni perché saresti un buon candidato.

Grammatica

IL CONGIUNTIVO IMPERFETTO

ANDARE	AVERE	OFFRIRE
and**assi**	av**essi**	offr**issi**
and**assi**	av**essi**	offr**issi**
and**asse**	av**esse**	offr**isse**
and**assimo**	av**essimo**	offr**issimo**
and**aste**	av**este**	offr**iste**
and**assero**	av**essero**	offr**issero**

⚠ I verbi in -**isc**- (*finire, capire, preferire*, ecc.) non presentano questa caratterista nella coniugazione del congiuntivo imperfetto.

ALCUNI VERBI IRREGOLARI

ESSERE	STARE	DARE	FARE
fossi	stessi	dessi	facessi
fossi	stessi	dessi	facessi
fosse	stesse	desse	facesse
fossimo	stessimo	dessimo	facessimo
foste	steste	deste	faceste
fossero	stessero	dessero	facessero

dire: dicessi, dicessi, dicesse, dicessimo, diceste, dicessero
bere: bevessi, bevessi, bevesse, bevessimo, beveste, bevessero

IL PERIODO IPOTETICO DELLA POSSIBILITÀ

Lo usiamo quando pensiamo che un'ipotesi (nel presente o nel futuro) sia possibile, e cioè che possa o non possa realizzarsi. Nella frase dell'ipotesi (quella introdotta da **se**) usiamo il congiuntivo imperfetto, mentre nella frase che esprime la conseguenza usiamo il condizionale semplice nella maggior parte dei casi.

IPOTESI **se** + congiuntivo imperfetto	CONSEGUENZA → condizionale semplice
Se **dovessi** leggere una biografia,	→ **sceglierei** quella di...
Se **fossi** un giornalista,	→ mi **occuperei** di...

⚠ Usiamo il congiuntivo imperfetto anche quando l'ipotesi è irreale e, cioè, quando è ovvio che non si potrà mai realizzare perché il fatto è assurdo.

*Se **potessi** incontrare un personaggio del passato, **sceglierei** Giulio Cesare.*

ESPRIMERE DESIDERI

Quando in una frase principale esprimiamo un desiderio, una volontà o una preferenza con un verbo al condizionale semplice e il soggetto della principale e della secondaria coincide, usiamo la seguente struttura:
volere / preferire / desiderare ecc. al condizionale semplice + infinito.

*Un lavoratore **vorrebbe avere** la possibilità di fare carriera.* [Soggetto: un lavoratore]
*Molti lavoratori **preferirebbero lavorare** per un'azienda attenta ai temi sociali.*
[Soggetto: molti lavoratori]

Se, invece, i soggetti della frase secondaria e della frase principale sono diversi, usiamo la seguente struttura:
volere / preferire / desiderare ecc. al condizionale semplice + **che** + congiuntivo imperfetto.

*Qualche lavoratore **vorrebbe** che gli orari di lavoro **fossero** più flessibili.* [Soggetti: qualche lavoratore / gli orari di lavoro]
*Molti **preferirebbero** che l'azienda **offrisse** servizi di welfare.* [Soggetti: molti / l'azienda]

ESPRIMERE OBBLIGO E NECESSITÀ

Per esprimere che qualcuno o qualcosa ha un obbligo o una necessità possiamo usare la seguente struttura:
bisogna / è necessario / occorre + **che** + frase al congiuntivo presente.
[verbo o espressione impersonale + che + congiuntivo presente]

*Bisogna che l'aspirante agritata **frequenti** un percorso formativo.*
*È necessario che le aziende **gestiscano** e **valorizzino** le diversità.*

Per esprimere la necessità e l'obbligo in modo impersonale usiamo, invece, delle costruzioni verbali con l'infinito:

si deve / devono
bisogna, occorre   + infinito
è necessario / doveroso / indispensabile

Si deve allegare il curriculum all'e-mail.
Bisogna essere laureati in Storia dell'Arte.
È indispensabile avere un'ottima conoscenza dell'inglese.

6

1. **Indica qual è il soggetto delle seguenti forme verbali.**

   a. cantassi *io, tu*
   b. capiste ....
   c. dicessero ....
   d. fossimo ....
   e. studiassero ....
   f. stesse ....
   g. fossi ....
   h. dormisse ....

2. **Inserisci le forme verbali nelle seguenti frasi.**

   | superassi | prendereste | offrissero | parlassi |
   | prendesse | sarei | si inserirebbero | durasse |

   a. Se *parlassi* l'italiano come il mio insegnante, mi esprimerei come un madrelingua.
   b. Sarebbe meglio se la scuola superiore *durasse* un anno in meno.
   c. Se non *superassi* l'esame d'italiano, proverei a darlo un'altra volta.
   d. Se l'università preparasse meglio, i laureati *si inserirebbero* più facilmente nel mondo del lavoro.
   e. Se mi *offrissero* un lavoro all'estero, partirei subito.
   f. *Sarei* insoddisfatta se non potessi occuparmi delle cose che mi piacciono.
   g. Se mia figlia *prendesse* un bel voto alla maturità, si iscriverebbe a Medicina.
   h. Se voi faceste sempre i compiti, *prendereste* spesso buoni voti.

3. **Indica se i seguenti periodi ipotetici sono reali (R), possibili (P) o irreali (IR).**

   a. Se studiassi di più, supereresti l'esame. R
   b. Se mi mandi il curriculum, ti aiuto a sistemarlo. R
   c. Se fossi italocinese, farei l'interprete. IR
   d. Se facessi questo Master, troveresti lavoro. P/R
   e. Se avessi la tua età, farei uno stage all'estero. IR
   f. Se vinco la borsa di studio, faccio il dottorato. R

4. **Indica se i soggetti della principale e della secondaria coincidono (C) o no (NC) e specifica quali sono.**

   a. I miei genitori preferirebbero che scegliessi una facoltà scientifica. *NC / i miei genitori, io*
   b. Mi piacerebbe essere una persona più flessibile. ....
   c. I professori vorrebbero che gli studenti fossero più puntuali. ....
   d. A pochi piacerebbe lavorare in un ambiente molto competitivo. ....
   e. Agli studenti non piacerebbe che i professori facessero spesso esami a sorpresa. ....
   f. Tutti desidererebbero che la propria azienda offrisse servizi di welfare. ....
   g. Alcune aziende preferirebbero assumere con contratti di lavoro a tempo determinato. ....
   h. Desidererei molto trovare un lavoro a tempo indeterminato. ....

5. **Completa le frasi con il congiuntivo, l'indicativo o l'infinito dei seguenti verbi.**

   | avere | ascoltare | proporre | continuare |
   | gestire | mantenere | contribuire | cercare |

   a. Il direttore vorrebbe che ogni lavoratore *cercasse* una propria soluzione al problema.
   b. A tutti piacerebbe *mantenere* la calma in situazioni stressanti.
   c. I dipendenti vorrebbero che l'azienda *contribuisse* a risolvere i conflitti del personale.
   d. Gli studenti desidererebbero *avere* più autonomia nello studio.
   e. La direttrice vorrebbe che anche noi *proponessimo* di migliorare il clima lavorativo.
   f. Luca e Mara preferirebbero che i loro figli *continuassero* gli studi.
   g. A Daniele piacerebbe *gestire* meglio i suoi contatti di lavoro.
   h. Vorremmo che il direttore del personale ci *ascoltasse* più attentamente.

6. **Completa le seguenti frasi con i verbi all'infinito o coniugati al congiuntivo presente.**

   | mostrarsi | superare | potere | conoscere |
   | cooperare | essere | fare | avere |

   a. Per realizzarsi nel lavoro è necessario che il lavoratore *possa* esprimere il proprio talento.
   b. Non occorre *avere/fare* una laurea per fare il tutor dell'orto.
   c. È necessario che lo stipendio *sia* adeguato alle proprie mansioni.
   d. Per diventare avvocato è necessario *potere* l'esame di stato.
   e. Bisogna che le aziende *mostrino* innovazione per avere successo.
   f. Oggigiorno occorre che le aziende *siano* sensibili ai temi sociali.
   g. Bisogna che l'università *superi* con il mondo del lavoro.
   h. Per essere competitivi è indispensabile *conoscere* bene almeno due lingue straniere.

Parole

Istruzione

1. Abbina le tappe formative alle descrizioni corrispondenti.

- Scuola elementare
- Laurea magistrale
- Scuola media
- Liceo
- Istituto professionale

a. Si può scegliere fra tanti indirizzi: classico, scientifico, linguistico, artistico, ecc.
b. Fa entrare presto nel mondo del lavoro.
c. Si impara a leggere e a scrivere.
d. Dura due anni e forma professionisti qualificati.
e. Amplia le conoscenze di base.

2. Inserisci le seguenti facoltà nell'area di studio corrispondente.

- Farmacia
- Scienze politiche
- Fisica
- Chimica
- Storia dell'arte
- Filosofia
- Medicina
- Giurisprudenza

Area socio-sanitaria: _____
Area umanistica: _____
Area scientifico-tecnologica: _____
Area giuridico-economica: _____

3. Completa le frasi con i seguenti verbi coniugati in maniera adeguata.

- prendere
- superare
- andare
- essere (2)

a. Alle medie studiavo poco, infatti _____ male.
b. Ho sempre adorato scrivere, infatti _____ brava a scrivere temi.
c. (tu) _____ un altro bel voto? Complimenti!
d. Ho iniziato tardi l'università perché _____ bocciato due volte.
e. Finalmente (io) _____ l'esame di Statistica!

Requisiti e competenze

4. Abbina i seguenti aggettivi ai contrari (C) e ai sinonimi (S) corrispondenti.

- flessibile
- disponibile
- collaborativo
- propositivo
- intraprendente

_____ individualista (C) ≠ cooperativo (S)
_____ rigido (C) ≠ adattabile (S)
_____ improduttivo (C) ≠ produttivo (S)
_____ mal disposto (C) ≠ ben disposto (S)
_____ passivo (C) ≠ dinamico (S)

5. Indica a quale competenza si riferisce ciascuna descrizione.

- problem solving
- intelligenza emotiva
- negoziazione
- creatività
- pensiero critico
- gestione delle persone

a. Gestisce bene le emozioni. _____
b. Apporta idee nuove e innovative. _____
c. Favorisce accordi. _____
d. Motiva e valorizza le risorse umane. _____
e. Trova soluzioni efficaci. _____
f. Analizza e valuta oggettivamente. _____

6. Completa le frasi con *sono in grado*, *sono bravo/a*, *so*, *riesco*.

a. _____ valutare bene le opportunità.
b. _____ a risolvere situazioni complicate.
c. _____ di prendere decisioni velocemente.
d. _____ a capire le esigenze dei clienti.

Al lavoro

7. Completa le seguenti frasi.

- giornata
- carriera
- ambiente
- datore
- stipendio
- diversità

a. Mi piace lavorare con serenità, un _____ competitivo mi stressa troppo.
b. Vorrei un lavoro con possibilità di fare _____.
c. Purtroppo lo _____ non è quasi mai adeguato alle mansioni.
d. La _____ di genere deve essere valorizzata.
e. L'orario della _____ lavorativa è determinante per la scelta del lavoro.
f. Quando il _____ di lavoro è un'azienda privata, è più esigente.

8. Completa le possibili combinazioni.

- acquisire → esperienza → _____
- svolgere → una mansione → _____
- sviluppare → capacità → _____
- conseguire → la laurea → _____

Suoni 6

I segnali discorsivi: *dimmi*, *dica*, *bene*

9. Completa i dialoghi con **dimmi** e **dica**, poi verifica con la registrazione. Infine traduci i dialoghi nella tua lingua: a cosa corrispondono **dimmi** e **dica**?

a.
- Mario!
- Sì, sono qui, **dimmi**!

b.
- Dottoressa Adriani, posso farle qualche domanda?
- **Dica** pure!

c.
- Professore, mi ...., secondo Lei, Ingegneria ha buoni sbocchi professionali?
- Direi proprio di sì.

d.
- Rossella, ... un po', funziona bene la tua bici pieghevole? Vorrei comprarne una…
- Ah sì, benissimo! Te la faccio provare.

10. Leggi i dialoghi e indica la funzione di **bene**. Poi traduci nella tua lingua: a cosa corrisponde **bene**? Infine, ascolta la registrazione e fai attenzione all'intonazione.

1. esprime soddisfazione ....
2. tronca una conversazione ....
3. introduce un discorso ....

a.
- **Bene**, dopo aver valutato le prove dei vari candidati, ne abbiamo selezionati tre.
- Perfetto. Allora procediamo con l'ultima fase.

b.
- Ho deciso di non accettare il lavoro…
- **Bene**, ottima scelta. Le condizioni del contratto non erano buone.

c.
- Non sono d'accordo con te. Io mi comporterei diversamente.
- **Bene**, ci penserò.

1. Leggi le frasi e fai attenzione alla pronuncia del suono bilabiale [b], come in **buono**, e del suono labiodentale [v], come in **Venezia**. Poi ascolta la registrazione per verificare.

a. **V**a **b**ene, grazie. E tu come stai?
b. **V**oglio andare a **B**ari per la Fiera del Le**v**ante.
c. **B**asta giocare, adesso **v**ai a fare i compiti.
d. E**vv**iva! A**bb**iamo vinto il torneo!
e. **V**orrei prendere un **b**el **v**oto all'esame.

2. Ascolta la registrazione e completa le parole con **b** o **v**.

a. am....ito
b. di....erso
c. comunicati....o
d. ....alutare
e. am....iente
f. ....enefici

3. Leggi le frasi ad alta voce e sottolinea le parole che marchi di più con l'intonazione. Poi ascolta la registrazione per verificare.

a. Se potessi prendermi un'altra laurea, sceglierei Lingue orientali.
b. Al liceo andavo male, però all'università prendevo sempre bei voti.
c. Vorrei che il mio orario di lavoro fosse più flessibile.
d. Mi piacerebbe svolgere mansioni con più responsabilità.
e. Sono capace di trovare soluzioni rapidamente.
f. L'intelligenza emotiva è una competenza considerata sempre di più.
g. È indispensabile parlare bene due lingue straniere.
h. Bisogna che le aziende valorizzino la diversità.

Salotto culturale

MADE IN ITALY

Il successo internazionale delle imprese italiane nei settori abbigliamento, alimentare, arredamento e automazione valorizza i mestieri tradizionali, ma fa anche emergere nuove figure professionali e percorsi formativi all'avanguardia.

ABBIGLIAMENTO

Oltre ai classici mestieri di stilista, sarto, responsabile del punto vendita, troviamo nuovi profili professionali come il *cool hunter*, addetto a individuare le nuove tendenze, il *personal shopper*, consulente personale per l'acquisto, e l'*e-commerce manager*, responsabile dello shopping online. Per intraprendere una qualsiasi carriera nel mondo dell'abbigliamento e della moda, è necessario seguire un percorso formativo come il corso di laurea triennale in Design e discipline della moda dell'Università di Urbino oppure si può scegliere una delle scuole private come l'Istituto Marangoni di Milano e il Polimoda di Firenze che vantano una grande notorietà anche all'estero.

PERSONAL SHOPPER: una figura professionale del settore abbigliamento sempre più richiesta

ALIMENTARE

Il manager del cibo, lo specialista in turismo enogastronomico, il food innovator e l'assaggiatore professionale sono le figure professionali emergenti. Per esercitarle bisogna essere esperti in tecnologie e processi di produzione, studiare nutrizione e dietetica, apprendere i principi di distribuzione, marketing e comunicazione gastronomica. Il corso di laurea magistrale in Promozione e gestione del patrimonio gastronomico turistico dell'Università degli Studi di Scienze gastronomiche di Bra, in Piemonte, è un esempio di proposta formativa. Se invece si preferisce una professione più tradizionale come il cuoco, allora si può optare per l'Istituto professionale alberghiero.

FOOD INNOVATOR una nuova e promettente professione del settore alimentare

6

ARREDAMENTO

Per gli artigiani del mobile esistono corsi di formazione professionale come quelli organizzati dal Polo Formativo Legnoarredo vicino a Monza. Altre figure professionali protagoniste del settore sono il designer dell'arredo e l'arredatore di interni. Il primo si occupa di ideare, progettare e realizzare prodotti, mentre il secondo di rendere più accoglienti le abitazioni, gli uffici e altri spazi. Il percorso formativo più indicato sono i corsi di laurea in Architettura con specializzazione in designer d'interni. In alternativa esiste il corso di specializzazione post-diploma in Design e Arredamento presso l'Istituto Europeo di Design IED di Milano, ad esempio.

DESIGNER DELL'ARREDO: spirito innovativo e creatività

AUTOMAZIONE

Le imprese di questo settore sviluppano sistemi automatizzati di produzione. Le principali figure professionali sono i periti industriali e gli ingegneri dell'automazione. Con mansioni diverse, progettano, realizzano e gestiscono sistemi e dispositivi che funzionano senza l'intervento dell'uomo. Per fare il perito occorre diplomarsi in un Istituto Tecnico Industriale, e per diventare ingegnere è necessario laurearsi, ad esempio all'Università di Bologna, dove si può scegliere tra il corso di laurea in Sistemi per l'automazione e quello in Automation engineering.

L'INGEGNERE DELL'AUTOMAZIONE lavora anche nel campo della robotica e dell'aerospaziale

Le 4 A del Made in Italy

A. Quali professioni conosci in questi quattro settori lavorativi? Fai una lista e confronta con un compagno. Poi leggi i testi e completa la tua lista.

abbigliamento   alimentare
arredamento   automazione

B. A quale professione indicata nel testo corrispondono le seguenti mansioni e competenze?

1. Crea e organizza itinerari abbinando alle visite di siti storici e bellezze naturali, la degustazione dei prodotti tipici del luogo.
2. Sa percepire le tendenze del mercato digitale e progetta strategie adeguate.
3. Trasforma spazi, ottimizzandoli al massimo, secondo i desideri del cliente.
4. Gestisce e organizza le attività della cucina di ristoranti, alberghi, mense, ecc.
5. Elabora e modifica capi d'abbigliamento, ha conoscenze tecniche su tessuti, modelli e colori.

C. In coppia, scegliete una figura professionale menzionata nei testi e scrivete i seguenti contenuti del curriculum vitae per un candidato ideale.

Formazione:

Esperienze lavorative:

Competenze tecniche:

Competenze trasversali:

D. Pensa a un settore lavorativo importante nel tuo Paese, ricerca informazioni online e scrivi una presentazione seguendo il modello dei testi. Poi presentalo ai tuoi compagni.

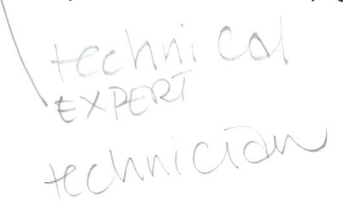

Compiti finali

CF Partecipare a un recruiting day

A. Lavorate in due gruppi: selezionatori e candidati. Insieme scegliete la figura professionale alla quale dedicare il recruiting day.

B. I selezionatori fanno una ricerca e annotano le mansioni, la formazione e le competenze del candidato ideale. Poi, stabiliscono stipendio, tipo di contratto, orario e luogo di lavoro. Infine, preparano delle domande sulle competenze trasversali. Contemporaneamente i candidati cercano informazioni sui requisiti per essere un candidato ideale e preparano una breve presentazione e un curriculum.

C. Selezionatori e candidati si incontrano per il recruiting day: entrambi fanno domande e danno informazioni.

STRATEGIE PER LAVORARE

Consultate Internet per trovare informazioni sulle figure professionali e modelli utili su cui basarsi.

Alcuni compagni possono fare un breve reportage sul processo di selezione.

CF Redigere una lettera di motivazione

A. Scegli un'offerta di lavoro che ti interessa su un portale del lavoro italiano, facendo attenzione ai requisiti e alle competenze richiesti.

B. In base a quanto richiesto nell'annuncio, annota tutti i tuoi punti forti.

C. Redigi una lettera di motivazione chiara e convincente.

STRATEGIE PER LAVORARE

Per redigere testi formali è molto importante conoscere bene i modelli e saper usare le varie formule ed espressioni.

Condividi sul social network della classe l'offerta e la tua lettera di motivazione: i tuoi compagni ti daranno dei suggerimenti.

Bilancio 6

Com'è andato il compito?

A. Fai un'autovalutazione delle tue competenze.

	😃	🙂	😕	😥
parlare delle proprie abilità e competenze				
fare ipotesi possibili				
esprimere desideri				

B. Durante la realizzazione dei compiti hai incontrato qualche difficoltà? Quale/i? Cosa hai imparato di nuovo? Cosa ti è piaciuto di più dei compiti?

😃	😥

C. Valuta il compito dei tuoi compagni e poi parlane con loro.

	😃	🙂	😕	😥
La presentazione è chiara.				
Hanno utilizzato i contenuti dell'unità.				
Il lessico utilizzato è adeguato.				
È originale e interessante.				
La pronuncia è chiara e l'intonazione corretta.				

Schede video

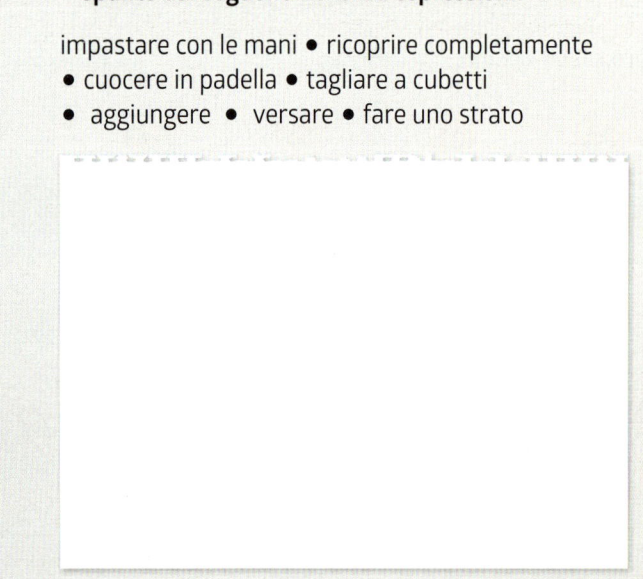

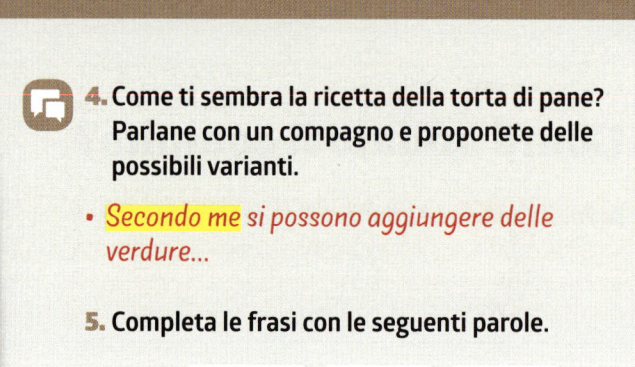

VIDEO 5
CUCINARE CON GLI AVANZI
Durata: 02:10
Genere: video blog
Contenuti: videoricetta
Obiettivi: allenarsi a comprendere e descrivere ricette, ingredienti e procedimenti; consolidare il lessico relativo alla cucina; utilizzare gli indicatori temporali; proporre ricette per riciclare cibi avanzati

1. Guarda il video e rispondi alle seguenti domande.

1. Che tipo di ricetta propone David?
   ....
   ....

2. Quali ingredienti si usano per questa ricetta?
   ....
   ....

2. Guarda di nuovo il video e indica quali di questi utensili da cucina utilizza David.

1. paletta ☐
2. pentola ☐
3. coltello ☐
4. tagliere ☐
5. mezzaluna ☐
6. padella ☐
7. coperchio ☐
8. mestolo ☐
9. terrina ☐
10. mattarello ☐

3. Guarda di nuovo il video e scrivi il procedimento per preparare la torta di pane usando gli indicatori temporali opportuni. Puoi prendere spunto dai seguenti verbi ed espressioni.

impastare con le mani • ricoprire completamente • cuocere in padella • tagliare a cubetti • aggiungere • versare • fare uno strato

4. Come ti sembra la ricetta della torta di pane? Parlane con un compagno e proponete delle possibili varianti.

- *Secondo me si possono aggiungere delle verdure...*

5. Completa le frasi con le seguenti parole.

manciata • pizzico • cubetti • filo • fette • spicchio

1. Assaggiate la salsa e aggiungete un .... di sale se è necessario.
2. Bisogna cuocere le zucchine a fiamma bassa con un .... d'olio.
3. Per preparare questa ricetta bisogna tagliare il pane a ....
4. Prova ad aggiungere uno .... d'aglio, il sugo sarà più saporito.
5. Nelle frittate aggiungo sempre una .... di parmigiano grattugiato.
6. Sono avanzate alcune .... di prosciutto, come le riutilizzo?

6. E tu, hai fantasia in cucina? Prova a inventare una ricetta per riutilizzare almeno tre dei seguenti ingredienti.

pane • riso • patate bollite • formaggio • biscotti • uova • carne macinata • pomodori • latte • verdure grigliate

Video 5 e 6

VIDEO 6
LAVORARE CONTENTI
Durata: 03:45
Genere: intervista
Contenuti: welfare aziendale
Obiettivi: allenarsi a comprendere programmi di welfare aziendale e discutere dei possibili benefici; consolidare l'uso del lessico relativo al mondo del lavoro; proporre un programma di welfare aziendale.

1. Guarda il video indica se le seguenti affermazioni sono vere o false.

	V	F
1. Gli intervistati parlano del loro lavoro.	☐	☐
2. Gli intervistati parlano dei servizi di welfare offerti dalla loro azienda.	☐	☐
3. Gli intervistati danno suggerimenti per migliorare la vita nella loro azienda.	☐	☐

2. Cosa prevedono i programmi di welfare aziendale illustrati dai due intervistati? Guarda di nuovo il video e completa la scheda.

AREA	SERVIZI
alimentazione	
formazione	
sport	
maternità	
smartworking	
salute	

3. Se dovessi scegliere uno dei servizi di welfare aziendale mostrati nel video, quale preferiresti? Perché? Parlane con un compagno.

4. Completa le frasi con le seguenti parole o espressioni.

> carriera pausa pranzo permesso
> pendolare orario flessibile ferie

1. Oggi pomeriggio Alberto non è in ufficio, ha preso un .... per accompagnare il figlio dal medico.
2. Mi trasferirò più vicino al mio ufficio, così non dovrò prendere il treno tutte le mattine, mi sono stancato di fare il ....
3. Anna, dobbiamo metterci d'accordo per le .... : io vorrei andare in vacanza le prime due settimane di luglio, e tu?
4. Vorrei trovare un'azienda che mi desse la possibilità di crescere professionalmente: per me fare .... è importante.
5. Ti aspetto domani in ufficio, ma ricordati che dalle 13 alle 14 non mi trovi, sono in ....
6. Grazie all' .... posso andare al lavoro anche un po' più tardi e poi recuperare a fine giornata.

5. I programmi di welfare aziendale danno benefici solo ai dipendenti, o anche alle aziende? Perché? Parlane con un compagno.

6. Un'azienda ha chiesto ai suoi dipendenti cosa vorrebbero sul posto di lavoro. Osserva il risultato del sondaggio e, con i tuoi compagni, elabora un programma specifico per andare incontro alle richieste dei lavoratori.

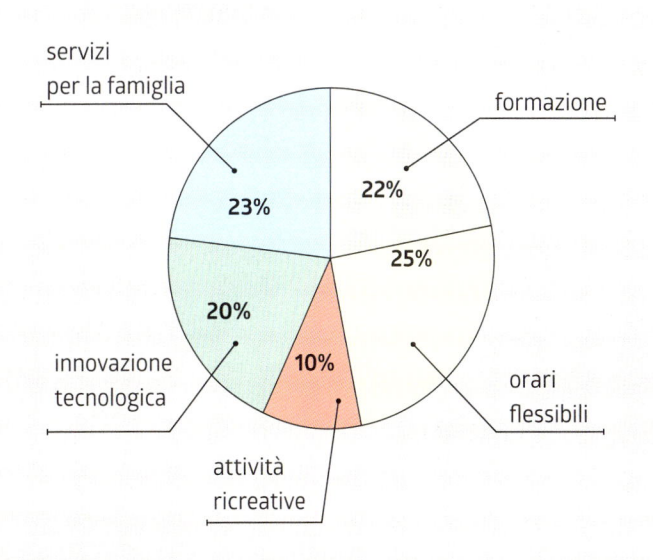

- servizi per la famiglia 23%
- formazione 22%
- orari flessibili 25%
- attività ricreative 10%
- innovazione tecnologica 20%

7 L'eco della storia

LA DOMENICA DEL CORRIER[E]
SI PUBBLICA A MILANO OGNI DOMENICA
Dono agli Abbonati del "Corriere della Sera"
7 Aprile 1901

DOMENICA DEL CORRIERE
Supplemento settimanale illustrato del nuovo CORRIERE DELLA SERA - Spedizione in abbonamento postale - Gruppo 2°
25 Maggio 1958 — L. 40

25 maggio, elezioni politiche. Trentatré milioni di uomini e donne sono chiamati a scegliere i 596 deputati e i 237 senatori che comporranno il terzo Parlamento della Repubblica. Votare è un dovere. Dal responso delle urne dipenderà il futuro del nostro Paese e del nostro Popolo. Walter Molino, in una tavola di carattere allegorico, raffigura l'Italia che dà l'esempio presentandosi, per prima, a un seggio elettorale per deporre la propria scheda.

L'ARRIVO E LA PARTENZA DEGLI EMIGRANTI MERIDIONALI DALLA ST[AZIONE]
(Disegno dal vero, di A. Beltrame)

| CF | **COMPITI FINALI** • Scrivere un poema con tecniche di scrittura collaborativa • Redigere la cronistoria di un'epoca del proprio Paese | CI | **COMPITI INTERMEDI** • Raccontare un evento storico • Scrivere la biografia di un personaggio storico • Descrivere un personaggio epico |

1. La storia in parole

A. Osserva le immagini: che cosa rappresentano? Parlane con un compagno.

B. Osserva la nuvola di parole e completa le seguenti categorie.

sostantivi	verbi

C. Confronta le tue liste con quelle di un compagno. Cercate insieme le parole che non conoscete. Che cosa aggiungereste?

D. Se vuoi, alla fine dell'unità fai una proposta alternativa per questa doppia pagina: scegli una o più immagini e crea una nuova nuvola di parole.

centoventitré **123**

1. Raccontare la storia

2. Dall'Impero alla Repubblica

A. Nel raccontare un evento storico, quali sono gli elementi fondamentali di cui hai bisogno? Aggiungi altri elementi alla lista.

▶ data ▶ personaggi ▶ luoghi ▶ .... ▶ .... ▶ ....

B. Conosci qualche personaggio o evento della storia d'Italia? Annota le informazioni e parlane con un compagno.

- *Io ho letto un libro sugli Anni di Piombo...*

C. Leggi la cronistoria d'Italia e sottolinea le parole chiave in ciascun paragrafo. Poi, confrontale con quelle di un compagno.

ETÀ ANTICA II sec. a.C. - V sec. d.C.

L'Impero Romano. L'impero che aveva conquistato e unificato politicamente l'intero Mediterraneo per oltre 4 secoli, cadde nell'anno 476 d.C.

Le Repubbliche marinare e i comuni. L'Italia diventò il giocattolo delle nuove potenze europee. Germani, Ostrogoti e Longobardi regnarono l'uno dopo l'altro diverse zone della penisola. Ciò non impedì lo sviluppo di alcune città portuali italiane, le Repubbliche marinare. Venezia, Pisa, Genova e Amalfi ebbero un ruolo fondamentale negli scambi commerciali nel Mediterraneo. Nell'Italia centrale e settentrionale si svilupparono i comuni, ovvero forme di autogoverno delle città.

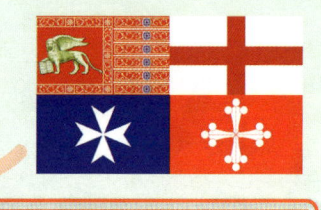

MEDIOEVO V sec. - XV sec.

ETÀ MODERNA XV sec. - XIX sec.

Le Signorie. Mentre le monarchie europee lottavano per l'egemonia, nell'Italia divisa in piccoli e grandi Regni e Repubbliche, iniziò l'epoca delle Signorie, una forma di governo in cui il potere era concentrato nelle mani di una sola persona (Signore). Le Signorie furono la culla del Rinascimento, movimento culturale e artistico sviluppato tra la metà del XV e la fine del XVI secolo, che influenzò generazioni di artisti e pensatori anche oltre i confini nazionali.

Il Risorgimento. Il progetto di un Paese unito aveva sempre più sostenitori nelle classi colte delle maggiori città. Questo desiderio alimentò, nei primi decenni dell'800, i moti rivoluzionari e le conseguenti guerre d'indipendenza seguite dalla spedizione dei Mille comandata da Giuseppe Garibaldi.

ETÀ CONTEMPORANEA XIX sec. - XXI sec.

Il Regno d'Italia. Nel 1861 venne proclamato il Regno d'Italia. La modernizzazione fu lenta ed ebbe un arresto con l'entrata in campo nella Prima guerra mondiale nel 1915. Nel dopoguerra, nel clima della crisi economica e sociale, salì al potere Mussolini, il Duce, che instaurò uno stato totalitario e centralizzato, sopprimendo i diritti politici fondamentali e annullando le autonomie locali. L'Italia fascista strinse legami con la Germania nazista, a fianco della quale entrò in guerra nel 1940.

La I Repubblica. Nel 1946, conclusa la disastrosa Seconda guerra mondiale, l'Italia con un libero referendum diventò una Repubblica. La Costituzione democratica entrò in vigore il 1° gennaio 1948. Negli anni '50 e '60 ci fu un'epoca di "miracolo economico". Nel 1957 l'Italia fu cofondatrice della CEE. Tra la fine degli anni '60 e l'inizio degli anni '80 ci fu un periodo di violenza e lotta armata, gli Anni di Piombo, macchiato di attentati e stragi. Il sequestro e l'uccisione di Aldo Moro, presidente del partito Democrazia Cristiana, fu l'apice di violenza che portò al progressivo sciogliersi della lotta armata. Nei primi anni '90, lo scandalo Tangentopoli, legato alla corruzione politica, e la conseguente operazione Mani pulite portarono al cambiamento del sistema politico e alla fine della I Repubblica.

Dalla II Repubblica a oggi. Nel 1994 vinse le elezioni Forza Italia, il partito di centro-destra dell'imprenditore Silvio Berlusconi. Negli anni 2000, la progressiva sfiducia nel sistema dei Partiti politici ha portato alla nascita e crescita del Movimento 5 stelle, che si autodefinisce una "libera associazione di cittadini" piuttosto che un partito, e che in meno di un decennio è diventato una della più importanti forze politiche del Paese.

D. Osserva i verbi evidenziati nella cronistoria, sono a un tempo verbale nuovo: il passato remoto. Indica gli infiniti corrispondenti.

E. Completa il quadro con il passato remoto dei verbi **essere** e **avere**.

il passato remoto ▶ p. 130	
ESSERE	**AVERE**
fui	ebbi
fosti	avesti
....	....
fummo	avemmo
foste	aveste
....	....

F. Cerca e sottolinea gli altri verbi al passato remoto presenti nel testo.

G. Osserva la frase estratta dal testo: quale funzione svolgono l'imperfetto e il passato remoto? Completa la regola d'uso.

> **il passato remoto ▶ p. 130**
>
> Mentre le monarchie moderne **lottavano** per l'egemonia in Europa, in Italia **iniziò** l'epoca delle Signorie.
>
> ▶ Con **il passato remoto / l'imperfetto** presentiamo un fatto come un processo terminato in quel momento (nel passato).
> ▶ Con **il passato remoto / l'imperfetto** presentiamo un fatto come un processo non ancora terminato in quel momento (nel passato).

H. Sottolinea nella cronistoria le espressioni per indicare le date o il periodo di un evento. Da quale articolo sono preceduti anni e secoli?

I. Scrivi la definizione delle seguenti parole. Aiutati con il dizionario.

indipendenza	= ....
insurrezione	= ....
moto	= ....
spedizione	= ....

L. Scegli uno degli eventi raccontati nella cronistoria e fai una piccola ricerca per ampliare le informazioni. Prendi nota e poi condividile con un compagno.

M. Ascolta il podcast dedicato alla spedizione dei Mille e completa la scheda. Poi, rispondi alle domande.

51

Cosa: ....
Chi: ....
Quando: ....
Dove: ....

1. Perché Vittorio Emanuele II e Cavour affidarono a Garibaldi la spedizione dei Mille?
2. Perché Garibaldi è detto eroe dei due mondi?
3. Che valore ha Garibaldi nell'immaginario collettivo degli italiani?

▲ *L'imbarco dei Mille da Quarto di G. Induno*

N. Esiste nel tuo Paese un personaggio che abbia la stessa importanza di Giuseppe Garibaldi? Parlane con un compagno.

CI **SUCCESSE NEL...**
Scegli un evento della storia del tuo Paese che ritieni importante e scrivi un breve testo per presentarlo ai compagni.

2. Vite straordinarie

3. Personaggi "magnifici"

A. Osserva le immagini delle due biografie: secondo te, in quale periodo sono vissuti questi personaggi? Che ruolo hanno avuto? Parlane con un compagno.

B. Leggi le biografie e completale con le frasi mancanti.

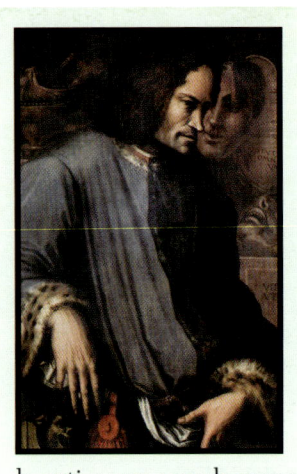

Lorenzo de' Medici, il Magnifico
1449-1492

Figlio di Piero de' Medici e Lucrezia Tornabuoni, Lorenzo sviluppò una profonda passione per le arti e una grande vocazione per la politica. Erede della famiglia di mercanti e banchieri che governava la Signoria della città di Firenze, i Medici, nel 1469 sposò la nobile romana Clarice Orsini: .... Pochi mesi dopo, alla morte del padre, Lorenzo prese le redini del potere. Creò rapidamente una rete di alleanze politiche con le più importanti famiglie fiorentine e consolidò il proprio controllo sulla città. Nel 1478 la famiglia dei Pazzi, rivale dei Medici, tenta di uccidere Lorenzo e il fratello Giuliano nella cosiddetta Congiura dei Pazzi. Lorenzo sfuggì ai suoi aggressori e progettò quello che **sarebbe diventato** il suo più grande capolavoro politico. Il giorno dopo la congiura fallita, ... Politico, diplomatico e letterato, scrisse poesie e testi di filosofia e amò circondarsi delle migliori menti dell'epoca. Infatti, fece di Firenze il cuore del Rinascimento, la prima città d'arte italiana che riuniva artisti e studiosi come Leonardo Da Vinci, Michelangelo Buonarroti, Raffaello Sanzio e Sandro Botticelli. Proprio per la sua capacità di governo e il sostegno all'arte e alla cultura, ... Lorenzo morì a soli 43 anni a causa del peggioramento della gotta, una malattia che colpì molti membri della famiglia Medici. La sua morte ebbe gravi conseguenze politiche anche perché suo figlio Piero non era all'altezza del padre.

Isabella d'Este
1474-1539

Conosciuta come "la prima donna del Rinascimento", Isabella d'Este nacque nel 1474 a Ferrara, nella famiglia ducale degli Estensi, e ricevette un'educazione universitaria sofisticata. Nel 1490, a 16 anni, sposò il marchese di Mantova, Francesco II Gonzaga. In quel momento era difficile prevedere che la giovanissima Isabella **sarebbe diventata** un'icona di stile rinascimentale e una mecenate dell'arte. In breve tempo, creò una delle corti più colte e raffinate del suo tempo invitando e intrattenendo rapporti con artisti del calibro di Ludovico Ariosto o Baldassarre Castiglione. Ma non solo, durante le assenze frequenti del marito, Isabella ....
Coltivò le sue passioni, tra cui la progettazione di giardini, la produzione di profumi e cosmetici, l'ideazione di abiti e acconciature. Creò uno stile originale e inconfondibile che altre corti europee imitarono. Consapevole del proprio fascino, Isabella commissionò a Leonardo da Vinci un ritratto del quale, però, **avrebbe ottenuto** solo il disegno preparatorio. .... : i suoi preziosi camerini, la Grotta e lo Studiolo in Palazzo Ducale. Probabilmente Isabella immaginava che la sua collezione **avrebbe rappresentato** per i posteri una testimonianza importantissima dell'arte rinascimentale.

Adattato da isabelladeste.webanc.edu

1. i congiurati furono giustiziati e, con una serie di giochi diplomatici, sconfisse i Pazzi e isolò il loro potente sostenitore, lo Stato Pontificio.
2. gestì con grande abilità lo stato mantovano e mostrò grandi doti diplomatiche, politiche e amministrative.
3. incarna l'ideale di principe rinascimentale illuminato, "il Magnifico", appunto.
4. Come documentano le sue lettere, impiegò decenni a mettere insieme una collezione singolare di opere d'arte, di libri e di oggetti di antiquariato e a progettare il luogo in cui esibirla:
5. con questo matrimonio i Medici entrarono a far parte dell'aristocrazia italiana.

C. Abbina i verbi alla definizione corrispondente. Aiutati osservandoli in contesto nelle biografie.

commissionare   prendere le redini
consolidare   sfuggire   coltivare

.... : rinforzare, rendere stabile.

.... : riuscire ad evitare qualcosa o qualcuno.

.... : incaricare un lavoro.

.... : assumere il controllo di una situazione.

.... : dedicarsi a un interesse

D. Rileggi le biografie: quali aspetti ed eventi delle vite di Lorenzo e Isabella ti sembrano più rilevanti? Sottolineali o annotali e poi parlane con un compagno.

E. Osserva le espressioni evidenziate in azzurro nelle biografie, che funzione hanno? Lavora con un compagno.

gli indicatori temporali ▶ p. 130

F. Osserva le frasi evidenziate in giallo al punto B. In grassetto compare un tempo verbale nuovo: il condizionale composto. Rileggi le frasi e completa il quadro. Poi, osserva l'uso dei tempi verbali.

il condizionale composto ▶ p. 130

azione anteriore	azione posteriore
▶ Lorenzo progettò	▶ quello che sarebbe diventato il suo più grande capolavoro politico
▶ Difficile prevedere	▶ che la giovanissima Isabella sarebbe diventata un'icona di stile rinascimentale
▶	▶ ....
▶	▶ ....

G. Completa le frasi come nel modello. Lavora con un compagno.

1. Quando Cristoforo Colombo partì per il suo viaggio, non sapeva che *avrebbe scoperto l'America*.

2. Quando Maria Antonietta sposò Luigi XVI, non pensava che ....

3. Quando l'uomo preistorico inventò la ruota, non poteva immaginare che ....

4. Quando Napoleone cominciò la Campagna di Russia, non credeva che ....

H. Pensa a un personaggio storico famoso, fai una breve ricerca e trova un aneddoto curioso da raccontare. Non dire di chi si tratta: i tuoi compagni devono indovinare.

I. Cosa sai delle corti rinascimentali italiane? Condividi le informazioni con un compagno. Poi ascolta la conversazione e indica quali delle seguenti affermazioni sono presenti.

- [ ] Nelle corti rinascimentali c'erano sempre feste e musica.
- [ ] Isabella si fece consigliare i migliori pittori del momento da Lorenzo de' Medici.
- [ ] Isabella voleva decorare il suo Studiolo con scene mitologiche.
- [ ] Molti artisti rifiutarono la proposta di lavorare allo Studiolo di Isabella.
- [ ] I profumi di Isabella erano i più venduti nelle corti europee.

▲ *Isabella d'Este nel regno di Armonia di Lorenzo C. il Vecchio*

CI UNA VITA INTERESSANTE

Scrivi la biografia di un personaggio storico che ti piace. Seleziona gli eventi e gli aneddoti più interessanti. Aggiungi delle immagini per illustrare.

centoventisette **127**

3. Poema cavalleresco

4. L'Orlando Furioso

A. Hai mai sentito parlare di poema cavalleresco? Osserva lo stile del documento al punto B: che tipo di storia ti aspetti? Parlane con un compagno. Poi leggete la definizione per verificare.

> **Poema cavalleresco** Genere epico che narra o canta le imprese di cavalieri del Medioevo.

B. Leggi la trama dell'Orlando Furioso, famoso poema cavalleresco di Ludovico Ariosto. Poi, indica quali delle seguenti affermazioni sono vere o false e correggi quelle false.

IL POEMA
la cui prima edizione è del 1516, ruota intorno a tre tematiche principali

La Guerra religiosa tra i Franchi (cristiani), guidati da Carlo Magno, e i Mori (musulmani), capeggiati dal re africano Agramante. I grandi guerrieri in campo sono: i mori Agramante, Gradasso e Sobrino e i cristiani Orlando, Brandimarte e Oliviero. Dopo un'iniziale vittoria dei Mori in Francia, l'esercito cristiano riesce a respingere gli invasori, entrati in Europa dalla Spagna. Nella battaglia sull'isola di Lampedusa, Orlando sconfigge i nemici e assicura la vittoria al re Carlo Magno.

L'amore e la follia di Orlando, che in varie occasioni, condizionano l'andamento delle battaglie. Il paladino Orlando, come molti altri personaggi dell'opera, è innamorato di Angelica, bellissima principessa del Catai. Carlo Magno la promette in sposa al guerriero che si dimostrerà più valoroso in battaglia. Angelica, però, prima che finisca la guerra, si innamora di Medoro, guerriero moro. Quando Orlando scopre l'amore tra Angelica e Medoro impazzisce e, accecato dalla gelosia, abbandona l'esercito. Orlando, però, è fondamentale per l'esito della guerra. Quindi il guerriero Astolfo, con il suo cavallo alato (l'ippogrifo), va sulla Luna per recuperare il senno di Orlando. Grazie all'impresa di Astolfo, Orlando riprende il senno e rientra in guerra.

L'amore contrastato tra il guerriero musulmano Ruggero e la guerriera cristiana Bradamante. Inutilmente il mago Atlante tenterà con la magia di separarli. Prima di poter stare insieme, i due giovani devono superare molti ostacoli. Finalmente, nell'ultimo canto del poema, Ruggero si converte al cristianesimo e sposa Bradamante. I due personaggi rappresentano i capostipiti della famiglia d'Este.

	V	F
1. Orlando per pazzia si rifugia sulla Luna.	☐	☐
2. Ruggero per amore cambia religione.	☐	☐
3. La battaglia finale tra cristiani e musulmani si svolge in Francia.	☐	☐
4. Angelica è innamorata di Orlando.	☐	☐
5. Grazie all'intervento di Astolfo, Orlando riesce a sconfiggere i mori.	☐	☐

C. Osserva le seguenti parole in contesto: riesci a capirne il significato? Poi consulta il dizionario.

- battaglia: ....
- paladino: ....
- impazzire: ....
- senno: ....
- capostipite: ....

D. Cosa ti incuriosisce di più della trama dell'Orlando Furioso? I personaggi ti sembrano interessanti? Prova a definire storia e protagonisti aiutandoti con i seguenti aggettivi. Lavora con un compagno.

▶ **La storia è:** avvincente, complicata, divertente, noiosa, confusa, antica, ...

▶ **I personaggi sono:** eroici, innamorati, appassionati, coraggiosi, crudeli, ridicoli, ...

- *Secondo me la storia è divertente/avvincente..., ma un po' confusa/antica...*
- *A me sembra noiosa/complicata... I personaggi sono coraggiosi/eroici...*

E. Osserva le due frasi evidenziate nel testo al punto B e completa la regola d'uso.

prima che / di ▶ p. 130
prima che + **verbo all'infinito / verbo al congiuntivo**
prima di + **verbo all'infinito / verbo al congiuntivo**

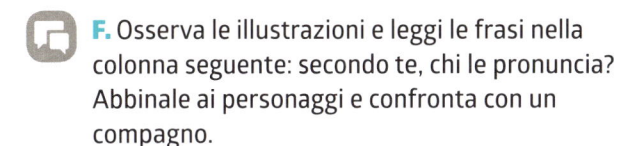

F. Osserva le illustrazioni e leggi le frasi nella colonna seguente: secondo te, chi le pronuncia? Abbinale ai personaggi e confronta con un compagno.

▲ *Angelica*

▲ *Orlando*

▲ *Agramante*

▲ *Bradamante*

☐ *"Ho perso la testa per te!"*

☐ *"Orlando è ossessionato con me, non ne posso più!"*

☐ *"Voglio stare per sempre con il mio amato Ruggero".*

☐ *"Diventerai cristiano per me?"*

☐ *"Non potrai vincere contro di me, io sono il guerriero migliore!"*

G. Osserva la trasformazione delle frasi dal discorso diretto a quello indiretto. Quali dei seguenti cambiamenti si realizzano?

1. il soggetto
2. i pronomi
3. i possessivi

il discorso indiretto ▶ p. 130		
DISCORSO DIRETTO	**DISCORSO INDIRETTO**	**CAMBIAMENTI**
"Ho perso la testa per te!"	Orlando dice che ha perso la testa per lei.	
"Orlando è ossessionato da me, non ne posso più!"	Angelica dice che Orlando è ossessionato da lei, non ne può più.	
"Voglio stare per sempre con il mio amato Ruggero."	Bradamante dice che vuole stare per sempre con il suo amato Ruggero.	

H. A coppie, trasformate le due frasi rimanenti al discorso indiretto. Poi inventate due frasi e fate indovinare ai compagni quali personaggi le dicono.

▶ *"Diventerai cristiano per me?"* ....

▶ *"Non potrai vincere contro di me, io sono il guerriero migliore!"* ....

CI **PERSONAGGIO MISTERIOSO**
Scegli un personaggio dell'Orlando Furioso e presentalo: indica le caratteristiche principali, il ruolo nella storia e inventa due frasi che si addicono al personaggio. Non dire chi è, i compagni devono indovinare.

Grammatica

IL PASSATO REMOTO

Usiamo questo tempo verbale per presentare un fatto come un processo terminato in un momento nel passato. Diciamo quindi che il fatto è cominciato, si è sviluppato ed è terminato fuori dallo spazio attuale in cui ci troviamo, lontano dal presente. Il passato remoto è il tempo della narrazione storica: lo usiamo nei testi di storia e di letteratura, nelle favole e nelle leggende, nelle biografie. Il suo uso è normalizzato nella lingua scritta e formale, ma nella lingua parlata ci sono differenze a seconda della zona: è molto usato in Toscana e nel Sud, mentre nel resto d'Italia si preferisce usare il passato prossimo anche per fatti lontani dallo spazio attuale.

PARLARE	CREDERE	SENTIRE
parl**ai**	cred**etti** /**-ei**	sent**ii**
parl**asti**	cred**esti**	sent**isti**
parl**ò**	cred**ette** /**-é**	sent**ì**
parl**ammo**	cred**emmo**	sent**immo**
parl**aste**	cred**este**	sent**iste**
parl**arono**	cred**ettero** /**-erono**	sent**irono**

ALCUNI VERBI IRREGOLARI

ESSERE	AVERE	STARE
fui	ebbi	stetti
fosti	avesti	stesti
fu	ebbe	stette
fummo	avemmo	stemmo
foste	aveste	steste
furono	ebbero	stettero

fare: feci, facesti, fece, facemmo, faceste, fecero
dire: dissi, dicesti, disse, dicemmo, diceste, dissero
chiedere: chiesi, chiedesti, chiese, chiedemmo, chiedeste, chiesero
nascere: nacqui, nascesti, nacque, nascemmo, nasceste, nacquero
vincere: vinsi, vincesti, vinse, vincemmo, vinceste, vinsero
vivere: vissi, vivesti, visse, vivemmo, viveste, vissero

GLI INDICATORI TEMPORALI

Per collocare gli eventi nel tempo, possiamo usare espressioni come **pochi mesi dopo**, **in breve tempo**, **durante**, **il giorno dopo**, ecc.
Il giorno dopo morì misteriosamente.
Durante il Rinascimento ci furono tanti grandi artisti.

Con date, epoche e secoli usiamo articoli e preposizioni articolate.
Il 17 marzo 1861 fu proclamata l'Unità d'Italia.
Nel V secolo d.C. cadde l'Impero Romano.

IL CONDIZIONALE COMPOSTO

Si forma con il condizionale semplice dell'ausiliare **essere** o **avere** + il participio passato.

AUSILIARE	+	PARTICIPIO PASSATO
sarei		
saresti		
sarebbe	+	andato/a
saremmo		
sareste		
sarebbero		
avrei		
avresti		
avrebbe	+	visto
avremmo		
avreste		
avrebbero		

Usiamo il condizionale composto per esprimere un'azione posteriore rispetto a un'altra azione situata nel passato.
*Quando Einstein pubblicò la teoria della relatività non sapeva che **avrebbe ricevuto** il premio Nobel per la fisica.*

IL DISCORSO INDIRETTO

Riporta indirettamente le parole pronunciate da uno o più parlanti. È generalmente introdotto da verbi come **dire**, **domandare**, **affermare**, **rispondere**, **chiedere**, ecc.
Astolfo dice / ha detto che va sulla luna.
Quando passiamo dal discorso diretto al discorso indiretto, bisogna cambiare alcuni elementi:
▶ soggetto
"Vado sulla luna." [1ª persona] → Dice / ha detto che va sulla luna. [3ª persona]
▶ pronomi
"Mi sono innamorato di Bradamante!" → Dice / ha detto che si è innamorato di Bradamante.
▶ possessivi
"Il mio esercito è il più forte!" → Dice / ha detto che il suo esercito è il più forte.

PRIMA DI / PRIMA CHE

Se il soggetto della frase principale e della secondaria è lo stesso, usiamo **prima di** + infinito. Se il soggetto è diverso usiamo **prima che** + congiuntivo.
Prima di innamorarsi di Angelica, Orlando era il miglior guerriero.
Orlando deve recuperare il senno prima che la guerra finisca.

7

1. Sottolinea e annota in basso i verbi al passato remoto. Poi scrivi l'infinito corrispondente.

All'inizio del Quattrocento nacque in Italia un movimento artistico e intellettuale che cambiò profondamente la cultura dell'epoca e che prese il nome di Rinascimento. Il termine esprimeva l'esigenza di fare "rinascere" le arti e la cultura del mondo classico: gli intellettuali e gli artisti rinascimentali consideravano, infatti, l'arte e la letteratura greca e romana come un modello da imitare. Il Rinascimento esaltò l'uomo anche nei suoi aspetti terreni e cercò di rendere l'agire umano più autonomo rispetto alle norme della religione. Il rinnovamento interessò tutti i campi: dalla pittura all'architettura, dalle scienze alle tecniche, dalla politica all'educazione.

Adattato da Dossier Scuola Media di Sabatucci e Vidotto

passato remoto	infinito
....	....
....	....
....	....
....	....
....	....

2. Completa il testo con i seguenti verbi coniugati al passato remoto o all'imperfetto. Se hai dubbi sulla coniugazione al passato remoto, consulta il dizionario.

trasferirsi   nascere   commissionare   avere (x4)

realizzare   morire   entrare   dipingere

Michelangelo Merisi, detto Caravaggio, ... a Milano il 29 settembre 1571. Per il talento dimostrato nelle arti figurative, ... nella bottega del pittore Simone Peterzano, quando .... solo 13 anni. In seguito, Caravaggio .... prima a Venezia e poi a Roma, dove alcuni nobili gli .... dei quadri che rappresentavano nature morte. In questo periodo, Caravaggio .... ritratti di giovani accompagnati da cesti di frutta e oggetti di vetro. Oltre a possedere un gran talento, l'artista .... una personalità complessa e tumultuosa e .... uno stile di vita bohemien. .... anche gravi problemi con la giustizia per un omicidio. Ad ogni modo .... opere d'arte di inestimabile valore. Caravaggio .... il 18 agosto del 1610.

3. Trasforma le frasi al passato.

a. Caterina Sforza non sa che la chiameranno leonessa di Romagna. → *Caterina Sforza non sapeva che l'avrebbero chiamata leonessa di Romagna.*

b. Isabella d'Este sa che l'arte dà importanza alla vita di Mantova.
→ ....

c. Isabella d'Este è certa che l'arte farà conoscere Mantova nel mondo.
→ ....

d. Orlando non sa che Angelica si innamorerà di Medoro.
→ ....

e. Ruggero non prevede che il mago Atlante proverà a separarlo dalla sua amata.
→ ....

4. Trasforma le citazioni al discorso indiretto.

a. Isabella d'Este: "La mia corte è la più bella." → *Isabella d'Este dice/ha detto che la sua corte è la più bella.*

b. Orlando: "Non puoi amare un altro!"
→ ....

c. Angelica: "Tutti si innamorano di me." → ....

d. Bradamante: "Nessuno ci può separare!" → ....

e. Ruggero: "Il mio amore per te è più forte di Atlante." → ....

f. Lorenzo de' Medici: "Ho sconfitto i Pazzi, Firenze è mia." → ....

5. Completa le frasi con prima di o prima che.

1. Il mago Atlante fa un incantesimo a Bradamante .... arrivi Ruggero.
2. .... entrare in guerra, Mussolini trasformò lo stato in senso totalitario.
3. L'Italia è stata una monarchia .... diventare una Repubblica.
4. Angelica deve scappare con Medoro .... Orlando li scopra.

Parole

Il lessico della storia

1. Scrivi i verbi da cui derivano questi nomi. Consulta il dizionario.

a. unificazione → *unificare*
b. invasione → *invadere*
c. annessione → ....
d. proclamazione → ....
e. liberazione → ....
f. spedizione → ....
g. trasformazione → ....
h. modernizzazione → ....

2. Abbina gli elementi per formare delle frasi.

a. La spedizione dei Mille portò
b. Dopo la seconda guerra mondiale,
c. Molte vite furono sacrificate per
d. Con l'aumento del prezzo del pane
e. Nel 1861, durante l'incontro tra il Re e Garibaldi,

1. ci furono molte agitazioni popolari.
2. ci fu una progressiva modernizzazione grazie al boom economico.
3. la liberazione del Paese.
4. all'unificazione d'Italia.
5. ci fu la proclamazione del Regno d'Italia.

3. Completa le frasi con le seguenti parole.

monarchia | partito | stato | repubblica | referendum

a. L'Italia è una .... fondata sul lavoro.
b. Nel 1861 ci fu l'unificazione dell'Italia sotto la .... dei Savoia.
c. Per iscriverti al .... devi condividere a pieno la nostra ideologia.
d. Gli italiani scelsero con un .... tra monarchia e repubblica.
e. Il territorio dello .... si estese con l'annessione di Trieste.

4. Combina le tessere per formare delle espressioni.

sistema | rivoluzionario
moto | armata
lotta | nazionali
confini | politico

5. Completa con le seguenti preposizioni o espressioni di tempo.

nel (x2) | pochi mesi dopo | durante | dal | il (x2) | al

a. .... 1861 è un anno indimenticabile per l'Italia.
b. L'Italia entrò in guerra .... maggio del 1915.
c. Il Rinascimento si sviluppa a Firenze .... XIV .... XVI secolo. .... questo periodo, furono creati grandi capolavori.
d. .... 1864 la capitale è spostata da Torino a Firenze. .... la città viene rivitalizzata.
e. .... 1º gennaio 1948 entra in vigore la Costituzione democratica.

Il lessico delle biografie

6. Scrivi il verbo che corrisponde al sostantivo.

a. nascita → *nascere*
b. matrimonio → *sposarsi*
c. vita → ....
d. crescita → ....
e. educazione → ....
f. morte → ....

7. Completa la lista di combinazioni.

prendere › le redini
commissionare › un'opera
coltivare › una passione
intrattenere › relazioni
consolidare › il potere
governare › democraticamente
circondarsi › di artisti
gestire › con abilità

Il lessico della narrazione

8. Associa le parole ai sinonimi corrispondenti.

a. senno
b. paladino
c. battaglia
d. sorte
e. follia
f. guerriero

1. difensore
2. ragione
3. combattente
4. pazzia
5. destino
6. combattimento

9. Completa la lista di combinazioni.

storia → avvincente
personaggio → eroico
evento → storico

Il segnale discorsivo *addirittura*

10. Leggi le frasi e indica la funzione di **addirittura**. Poi traducile nella tua lingua: a cosa corrisponde **addirittura**? Poi ascolta la registrazione e fai attenzione all'intonazione

1. Si usa per sottolineare qualcosa di straordinario.
2. Si usa per esprimere meraviglia.

a.
• Secondo me l'*Orlando furioso* è un poema noioso e scontato.
○ **Addirittura**! Certo che non capisci niente di letteratura! ....
= ....

b.
Ruggero era così innamorato che decise **addirittura** di convertirsi al cristianesimo pur di sposare Bradamante. ....
= ....

c.
Ero così stanco che mi sono dimenticato **addirittura** di chiudere la porta a chiave. ....
= ....

d.
• Lorenzo il Magnifico era uno degli uomini più importanti del Rinascimento, infatti Machiavelli lo definì "l'ago della bilancia tra i principi italiani".
○ **Addirittura**? Pensavo che la su importanza fosse limitata alla città di Firenze. ....
= ....

Suoni 7

1. Ascolta la registrazione e indica se senti il suono palatale [ʃ] o il suono sibilante [ss].

	[ʃ]	[ss]
a		
b		
c		
d		
e		
f		
g		
h		

2. Ascolta le frasi e ripetile facendo attenzione a quali parole si legano tra loro. Sottolinea come nell'esempio.

a. Le Signorie furono la culla del Rinascimento.
b. Creò una delle corti più colte e raffinate del suo tempo.
c. Quando Orlando scopre l'amore tra Angelica e Medoro, impazzisce.
d. I pupi hanno una struttura in legno, sono vestiti di stoffe preziose e ricoperti di armature
e. Il mago Atlante tenta di separare con la magia Ruggero e Bradamante.

3. Leggi ad alta voce le seguenti frasi: che intonazione dai a **addirittura**? Verifica con la registrazione.

a. Orlando è così innamorato che perde **addirittura** il senno.
b. • Orlando impazzisce d'amore e perde il senno.
○ **Addirittura**!
c. • Isabella d'Este si dedicava **addirittura** alla produzione di profumi.
○ Ai profumi **addirittura**?!

centotrentatré **133**

Salotto culturale

STORIE DI PUPI E PUPARI

Il teatro di marionette conosciuto come Opera dei Pupi nacque in Sicilia all'inizio del 19° secolo e diventò rapidamente una forma d'intrattenimento quotidiana per i siciliani. Una sera dopo l'altra, ci si raccoglieva nei teatrini per seguire le vicende di paladini, cavalieri eroici, maghi crudeli e principesse, parteggiando per l'uno o per l'altro, emozionandosi per loro. Infatti, le storie raccontate si basavano sulla letteratura cavalleresca medievale, sui poemi italiani del Rinascimento, sulle vite dei santi e sui racconti di banditi.

I pupi (dal latino *pupus*, bambinello) hanno una struttura in legno, decorata e dipinta, sono vestiti di stoffe preziose e pesanti armature. Il puparo muove le marionette attraverso aste di metallo sottili. Ma chi è il puparo? Un tempo era fabbro, falegname, pittore, sarto e cantastorie. Il puparo conosceva tutto del suo pupo e del personaggio che rappresentava. Recitava centinaia e centinaia di versi a memoria, lasciando spazio anche all'improvvisazione. Quest'arte passava di puparo in puparo oralmente. Oggi, nella maggior parte dei casi, dietro a queste figure straordinarie c'è un mondo di artigiani e di artisti che sono sostenuti da enti di salvaguardia del patrimonio culturale. Le principali scuole di pupi siciliani sono quelle di Palermo e Catania, spesso condotte a livello familiare e le cui marionette sono costruite e dipinte con metodi tradizionali. Ogni famiglia di pupari ha le proprie tradizioni, le proprie tecniche per manovrare i pupi (che sono di dimensioni molto diverse da una zona all'altra della Sicilia), i propri scenari dipinti a mano e religiosamente custoditi e tramandati.

7

L'Opera dei Pupi

A. Hai mai sentito parlare dell'Opera dei Pupi? Osserva l'immagine: secondo te, che cosa potrebbe essere? Parlane con un compagno.

B. Leggi l'articolo e prova a tradurre le seguenti parole. Puoi aiutarti con il dizionario.

marionetta	= ....
intrattenimento	= ....
armatura	= ....
improvvisazione	= ....
scenario	= ....

C. Rileggi l'articolo e rispondi alle domande. Poi verifica con un compagno.

1. Che cos'è l'Opera dei Pupi?
   ....
2. Quali personaggi sono rappresentati dai pupi?
   ....
3. Chi sono i pupari?
   ....
4. Che valore ha oggi l'Opera dei Pupi?
   ....

D. Leggi le domande che un giornalista ha fatto a un esperto di pupi. Poi, ascolta le risposte e indica in quale ordine devono essere fatte le domande.

- ☐ In che modo la messa in scena e le storie si sono adattate al nuovo pubblico?
- ☐ L'Opera dei Pupi siciliana ha vissuto fasi alterne tra splendore, crisi e rinascita. Quali sono le caratteristiche che permettono la sopravvivenza di questa arte?
- ☐ Come si prepara uno spettacolo?
- ☐ Qual è il legame tra pupo e puparo?

E. Pensa alla tradizione teatrale popolare nel tuo Paese: esiste qualcosa di simile? Parlane con i compagni.

Fondamentale per la sopravvivenza dell'Opera dei Pupi è stato il riconoscimento dell'UNESCO, che nel 2001 l'ha inserita tra i Patrimoni Orali e Immateriali dell'Umanità e nel 2008 in un elenco che comprende antiche tradizioni di valore unico per la cultura e la storia di un luogo.

Oggi, sono molti i teatri siciliani in cui assistere a spettacoli di pupi. Spesso tematiche moderne si mescolano a quelle tradizionali: dal femminicidio all'emigrazione alle rappresentazioni religiose e fiabesche. Nuovi repertori per una antica forma d'arte teatrale che dà sempre emozioni a spettatori e pupari perché i pupi sono "creature vive", con una storia da raccontare.

Adattato da I pupi siciliani, una tradizione secolare patrimonio Unesco, terreditalia.com

Compiti finali

Scrivere un poema a più mani

A. A gruppi, scegliete quale storia volete raccontare e concordate gli elementi fondamentali: protagonisti, caratteristiche principali, luogo ed epoca dell'ambientazione ed eventi principali.

B. Suddividetevi in sottogruppi, ciascun sottogruppo scrive una parte della storia:
- situazione iniziale
- svolgimento
- conclusione

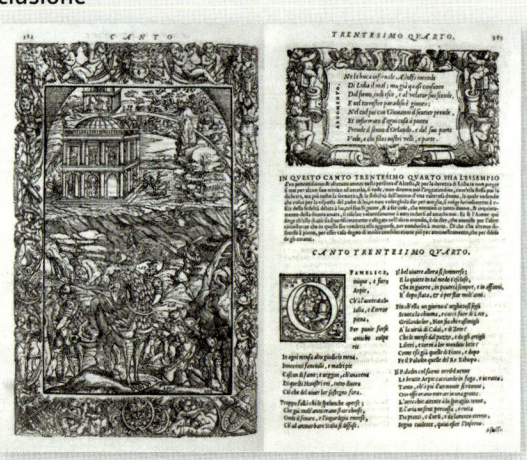

C. Unite i testi in un'unica narrazione e preparatevi per la messa in scena: decidete chi interpreta il narratore e chi i personaggi. Fate delle prove.

D. Qual è il poema più originale? Quale gruppo ha drammatizzato meglio il poema?

STRATEGIE PER LAVORARE

Nella prima fase di lavoro, stabilite registro e tempo della narrazione. In questo modo i vari testi prodotti dai sottogruppi saranno coerenti.

Girate un video della vostra messa in scena e caricatelo su Youtube, sul canale della classe.

Scrivere la cronistoria di un'epoca importante del proprio Paese

A. Scegli un'epoca interessante della storia del tuo Paese: decidi quali fatti e personaggi vuoi citare. Fai una scaletta in ordine cronologico.

B. Fai una ricerca per raccogliere le informazioni necessarie.

C. Scrivi la cronistoria riassumendo brevemente i fatti. Puoi arricchirla con immagini e documenti.

D. Presenta ai compagni la tua cronistoria e rispondi a eventuali domande.

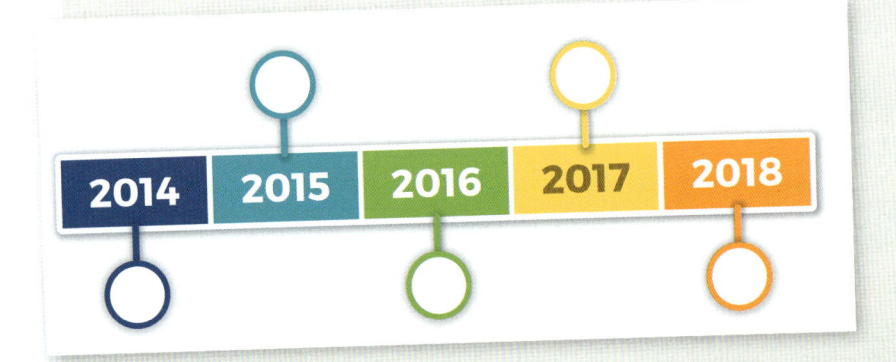

STRATEGIE PER LAVORARE

L'abilità di sintesi è molto importante: seleziona le informazioni essenziali.

Puoi usare uno strumento come Prezi per animare la tua cronistoria.

Bilancio 7

Com'è andato il compito?

A. Fai un'autovalutazione delle tue competenze.

	😄	😊	😕	😢
raccontare la vita di un personaggio storico				
descrivere fatti in successione cronologica				
raccontare e riassumere una storia				

B. Durante la realizzazione dei compiti hai incontrato qualche difficoltà? Quale/i? Cosa hai imparato di nuovo? Cosa ti è piaciuto di più dei compiti?

😄	😢

C. Valuta il compito dei tuoi compagni e poi parlane con loro.

	😄	😊	😕	😢
La presentazione è chiara.				
Hanno utilizzato i contenuti dell'unità.				
Il lessico utilizzato è adeguato.				
È originale e interessante.				
La pronuncia è chiara e l'intonazione corretta.				

8 In giro per il mondo

CF **COMPITI FINALI**
- Organizzare un itinerario in Italia
- Descrivere un sito d'interesse

CI **COMPITI INTERMEDI**
- Descrivere e commentare un alloggio insolito
- Fare il programma di una giornata di vacanza
- Presentare un parco artistico

1. Il viaggio in parole

A. Osserva la fotografia: che cosa associ a questa immagine? Aiutati con la nuvola di parole e confronta con un compagno.

B. Leggi le parole della nuvola: quali aggettivi puoi usare per descrivere un luogo e quali un'esperienza?

luogo	esperienza

C. Confronta le tue liste con quelle di un compagno e aggiungete altri aggettivi, verbi, espressioni, se volete.

D. Se vuoi, alla fine dell'unità fai una proposta alternativa per questa doppia pagina: scegli una o più immagini e crea una nuova nuvola di parole.

▲ *Riserva naturale dello Stagnone (Marsala - Trapani)*

1. Esperienze insolite

2. Alloggi particolari

A. Hai mai dormito in uno di questi alloggi? Quale ti sembra più particolare? Parlane con un compagno.

☐ faro ☐ castello ☐ grotta ☐ capanna ☐ tenda tipi ☐ tenda iurta

B. Osserva le immagini e i titoli delle quattro tipologie di alloggi proposte nell'articolo: a quale alloggio si riferiscono le seguenti frasi? Parlane con un compagno. Poi leggi l'articolo per verificare.

a. Durante il soggiorno si è accolti dalla cortesia e gentilezza della gente del luogo.
b. C'è una sauna a disposizione degli ospiti.
c. Può essere arredato in modo lussuoso, ma originariamente è semplice.
d. È particolarmente indicato per disintossicarsi da computer e smartphone.
e. È ideale per connettere con il paesaggio e la natura.

CURIOSITÀ

Video Bellezza Benessere Lifestyle Fashion
Topic: Lavoro Sport Musica Dieta Viaggi Fitness...

BENESSERE SPA E TRATTAMENTI

UNA NOTTE DA SOGNO

Dimenticate le solite camere d'albergo con colazione continentale inclusa: è tempo di vivere un'esperienza unica. Ecco alcuni alloggi insoliti e indimenticabili!

Casa sull'albero

Da bambini sognavate una casa sull'albero? Adesso avete molte opzioni, dalla Valle d'Aosta alla Toscana: la casetta molto semplice e senza bagno, quella ecosostenibile, quella lussuosa dotata di tutti i comfort. Come in una vera fiaba, ci si addormenta sui rami di una grande quercia, ci si rilassa tra i suoni naturali del bosco e ci si risveglia tra scoiattoli e uccelli. Un consiglio: sceglietene una con terrazzo per fare colazione tra i rami dell'albero ammirando il paesaggio.

Iglù

Vi piacerebbe godere del silenzio della montagna e dormire in una casa di ghiaccio? Vi serve un iglù! Durante la stagione invernale, sulle Alpi italiane, si dorme su un letto di ghiaccio (in un sacco a pelo). E non ci si deve preoccupare troppo del freddo perché la temperatura all'interno dell'iglù non scende mai sotto lo zero. Inoltre, per i più esigenti, ci si rilassa e ci si scalda con servizi come sauna e bagni di vapore.

Trullo

Cercate angolini suggestivi e autentici? I trulli fanno per voi. Tipici della Puglia Centro-meridionale, sono costruzioni contadine in pietra del XVII secolo. Le località più richieste? Le Murge, dove ci si gode un meraviglioso paesaggio con olivi secolari e fichi d'india. E Alberobello, capitale dei trulli e Patrimonio dell'Umanità dell'UNESCO, dove ci si immerge in un ambiente magico. In ogni caso non manca l'occasione di apprezzare l'ospitalità e le specialità pugliesi.

Monastero

Luoghi d'isolamento dal mondo, i monasteri offrono la possibilità di ritrovare sé stessi o, più semplicemente, di dormire lontani da tutto e tutti. Insomma, ci si disintossica dal mondo digitale e si assaporano i prodotti biologici dei monaci. Spesso tranquillità e pasti genuini sono combinati con attività di meditazione. Di solito si tratta di strutture molto semplici, ma si possono trovare anche antiche strutture adeguate ai gusti degli amanti del lusso.

C. Per ogni alloggio presentato nell'articolo, annota una caratteristica che ti piace e una che non ti piace. Poi confrontale con quelle di un compagno e parlate delle vostre preferenze. In quale di questi alloggi dormireste?

○ *Dell'iglù mi piace il silenzio tipico della montagna, però non mi piace il freddo!* Ecco*, preferirei dormire nella casa sull'albero...*

D. Osserva le forme impersonali evidenziate al punto B e scrivi l'infinito del verbo. Noti qualcosa di particolare? Lavora con un compagno.

la forma impersonale ▶ p. 146

ci si addormenta	→	addormentarsi
ci si rilassa	→	rilassarsi
....	→	....
....	→	....
....	→	....
....	→	....
....	→	....
....	→	....

E. Leggi le recensioni di alcuni viaggiatori: in quale alloggio descritto nell'articolo hanno soggiornato?

1 .... ●●●●● Recensito il 30 ottobre
Esperienza da fare assolutamente! Sono entrata in contatto con me stessa e con la mia spiritualità. Mi raccomando, rispettate le abitudini dei padroni di casa.

2 .... ●●●●○ Recensito il 26 maggio
Un'esperienza unica per chi vive in città, un'immersione nella natura... ci si svegliava con il canto degli uccelli! Nota negativa: gli insetti!

3 .... ●●●○○ Recensito il 6 febbraio
Esperienza indimenticabile, insolita, ma è un po' scomodo. Sconsigliato per chi soffre il freddo!

4 .... ●●●●○ Recensito il 19 agosto
Da ripetere! Il paese è davvero suggestivo. Peccato che in agosto sia affollato di turisti.

F. Rileggi le recensioni al punto E e sottolinea con due colori diversi i giudizi positivi e quelli negativi. Poi confronta con un compagno.

G. Secondo te che cosa cerca chi dorme in un faro? Fai delle ipotesi con un compagno e poi verifica con l'ascolto.

58

Cerca un posto...
☐ solitario e isolato
☐ lussuoso
☐ originale
☐ economico
☐ da sogno
☐ per rilassarsi
☐ per connettere con la natura
☐ ....

Cerca un'esperienza...
☐ indimenticabile
☐ unica e insolita
☐ emozionante
☐ da vivere almeno una volta
☐ da ripetere
☐ adatta a chi ama il lusso
☐ ideale per chi ama il mare
☐ ....

H. E tu, dormiresti nel faro descritto al punto G? Cosa ti attrae di più e di meno? Quali possono essere gli aspetti negativi? Parlane con i compagni.

I. Scrivi un breve testo per raccontare la tua vacanza in un alloggio particolare. Puoi basarti sulla tua esperienza oppure immaginare di aver dormito in un alloggio a tua scelta. Aiutati con i modelli al punto E e utilizza le espressioni evidenziate al punto G.

Dormire in una tenda tipi è un'esperienza insolita, da provare almeno una volta...

CI **DA NON PERDERE!**
Fai una ricerca e trova un alloggio veramente insolito. Cerca un'immagine e scrivi commenti e slogan. Qual è la proposta più particolare della classe?

2. Tappe imperdibili

3. Viaggiando per l'Italia

A. Quando fai un viaggio, ti piace preparare un itinerario, o preferisci improvvisare? Hai preferenze per il tipo di itinerario? Parlane con i compagni.

☐ geografico ☑ storico-artistico ☑ enogastronomico ☐ sportivo ☐ naturalistico ☐ ....

B. Leggi la proposta di un itinerario in Sicilia. Ti sembra interessante? Quale tappa ti attrae di più? Parlane con un compagno.

ALLA SCOPERTA DELLA PROVINCIA DI TRAPANI

Un mix di cultura, tradizioni e località balneari da scoprire lungo le tappe di questo itinerario.

PRIMO GIORNO
La prima meta del viaggio è Erice, borgo medievale sulla vetta di un monte da cui si gode un paesaggio meraviglioso. Fondato dai Troiani più di 2000 anni fa, il borgo è stato poi abitato e trasformato da Romani, Arabi, Normanni e Spagnoli. Nel pomeriggio visitate le Saline di Trapani, dove da secoli viene prodotto il sale marino. Particolarmente suggestivi sono i mulini a vento. Ideale anche per il birdwatching: l'area è un'oasi per uccelli migratori come fenicotteri e aironi.

SECONDO GIORNO
Escursione all'isola di Favignana. Prendete l'aliscafo o il traghetto da Trapani e andate alla scoperta di questo paradiso terrestre. Da non perdere l'ex Stabilimento Florio, uno degli esempi di archeologia industriale più prestigiosi della Sicilia. In questo luogo, in cui prima veniva lavorato il tonno, oggi dal Comune vengono organizzate video installazioni, mostre e visite guidate.

TERZO GIORNO
Giornata dedicata al trekking lungo la costa della Riserva dello Zingaro, una riserva naturale con una magnifica flora, tra cui 25 specie di orchidee selvatiche. Potete scegliere fra tre sentieri diversi, ma se desiderate farvi un bagno, allora vi consigliamo quello costiero: si estende per circa 7 chilometri e lungo il percorso incontrerete spiagge e cale incantevoli.

QUARTO GIORNO
L'ultima tappa è il Parco archeologico di Segesta. Immersi in un paesaggio da sogno, ammirerete un tempio e un teatro tra i più affascinanti della Magna Grecia. Dopo, a pochi chilometri, vi potrete rilassare alle Terme Segestane o nelle vicine (e gratuite) sorgenti di acqua calda sulfurea, ideali per fare piacevoli bagni.

TRAPANI PALERMO

SAN VITO LO CAPO
RISERVA DELLO ZINGARO
TRAPANI ERICE
LEVANZO
ISOLE EGADI SALINE
MARETTIMO
FAVIGNANA
SEGESTA

142 centoquarantadue

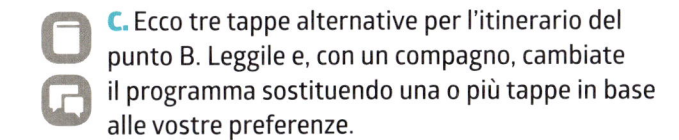

C. Ecco tre tappe alternative per l'itinerario del punto B. Leggile e, con un compagno, cambiate il programma sostituendo una o più tappe in base alle vostre preferenze.

5 TOUR DEL CIBO DI STRADA A TRAPANI
Nel centro storico, potrete percorrere itinerari per degustare le specialità del posto: il cuscus con pesce, le arancine, le panelle e così via.

6 MARE E SPORT A SAN VITO LO CAPO
La famosa località balneare con spiaggia bianca e mare cristallino è conosciuta dagli amanti degli sport acquatici per la grande offerta di attività sportive: vela, windsurf, corsi di immersione subacquea, ecc.

7 L'ISOLA DI MARETTIMO E LA NATURA INCONTAMINATA
Oltre a fare delle belle camminate sulla più selvaggia delle isole Egadi, si può fare un giro con la barca per visitare le numerose grotte marine e raggiungere cale inaccessibili.

D. Leggi le seguenti frasi e cerca le forme passive nei testi ai punti B e C. Poi completa la regola d'uso.

la costruzione passiva ▶ p. 146

I Romani hanno abitato e trasformato il borgo.	Il borgo è stato abitato e trasformato dai Romani.
Nelle Saline di Trapani producono il sale marino da secoli.	Nelle Saline di Trapani viene prodotto il sale marino da secoli.
In questo luogo prima lavoravano il tonno.	*veniva/era stato lavorato*
Il Comune organizza video installazioni.	*vengono/sono state organizzate dal Comune*
Gli amanti degli sport acquatici conoscono San Vito Lo Capo.	*San V. Lo Capo è/viene conosciuto dagli sport acquatici*

▶ La persona o la cosa che compie l'azione **è sempre indicata / non è sempre indicata**.

▶ La persona o la cosa che compie l'azione è introdotta dalla preposizione ....

E. Trasforma le seguenti frasi alla forma passiva, come nel modello.

1. Molti turisti praticano il birdwatching.
   → *Il birdwatching è praticato da molti turisti.*

2. I Troiani hanno fondato il borgo più di 2000 anni fa.
   → *Più di 2000 anni fa il borgo è fondato da i Troiani*

3. Il Comune organizza varie mostre sull'attività della pesca del tonno.
   → *Le varie mostre sull'attività della pesca del tonno è organizzato da il Comune*

4. Tutti apprezzano le specialità del posto.
   → *Le specialità del posto sono apprezzano da tutti*

5. Le Terme Segestane offrono molti trattamenti.
   → *Molti trattamenti sono offerto dalle Terme Segestane*

F. Fulvio parla con una collega delle sua vacanza in Sicilia. Ascolta la conversazione e indica se le seguenti affermazioni sono vere o false.

	V	F
1. Fulvio è arrivato a Trapani in aereo perché ha perso il traghetto.		
2. Invece di andare a Marettimo è andato a Favignana.		
3. A Favignana ha fatto diversi tipi di attività.		
4. Prima di andare al Parco dello Zingaro è passato per Erice.		
5. Alle saline di Trapani ha partecipato a un tour gastronomico.		
6. A Segesta è andato alle terme ma non ha visto il tempio.		

G. Ascolta ancora una volta il racconto del viaggio di Fulvio: quali proposte dell'itinerario al punto B ha seguito? Poi prendi nota delle attività svolte da Fulvio che ti sembrano più interessanti e confronta con i compagni.

IL MIO PROGRAMMA
Scegli uno dei luoghi indicati ai punti B e C, cerca ulteriori informazioni su Internet e prepara il programma per una giornata di vacanza. Infine presentalo ai compagni.

3. Tra arte e natura

4. Parchi artistici

A. Hai mai visitato un parco artistico? Ne conosci qualcuno in Italia? Parlane con un compagno.

B. Leggi i testi e trova le informazioni per completare la scheda nella pagina seguente.

PARCHI ARTISTICI

GIARDINO DEI TAROCCHI
CAPALBIO (GROSSETO)

A chi vuole perdersi in un mondo fantastico va consigliato il parco ideato e realizzato tra il 1978 e il 1998 da Niki de Saint Phalle, artista internazionale esponente della pop-art, con l'aiuto di altri artisti contemporanei. Su una collina della Maremma toscana, imponenti sculture in acciaio e cemento ricoperte di vetri, specchi e ceramiche dai colori forti e vivaci costituiscono una "città". Le coloratissime opere sono ispirate alle 22 figure degli arcani maggiori dei tarocchi, famose carte da gioco risalenti al Rinascimento. La scultura più rappresentativa è l'*Imperatrice*, che Niki ha utilizzato come propria abitazione durante la costruzione del parco; le stanze sono ricoperte da migliaia di frammenti di specchi veneziani.

PARCO DEI MOSTRI
BOMARZO (VITERBO)

Chiamato anche Sacro Bosco, il parco monumentale fatto costruire dal principe Orsini nella seconda metà del Cinquecento si estende per circa tre ettari di bosco. Al contrario degli altri giardini rinascimentali all'italiana, famosi per la propria geometria simmetrica, il Parco dei Mostri presenta una serie di irregolarità che lo rendono unico: sculture di mostri, animali esotici e mitologici, fontane e una casa pendente costruiti senza rispettare le regole della prospettiva e le proporzioni. Su molte opere sono incisi motti e indovinelli. Va sicuramente visto il simbolo del parco: l'*Orco*, una grande faccia a bocca aperta che nasconde al proprio interno un'ambiente in cui le voci risuonano amplificate e distorte, creando un effetto spaventoso. Alla realizzazione del parco ha partecipato l'architetto Pirro Logorio, allievo di Michelangelo.

LA FIUMARA D'ARTE
TUSA (MESSINA)

Nei pressi di Tusa, sulla costa tirrenica della Sicilia, si trova un parco che va assolutamente visitato: un vero e proprio museo all'aperto in cui l'arte si fonde nella natura. L'idea del parco artistico si deve ad Antonio Presti, imprenditore siciliano che a partire dagli anni Ottanta ha commissionato ad artisti internazionali la realizzazione di dodici sculture. Due delle sculture che non vanno perse sono la *Piramide al 38° parallelo*, un'imponente opera in acciaio, che sembra la continuazione della collina su cui sorge; e il *Monumento per un poeta morto*, una cornice in cemento armato posta sul lungomare che è stata ribattezzata *Finestra sul mare*. All'interno del parco scultoreo va visitato anche l'Atelier sul mare, un singolare museo-albergo con camere decorate da vari artisti.

8

	La Fiumara d'arte	Parco dei Mostri	Giardino dei Tarocchi
luogo	sulla costa fino al lungomare		
periodo di realizzazione		seconda metà del Cinquecento	
artista e/o ideatore	Ideato da Antonio Presti che ha commissionato le opere a 12 artisti internazionali		
caratteristiche distintive			le sculture rappresentano gli arcani dei tarocchi e sono coloratissime
opere principali			

C. Cerca il significato di questi aggettivi e verbi sul dizionario.

imponente	=	....
ricoprire	=	....
incidere	=	....
distorto	=	....
sorgere	=	....

D. Quale parco ti piacerebbe visitare? Parlane con un compagno.

E. Osserva le frasi estratte dal testo al punto B: presentano una nuova costruzione passiva. Trasformale secondo il modello.

> **la costruzione passiva** ▶ p. 146
>
> A chi vuole perdersi in un mondo fantastico va consigliato il parco ideato da Niki de Saint Phalle.
> → *A chi vuole perdersi in un mondo fantastico bisogna consigliare il parco ideato da Niki de Saint Phalle.*
>
> Va sicuramente visto il simbolo del parco.
> → *Bisogna vedere il simbolo del parco.*
>
> Due delle sculture che non vanno perse sono la *Piramide* e il *Monumento per un poeta morto*.
> → ....
>
> All'interno del parco scultoreo va visitato anche l'Atelier sul mare. → ....

F. Rileggi le frasi al punto E: cosa esprimono?
- ☐ obbligo, necessità
- ☐ possibilità, permesso

G. Rileggi le frasi al punto B in cui è stato evidenziato l'aggettivo **proprio**. Come lo tradurresti nella tua lingua?

H. Rispondi alle domande sul testo de La Fiumara d'arte. Poi verifica le tue risposte confrontandole con quelle di un compagno.

1. Perché è definito "museo all'aperto"?
2. Dove si trova la *Piramide*?
3. Dove si trova e come è stata ribattezzata la scultura *Monumento per un poeta morto*?
4. Cos'altro bisogna visitare nel parco?

I. A coppie, uno rilegge il testo del Parco dei Mostri e l'altro quello del Giardino dei Tarocchi. Poi, ognuno scrive quattro domande sul proprio testo. Il compagno risponde.

CI **PARCHI NEL MONDO**
Scegli un parco artistico che ti piace e scrivi una breve descrizione, scegliendo anche delle immagini. Condividi la tua presentazione con i compagni: quali sono i tre parchi più spettacolari?

centoquarantacinque **145**

Grammatica

LA FORMA IMPERSONALE DEI VERBI PRONOMINALI

La forma impersonale dei verbi riflessivi presenta una particolarità rispetto a quella degli altri verbi:

Ci si addormenta sui rami di una grande quercia.
[addorment**arsi**, verbo pronominale]
ci + **si** + verbo alla 3ª persona singolare

Si dorme su un letto di ghiaccio.
[dorm**ire**, verbo non pronominale]
si + verbo alla 3ª persona singolare

Se c'è un verbo modale la costruzione è **ci** + **si** + verbo modale alla 3ª persona singolare + infinito:
*Non **ci si deve preoccupare** troppo del freddo.*
[dovere + preoccup**arsi**]

LA COSTRUZIONE PASSIVA

Nelle frasi passive il soggetto non compie l'azione espressa dal verbo, ma la riceve. In questo tipo di frasi il verbo è sempre transitivo.
La costruzione passiva presenta sempre un **ausiliare** + il **participio passato**:

ESSERE + PARTICIPIO PASSATO

È la costruzione più diffusa. Il verbo **essere** è allo stesso tempo del verbo della frase attiva.

*Gli amanti degli sport acquatici **conoscono** San Vito lo Capo.* [forma attiva]
*San Vito lo Capo **è conosciuta** dagli amanti degli sport acquatici.* [forma passiva]

*I Romani **hanno abitato** il borgo.* [forma attiva]
*Il borgo **è stato abitato** dai Romani.* [forma passiva]

VENIRE + PARTICIPIO PASSATO

È un'alternativa alla costruzione con **essere**, ma **venire** è coniugato solo ai tempi semplici (presente, imperfetto, futuro, ecc.).

*In questo luogo, in cui prima **veniva lavorato** il tonno, oggi dal Comune **vengono organizzate** video installazioni e mostre.*

L'ausiliare **venire** si usa, di solito, per indicare un processo, l'ausiliare **essere** per indicare uno stato.

*L'itinerario **viene organizzato** dal nostro team di esperti.* [si sottolinea il processo di organizzazione]
*Il viaggio **è organizzato** molto bene.*

ANDARE + PARTICIPIO PASSATO

L'uso di **andare** al posto di **essere** aggiunge alla frase passiva un valore di obbligo, necessità.

*Le opere d'arte contemporanea del parco **vanno** assolutamente **viste**.* (= **bisogna vedere** queste opere)

*All'interno del parco scultoreo **va visitato** anche l'Atelier sul mare.* (= **bisogna visitare** anche l'Atelier)

LA PREPOSIZIONE DA

COMPLEMENTO D'AGENTE

Nelle frasi passive la preposizione **da** introduce la persona, l'animale o la cosa che compie l'azione.

*Il borgo è stato abitato **dai** Normanni.*
*Il carro viene spinto **da** cavalli.*
*Le pietre sono state scolpite **dal** vento.*

DA + INFINITO

Con questa costruzione diamo una sfumatura d'obbligo.
*Un'esperienza **da vivere**.* (= che bisogna vivere)

DA + NOME

Quando la preposizione **da** è seguita da un nome può assumere valore di aggettivo:
*una vacanza **da sogno** = una vacanza **meravigliosa come in un sogno***
*un posto **da favola** = un posto **fantastico come in una favola***

L'AGGETTIVO PROPRIO

Se l'aggettivo **proprio** è riferito ad un soggetto di 3ª persona singolare o plurale, può essere usato al posto dell'aggettivo possessivo **suo/a**, **loro**. **Proprio** è sempre accompagnato dall'articolo determinativo.

*L'Orco nasconde al **proprio** (= **suo**) interno un ambiente.*
*I giardini rinascimentali all'italiana sono famosi per **la propria** (= **loro**) geometria.*

Se si usa insieme ad un aggettivo possessivo, lo rafforza:
*Lui pensa solo al **suo proprio** interesse.*

Nell'espressione **vero e proprio**, rafforza l'aggettivo **vero** per sottolineare il significato del nome a cui è riferito.

*Si tratta di un **vero e proprio** museo all'aperto.*

8

1. Trasforma le seguenti frasi alla forma impersonale secondo il modello.

a. Tutti si devono iscrivere alla gita entro stasera. →
Ci si deve iscrivere alla gita entro stasera.

b. Gli italiani si godono il Ferragosto al mare o in montagna. → *In Italia ci si gode il Ferragosto al mare o in montagna.*

c. Nel monastero tutti si svegliano all'alba.
→ ....

d. Tutti vogliono rilassarsi in vacanza.
→ ....

e. Gli italiani si riposano spesso alle terme.
→ ....

f. Tutti si godono il paesaggio da sogno della riserva naturale.
→ ....

g. Tutti si aspettano il buon cibo quando vanno in Italia. → ....

2. Indica quale delle due frasi è alla forma passiva. Sottolinea il soggetto in ciascuna.

1. a. Una famosa catena alberghiera ha trasformato il castello in un B&B.
   b. Il castello è stato trasformato in un B&B da una famosa catena alberghiera.

2. a. Nel XVIII secolo i mulini a vento erano usati dai salinari per raccogliere il sale.
   b. Nel XVIII secolo i salinari usavano i mulini a vento per raccogliere il sale.

3. a. Molti turisti visitano Trapani ogni anno.
   b. Trapani è visitata da molti turisti ogni anno.

4. a. Alcuni visitatori hanno visto i fenicotteri.
   b. I fenicotteri sono stati visti da alcuni visitatori.

3. Scegli l'opzione di completamento corretta. In alcuni casi le due opzioni sono valide.

a. La Sicilia **è** / **va** stata abitata da molti popoli diversi.

b. Le statue del parco **vengono** / **sono** state distrutte dal terremoto.

c. Le attività pedagogiche **erano** / **venivano** organizzate dal museo. EITHER

d. Il nostro viaggio di nozze **va** / **è** organizzato dall'agenzia.

e. L'isola di Marettimo **è** / **viene** stata visitata da pochi turisti.

4. Trasforma le seguenti frasi attive in frasi passive.

a. Un gruppo di artisti ha ideato il parco. → *Il parco è stato ideato da un gruppo di artisti.*

b. Montecatini offre ottime cure termali.
→ Le ottime cure termali sono offerti da Montecatini

c. Tutti conoscono Pachino per i famosi pomodori.
→ I famosi pomodori di Pachino sono conosciuti da tutti

d. La guida propone degli itinerari gastronomici.
→ Gli itinerari gastronomici vengono / sono proposti da la guida

e. I Romani hanno costruito molti acquedotti.
→ Molti acquedotti sono stati construiti da i Romani

f. Il museo organizzerà un'esposizione sulla Pittura Metafisica.
→ Un'esposizione sulla Pittura Metafisica è fara organizzata dal museo

g. Nelle Saline di Trapani estraggono ancora il sale.
→ Il sale è viene ancora estraggato da nelle Saline di Trapani

5. Per ciascuna frase, indica la funzione della preposizione **da** (agente, obbligo, aggettivo).

Molti borghi del Centro Italia sono stati distrutti **dal** terremoto (............) . Erano posti **da** favola (............), avevano centri storici medievali **da** ammirare (............) . Si tratta di patrimonio importante **da** recuperare (............) e la ricostruzione dovrà essere fatta **dallo** Stato (............) . Adesso si trovano ancora in condizioni **da** vergogna (............) .

6. Quando è possibile, sostituisci **suo/a e loro** con **proprio/a/i/e**.

a. Invitiamo anche Paola e sua .... sorella?

b. Gianluca invita a pranzo i suoi .... genitori molto spesso.

c. Mila e Nico mandano i loro .... figli a una scuola Montessori.

d. Ieri sono uscita con Ennio e un suo .... collega.

e. Questo itinerario è adatto a Silvia e suo .... marito.

f. Rossella ha organizzato una grande festa a casa sua ....

centoquarantasette **147**

Parole

Parlare del viaggio, descrivere luoghi e siti

1. Scrivi aggettivi o espressioni per valutare un'esperienza e un alloggio di un viaggio.

esperienza	alloggio
da vivere...	lussuoso...

2. Completa le frasi con i seguenti aggettivi.

> lussuoso/a   suggestivo/a   costruito/a
> semplice   fondato/a   indimenticabile

a. Civita di Bagnoregio, la "città che muore", è su una collina di quasi 500 metri ed è veramente un borgo ....

b. La Magna Grecia è l'insieme di colonie .... dai Greci nell'Italia meridionale.

c. Il monastero in cui abbiamo alloggiato è molto .... , ma se ti piacciono le comodità, ce ne sono di .... , anche con piscina e Spa.

d. Questo ponte è stato .... dai Romani.

e. Dormire nel vecchio faro è stata davvero un'esperienza ....

3. Inserisci le seguenti preposizioni e poi completa le frasi sotto. Fai attenzione alle preposizioni articolate.

> in   di   a   per

all'interno ....   risale ....
a forma ....   ideale ....
adatto ....   immersa ....

a. La casa sull'albero è .... verde.
b. Il tempio .... II secolo a. C.
c. È una vacanza .... rilassarsi.
d. La sculture sono .... animali fantastici.
e. Non è un viaggio .... bambini.
f. Il castello è situato all' .... un parco.

Attrazioni del viaggio

4. Combina le tessere per indicare luoghi e attrazioni del viaggio.

alloggio	gastronomico/a
borgo	artistico/a
paesaggio	insolito/a
esperienza	medievale
mare	particolare
parco	guidato/a
visita	meraviglioso/a
itinerario	cristallino/a

5. Per ciascuna attività indica l'itinerario corrispondente: enogastronomico (EG), naturalistico (N), storico-artistico (SA), sportivo (S).

a. visita della riserva naturale ....
b. degustazione di prodotti tipici ....
c. visita dell'anfiteatro ....
d. passeggiata nel bosco ....
e. visita del pastificio ....
f. giro in bici dei laghi ....
g. concerto nella cattedrale ....
h. in kayak sul fiume ....
i. passeggiata sulle mura medievali ....
l. passeggiata nelle vigne ....

I verbi del viaggio

6. Completa le combinazioni.

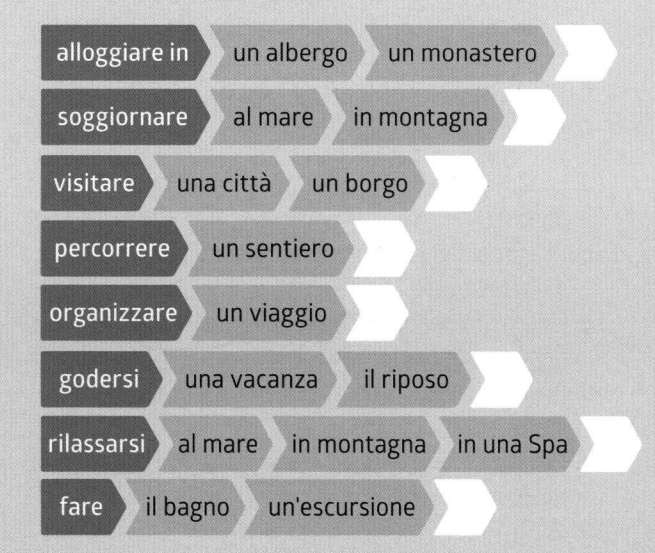

alloggiare in	un albergo	un monastero
soggiornare	al mare	in montagna
visitare	una città	un borgo
percorrere	un sentiero	
organizzare	un viaggio	
godersi	una vacanza	il riposo
rilassarsi	al mare	in montagna / in una Spa
fare	il bagno	un'escursione

Suoni 8

I numeri ordinali

7. Scrivi i numeri ordinali mancanti.

1º primo	11º undic**esimo**
2º secondo	12º dodic**esimo**
3º terzo	13º ....
4º quarto	14º ....
5º quinto	15º ....
6º sesto	16º ....
7º settimo	17º diciassett**esimo**
8º ottavo	18º ....
9º nono	19º ....
10º decimo	20º ....

Il segnale discorsivo *ecco*

8. Leggi le frasi e indica la funzione di **ecco**. Poi traducile nella tua lingua: a cosa corrisponde **ecco**? Infine, ascolta la registrazione e fai attenzione all'intonazione.

1. Si usa per richiamare l'attenzione, indicare qualcuno/qualcosa.
2. Si usa per rispondere a una chiamata.
3. Si usa per concludere un discorso.
4. Si usa per riempire il discorso.

   a. Non voglio insistere ma, **ecco**, credo che sia meglio partire la mattina. ....
   = ...

   b. Ah, **ecco** Luigi! Ci siamo tutti adesso. ....
   = ...

   c. Donatella, sei pronta? Andiamo?
   Sì, **eccomi**! ....
   = ...

   d. **Ecco** la guida turistica della Sicilia che mi hai chiesto. ....
   = ...

   e. Un'esperienza davvero unica! **Ecco** perché mi è piaciuto così tanto il viaggio. ....
   = ...

   f. Le Egadi? **Eccole** lì, vedi? ....
   = ...

1. Ascolta la registrazione e indica se senti il suono velare [k] o il suono velare [g].

	[k]	[g]
a		
b		
c		
d		
e		
f		
g		
h		
i		
l		

2. Riascolta la registrazione e trascrivi le parole. Fai attenzione alla grafia dei suoni [k] e [g]

a. .... f. ....
b. .... g. ....
c. .... h. ....
d. .... i. ....
e. .... l. ....

3. Leggi ad alta voce le seguenti frasi: che intonazione dai a **ecco**? Verifica con la registrazione.

a. Uffa ma quando arrivano Marta e Lucilla? Ah, **eccole** finalmente!
b. **Eccomi, eccomi**! Arrivo, aspettatemi!
c. È uno dei templi meglio conservati della Magna Grecia, **ecco**, vale proprio la pena visitarlo.
d. Guarda, è un monastero, ma di lusso: c'è anche una Spa... **Ecco** perché è così caro!
e. **Ecco**, quelle sono le famose panelle. Le assaggiamo?
f. Un giro in barca? Beh, io soffro il mal di mare, **ecco**, preferirei fare un'escursione al parco.

Salotto culturale

IL GRAND TOUR è un viaggio per l'Europa intrapreso dai giovani dell'aristocrazia europea per completare la propria educazione attraverso il confronto diretto con la cultura, i costumi e l'arte di altri Paesi.
Il viaggio, che poteva durare da qualche mese fino ad alcuni anni, aveva come meta fondamentale l'Italia con le sue città d'arte, i suoi resti archeologici e l'immenso patrimonio dell'antica Roma. Il fenomeno ha origine nel Cinquecento in Inghilterra, ma ben presto si afferma anche in altri Paesi per diventare, durante l'Ottocento, una vera e propria moda europea. Byron, Keats, Dickens, Shelley, Goethe, Sade, Stendhal e Wagner sono solo alcuni dei famosi viaggiatori che varcano le Alpi in nome della conoscenza, ma anche per un arricchimento culturale e personale.

> È il paradiso delle città, e una luna sufficiente a fare impazzire metà dei savi della terra [...]; e io sono più felice di quanto sia mai stato in questi cinque anni, felice come in tutta probabilità non sarò mai più in vita mia. Mi sento fresco e giovane quando il mio piede posa su queste calli, e i contorni di San Marco mi entusiasmano.

VENEZIA
JOHN RUSKIN

> Ero giunto a quel livello di emozione dove si incontrano le sensazioni celesti date dalle arti ed i sentimenti appassionati. Uscendo da Santa Croce, ebbi un battito del cuore, la vita per me si era inaridita, camminavo temendo di cadere.

FIRENZE
STENDHAL

> Troverai Napoli più gioiosa di qualsiasi altra città d'Italia e di tutto il mondo, credo. Roma ti apparirà come una triste matrona vestita di nero, dopo aver visitato l'effervescente e movimentata Napoli: la melanconia dopo l'allegria.

NAPOLI
MARY WOLLSTONECRAFT SHELLEY

8

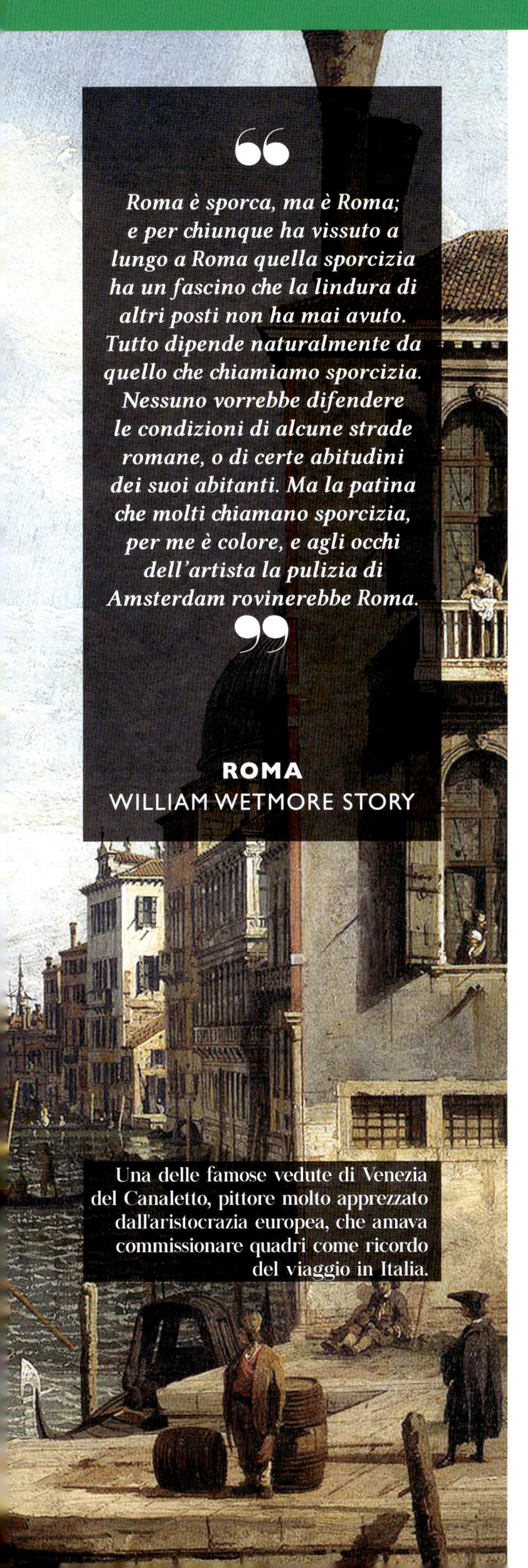

Viaggiatori illustri

> *Roma è sporca, ma è Roma; e per chiunque ha vissuto a lungo a Roma quella sporcizia ha un fascino che la lindura di altri posti non ha mai avuto. Tutto dipende naturalmente da quello che chiamiamo sporcizia. Nessuno vorrebbe difendere le condizioni di alcune strade romane, o di certe abitudini dei suoi abitanti. Ma la patina che molti chiamano sporcizia, per me è colore, e agli occhi dell'artista la pulizia di Amsterdam rovinerebbe Roma.*
>
> **ROMA**
> WILLIAM WETMORE STORY

Una delle famose vedute di Venezia del Canaletto, pittore molto apprezzato dall'aristocrazia europea, che amava commissionare quadri come ricordo del viaggio in Italia.

A. Secondo te, cosa può apportare un viaggio all'estero? In che modo? Parlane con un compagno.

1. sviluppare la propria competenza interculturale
2. formare il proprio carattere
3. completare la propria educazione

B. Hai mai sentito parlare del Grand Tour? Indica quale delle due definizioni è giusta, secondo te. Poi leggi l'introduzione del testo per verificare.

1. Itinerario culturale in cui l'aristocrazia europea visita le città italiane che hanno ospitato famosi personaggi del passato.
2. Viaggio di formazione che, tra il XVI e il XIX secolo, segnava la fine degli studi dei giovani aristocratici europei.

C. Leggi le testimonianze di famosi viaggiatori del Grand Tour. Sottolinea con colori diversi le frasi o espressioni che indicano una valutazione e quelle che descrivono un'emozione o stato d'animo. Poi confronta con un compagno.

D. Ascolta il racconto del Grand Tour di Johann Wolfgang Goethe e poi annota tutte le informazioni che ricordi. Confronta con un compagno.

63

E. Riascolta il racconto del viaggio di Goethe e raccogli altre informazioni. Poi confronta con un compagno per integrare con altri dati.

63

F. Ascolta ancora una volta la registrazione e poi, con un compagno, provate a ricostruire le tappe del viaggio. Tenete in considerazione i seguenti elementi.

63

▶ luoghi (città o regioni)

▶ monumenti, siti e aspetti d'interesse

▶ impressioni del giovane Goethe

G. Descrivi una città, una sua particolarità (monumento, opera pubblica, quartiere) e le sensazioni che hai provato quando l'hai visitata.

centocinquantuno **151**

Compiti finali

Organizzare un itinerario di viaggio in Italia

A. A gruppi, scegliete un luogo in Italia dove trascorrere una vacanza di qualche giorno.

B. Organizzate un itinerario indicando il programma delle giornate: tappe, informazioni sulle località e i siti d'interesse da visitare, attività da fare, mezzi di trasporto necessari, ecc.

C. Preparate una presentazione per promuovere la vostra proposta. Ricordatevi di aggiungere delle belle immagini per illustrarla.

D. Presentate il vostro itinerario ai compagni in maniera invitante. Quanti di loro vorrebbero partecipare?

STRATEGIE PER LAVORARE

Prima di scrivere l'itinerario, decidete che tipologia di viaggio volete proporre: culturale, enogastronomico, benessere, ecc.

Potete preparare un video promozionale o una presentazione dinamica del vostro itinerario, e poi caricarli su qualche sito di viaggi.

Descrivere un sito d'interesse

A. Pensa a un sito d'interesse turistico-culturale che hai visitato e che ti è piaciuto particolarmente.

B. Descrivi le caratteristiche più importanti e aggiungi informazioni interessanti. Dai anche dei suggerimenti per chi desidera visitarlo.

C. Prepara una presentazione con immagini e condividila con i compagni.

D. Tra i siti presentati dai compagni, quale ti piacerebbe visitare? Perché?

STRATEGIE PER LAVORARE

Prepara una scaletta delle informazioni e annota il lessico chiave di cui hai bisogno.

Pubblica la tua esperienza su un sito di commenti su viaggi ed esperienze.

Bilancio 8

Com'è andato il compito?

A. Fai un'autovalutazione delle tue competenze.

	😄	😊	😕	😢
raccontare un viaggio: itinerario, servizi, siti, ecc.				
esprimere gusti e opinioni sul viaggio				
chiedere e fornire informazioni su viaggi				

B. Durante la realizzazione dei compiti hai incontrato qualche difficoltà? Quale/i? Cosa hai imparato di nuovo? Cosa ti è piaciuto di più dei compiti?

😄	😢

C. Valuta il compito dei tuoi compagni e poi parlane con loro.

	😄	😊	😕	😢
La presentazione è chiara.				
Hanno utilizzato i contenuti dell'unità.				
Il lessico utilizzato è adeguato.				
È originale e interessante.				
La pronuncia è chiara e l'intonazione corretta.				

9 La grande bellezza

CF	**COMPITI FINALI**	CI	**COMPITI INTERMEDI**
	• Preparare un programma culturale per la classe • Scrivere la trama commentata di un libro o di un film		• Scrivere il proprio manifesto del lettore • Scrivere un breve testo sugli autori del proprio Paese famosi all'estero • Suggerire un film e commentare le proposte degli altri

1. La cultura in parole

A. Osserva la fotografia: di che di luogo si tratta, secondo te? Che cosa associ a questa immagine? Parlane con un compagno.

B. Osserva la nuvola di parole e completa le seguenti categorie.

Letteratura	Cinema

C. Confronta la tua lista con quella di un compagno. Cercate insieme le parole che non conoscete.

D. Se vuoi, alla fine dell'unità fai una proposta alternativa per questa doppia pagina: scegli una o più immagini e crea una nuova nuvola di parole.

▲ *Libreria Acqua Alta, Venezia*

1. Gusti e generi letterari

2. Abitudini di lettura

A. Leggi l'estratto dal Manifesto del Circolo dei Lettori di Torino e sottolinea le parti che ti colpiscono o che condividi di più. Poi confronta con un compagno.

> Io leggo per addormentarmi. Io leggo per sognare. […] Io leggo in piedi, a letto, in tram, in sala d'attesa, in ascensore, a tavola, al cesso. Io leggo e annoto, sottolineo, segno. Io leggo perché c'è chi vorrebbe proibirlo. Io leggo perché almeno imparo qualcosa. Io leggo perché mi diverto, perché mi rilasso, perché mi sfogo. […] Io leggo punto e basta.

B. Leggi i seguenti profili: in quale ti riconosci di più? Perché? E tu, che tipo di lettore sei? Parlane con un compagno.

Il riflessivo: leggere per te è un rito quotidiano. Hai gusti ricercati e sei sempre molto informato, è difficile impressionarti, ma quando ami, ami alla follia. Il tuo genere preferito è il romanzo, da quello storico a quello autobiografico. Ami sottolineare i passaggi più interessanti e annotare riflessioni a bordo pagina. Proprio per questo sei geloso dei tuoi libri, vietato darli in prestito!

Il sognatore: quello che cerchi nella lettura è un'evasione dalla realtà, un viaggio in mondi e vite sconosciuti. Ami il fantasy e i romanzi di fantascienza, soprattutto se si tratta di saghe. Spesso però ti ossessioni con un autore o una saga e perdi un po' della tua capacità critica.

L'indeciso: cambi autori e generi, passi dal fumetto al saggio di antropologia, dal giallo alla letteratura di viaggio. Ti lasci influenzare facilmente dai consigli di altri lettori e soprattutto dall'elenco dei best-seller.

Il divoratore: impossibile fermarti, divori libri con una rapidità impressionante. Fin da bambino hai coltivato questa passione e per questo ti sei abituato a notti insonni: a mezzanotte ti riprometti che a fine capitolo chiuderai il libro ma… il capitolo, molto spesso, ti lascia col fiato sospeso e continui a leggere fino all'alba.

C. Come tradurresti nella tua lingua le espressioni evidenziate nei profili?

D. Cerca nei profili i generi letterari: quali sono i tuoi preferiti? Parlane con un compagno.

E. Osserva l'infografica dei risultati di un sondaggio sulle abitudini di lettura degli italiani. Commenta le informazioni con un compagno.

- *Che curioso! Gli italiani preferiscono il bagno al divano!*

DOVE LEGGI?
- IN CAMERA DA LETTO 67%
- IN BAGNO 52%
- SUL DIVANO 47%
- IN TRENO 44%
- NEL GIARDINO DI CASA 38%

PERCHÉ LEGGI?
- PER RICERCARE EMOZIONI 64%
- PER VIAGGIARE IN TEMPI E LUOGHI LONTANI 54%
- PER EVADERE DALLA REALTÀ 37%

QUAL È IL TUO GENERE PREFERITO?
- IL GENERE ROMANTICO 68%
- IL GENERE STORICO 65%
- IL GENERE FANTASTICO 63%
- IL GIALLO 61%
- LA FAVOLA 56%

QUANDO LEGGI?
- LA SERA 71%
- IN PAUSA PRANZO 66%
- IN VIAGGIO 64%
- A COLAZIONE 36%

SU QUALE TIPO DI SUPPORTO PREFERISCI LEGGERE?
- LIBRO CARTACEO 78%
- EBOOK 22%
- ENTRAMBI 38%

F. Ascolta la trasmissione radiofonica che presenta i risultati dell'infografica al punto E e rispondi alle domande.

1. Perché il genere romantico è al primo posto?
2. Perché la camera da letto è il luogo di lettura preferito dagli italiani?
3. Qual è la caratteristica che gli italiani apprezzano del bagno?
4. Quali sono i motivi per cui gli italiani leggono?

G. E tu? Quali sono le tue abitudini di lettura? Rispondi alle domande presenti nell'infografica e parlane con i compagni.

H. Scrivi un breve profilo per descrivere la tua "tipologia" di lettore. Segui i modelli al punto B.

I. Dove preferisci comprare i libri? Confronta le tue scelte con un compagno.

- ☑ in libreria
- ☐ in un megastore
- ☑ ai mercatini dell'usato
- ☐ online

L. Leggi l'intervista a un libraio e completala con le frasi proposte a seguire.

Il mestiere del libraio

Parliamo con un amante della carta.

Edoardo, quando nasce la tua libreria e perché?
Nasce nel 2006 da una persona appassionata (io) e dalla necessità di aprire, qui in città, una libreria con una buona selezione di libri usati e nuovi. Il locale c'era, ... E infatti, la libreria ha fatto il libraio.

avrei potuto

Quali differenze ci sono tra un libraio e un venditore di libri?
Non so, la passione forse: il libraio legge molto e sceglie accuratamente tutti i libri che mette in negozio, il venditore di libri ha sempre tutte le ultime novità in negozio. Avrei adottato, ma non sono bravo a vendere libri che non conosco, autori che non ho letto…

Chi sono i lettori che frequentano la sua libreria?
Fra libreria e lettori c'è una stretta relazione: la libreria attira determinati lettori e i lettori che entrano modificano ogni volta la libreria. È uno scambio vitale che richiede umiltà e attenzione. I lettori sono vari, italiani e stranieri, residenti e turisti, giovani, adulti, anziani. Molte donne. *avrei ingrandito*. Riesco, comunque, a organizzare presentazioni di libri e incontri con gli autori due volte al mese e sono felice quando la libreria è piena e i clienti escono con un libro sotto il braccio.

1. **Avrei ingrandito** il locale per avere più spazio, ma va bene così: in un locale non grande i clienti si conoscono e diventano amici.
2. **Avrei potuto** trasformarlo in un negozio di souvenir e guadagnare di più, ma ho deciso di dedicarmi alla mia passione.
3. **Avrei adottato** anch'io la filosofia del megastore per assicurarmi le vendite.

M. Rileggi le frasi che hai inserito nell'intervista e, per ciascuna, indica il significato tra i seguenti.

1.
a. ☐ Non ha ingrandito la libreria.
b. ☐ Ha ingrandito la libreria.
c. ☐ Vuole ingrandire la libreria.

2.
a. ☐ Non ha trasformato il locale in un negozio di souvenir.
b. ☐ Ha trasformato il locale in un negozio di souvenir.
c. ☐ Vuole trasformare il locale in un negozio di souvenir.

3.
a. ☐ Non ha adottato la filosofia del megastore.
b. ☐ Ha adottato la filosofia del megastore.
c. ☐ Vuole adottare la filosofia del megastore.

il condizionale composto ▶ p. 162

N. Pensa alla trama di un libro famoso che ti piace: cosa cambieresti? Parlane con un compagno.

- *Io non avrei fatto morire Romeo e Giulietta… Li avrei fatti fuggire insieme!*
- *Io avrei scelto un altro narratore in Moby Dick: la stessa balena!*

CI — **IO LEGGO PUNTO E BASTA**
In base alle tue preferenze, scrivi il tuo manifesto del lettore.

2. Autori italiani

3. Successi internazionali

A. Quali scrittori italiani conosci? Parlane con un compagno e fate una lista insieme.

B. Leggi l'articolo e completa il quadro. Poi confronta le informazioni con quelle di un compagno.

Libri italiani alla conquista del mondo

Da qualche tempo all'estero stanno riscoprendo i libri italiani. Amano Umberto Eco, Andrea Camilleri e Alessandro Baricco. Hanno adorato Italo Calvino e ora sono tutti impazziti per Elena Ferrante. Come ci confermano i numeri, il genere più venduto è indubbiamente la narrativa, seguito dall'editoria per l'infanzia e l'adolescenza. Ma vediamo l'andamento in alcuni Paesi.

I francesi gradiscono la nostra narrativa, come spiega la ex direttrice dell'Istituto italiano di Parigi, la quale afferma: "In Francia sono molto apprezzati i romanzi che raccontano l'Italia, nella sua essenza: penso che classicità, bellezza, spontaneità della vita, siano le caratteristiche che colpiscono di più. E questi, a mio parere, sono alcuni dei motivi per i quali Andrea Camilleri è un autore molto amato e famoso per raccontare la Sicilia".

In Inghilterra si parla addirittura di boom della letteratura italiana. All'ultima London Book Fair si sono aperte trattative per tradurre Edoardo Albinati, vincitore del premio Strega 2016 con *La scuola cattolica*. Va fortissimo in questo mercato Roberto Saviano, apprezzato per la sua analisi spietata della criminalità organizzata. Interessante l'opinione di Marco Delogu, direttore dell'IIC di Londra, il quale non crede che si tratti di preferenze legate al genere o all'argomento: "Secondo me, è fondamentale la qualità delle traduzioni, con le quali si garantisce o meno il successo di un libro".

Ai tedeschi, invece, piacciono i gialli: Carlotto, Carofiglio e Camilleri. L'agente letterario Marco Vigevani afferma: "Il noir italiano è molto ricercato in Germania, dove i lettori ricercano l'intrattenimento". Una libraia del centro di Berlino dice: "Siete un Paese pieno di bellezza, tradizioni e contraddizioni e per questo, a mio avviso, avete molte storie interessanti da raccontare."

Negli Stati Uniti il successo di Elena Ferrante, la scrittrice misteriosa dei quattro romanzi della serie *L'amica geniale*, che sta conquistando gente comune e addetti ai lavori, è travolgente. "La profonda comprensione che Elena Ferrante ha nei confronti dei conflitti e degli stati psicologici dei suoi personaggi è impressionante. I suoi romanzi sono scritti con tale empatia da sembrare quasi una confessione» scrive il *The Wall Street Journal*.

Anche il grande mercato della Cina si sta aprendo alla letteratura del Bel paese. Merita attenzione il caso del topo giornalista *Geronimo Stilton* che, quando nel 2008 fu portato alla Fiera di Pechino, ebbe subito successo. Oggi, i libri di Stilton, dell'autrice Elisabetta Dami, si leggono in molte scuole cinesi.

Testo adattato da I libri italiani alla conquista del mondo di Raffaella de Santis e Sara Grattoggi; repubblica.it

	genere	perché
Francia		
Inghilterra		
Germania		
Stati Uniti		
Cina		

C. Conosci gli autori citati nell'articolo al punto B? Secondo te, quali sono i motivi del successo della letteratura italiana all'estero?

D. Osserva le frasi evidenziate in giallo nel testo e riformulale secondo il modello.

> **i pronomi relativi** ▶ p. 162
>
> Come spiega Marina Valensise, ex direttrice all'Istituto italiano di Parigi, <u>la quale</u> afferma... → *Come spiega la ex direttrice dell'Istituto Italiano di Parigi, <u>che</u> afferma...*
>
> Questi sono alcuni dei motivi per <u>i quali</u> Andrea Camilleri è un autore molto amato. → *Questi sono alcuni dei motivi per <u>cui</u> Andrea Camilleri è un autore molto amato.*
>
> Interessante l'opinione di Marco Delogu, <u>il quale</u> non crede che si tratti di preferenze legate al genere. → ....
>
> È fondamentale la qualità delle traduzioni con <u>le quali</u> si garantisce o meno il successo di un libro. → ....

E. Osserva nuovamente i pronomi evidenziati nel quadro al punto D e completa la regola d'uso.

> **i pronomi relativi** ▶ p. 162
>
> I pronomi relativi **il quale, la quale, i quali, le quali** possono sostituire i pronomi .... e .... e **concordano / non concordano** in genere e numero con la persona o la cosa a cui si riferiscono.

F. Riscrivi le frasi evidenziate in azzurro nel testo al punto B, usando i pronomi relativi **il quale, la quale, i quali, le quali**.

In Francia sono molto apprezzati i romanzi che raccontano l'Italia profonda. → *In Francia sono molto apprezzati i romanzi i quali raccontano l'Italia profonda.*

G. Nell'articolo sono presenti alcuni modi per esprimere un'opinione. Annotali e poi confrontali con un compagno.

> *penso che,* ....

H. Da quale preposizione sono seguiti i seguenti verbi? Completa il quadro. Puoi aiutarti cercandoli nell'articolo.

impazzire	essere apprezzato ....
essere famoso	essere pieno ....

I. Osserva le copertine dell'immagine dell'articolo al punto B. Leggi i titoli e proponi una traduzione nella tua lingua. Poi, cerca la traduzione ufficiale: coincide con la tua? Cambia molto rispetto al significato del titolo originale?

> **CI**   **IL MIO PROGRAMMA**
> Scrivi un breve testo sugli autori del tuo Paese famosi all'estero e dai delle motivazioni. Poi, prepara un poster con le copertine dell'edizione in lingua originale e in lingua italiana.

3. Al cinema con un libro

4. Cinema e letteratura

A. Che rapporto hai con i film? Sei un tipo da cinema multisala, da cineteca, da televisione o da film *on demand* su tablet e pc? Parlane con un compagno.

B. A gruppi. Consultate la programmazione di una cineteca e leggete le schede dei film. Quali vi piacerebbe vedere e a quali eventi vorreste partecipare?

PROGRAMMAZIONE DELLA CINETECA DI ANCONA

VENERDÌ 8 FEBBRAIO
SALA 1
ore 18:30
ROMANZO CRIMINALE
(Italia, 2005) di Michele Placido
Rassegna: **Libri che diventano film**

SALA 2
ore 20:30
EDUCAZIONE O DISEDUCAZIONE? IL RUOLO DEL CINEMA E DELLE SERIE TV
Conferenza seguita da dibattito.

ore 21:00
GLI SDRAIATI
(Italia, 2017) di Francesca Archibugi
Rassegna: **Libri che diventano film**

SABATO 9 FEBBRAIO
SALA 1
ore 18:00
LADRI DI BICICLETTE
(Italia, 1948) di Vittorio De Sica

ore 20:00
IL NEOREALISMO
Proiezione di estratti di documentari

SALA 2
ore 20:30
FAI BEI SOGNI
(Italia, 2016) di Marco Bellocchio
Rassegna: **Libri che diventano film**

ore 22:30
INCONTRO CON IL REGISTA
Incontro con Marco Bellocchio

DOMENICA 10 FEBBRAIO
SALA 1
ore 18:00
LA GRANDE BELLEZZA
(Italia, 2013) di Paolo Sorrentino

ore 20:00
GLI ITALIANI E LA GRANDE BELLEZZA DIMENTICATA
Dibattito moderato da critici cinematografici

SALA 2
ore 19:30
CARAVAGGIO, L'ANIMA E IL SANGUE
(Italia, 2018), di Garces Lambert

SCHEDE DEI FILM DELLA RASSEGNA: LIBRI CHE DIVENTANO FILM

Regia: Michele Placido
Attori: Stefano Accorsi, Kim Rossi Stuart, Jasmine Trinca
Genere: drammatico
Durata: 152 min.

ROMANZO CRIMINALE
TRAMA
Il film è tratto dall'omonimo libro di Giancarlo De Cataldo. Il Libanese ha un sogno: conquistare Roma. Per realizzare quest'impresa crea una banda spietata. Le vicende della nota banda della Magliana e dei suoi capi (il Libanese, il Freddo, il Dandi) si sviluppano nell'arco di venticinque anni, intrecciandosi in modo indissolubile con la storia oscura dell'Italia delle stragi e del terrorismo degli anni '70 e '80, fino allo scandalo di Tangentopoli e l'operazione Mani Pulite negli anni '90. Per tutto questo tempo, il commissario Scialoja dà la caccia alla banda, cercando contemporaneamente di conquistare il cuore di Patrizia, la donna del Dandi.

Regia: Marco Bellocchio
Attori: Valerio Mastandrea, Bérénice Bejo, Guido Caprino
Genere: drammatico
Durata: 134 min.

FAI BEI SOGNI
TRAMA
Tratto dall'omonimo romanzo di Massimo Gramellini, è la storia di una difficile ricerca della verità e allo stesso tempo la paura di scoprirla. La mattina del 31 dicembre 1969, Massimo, nove anni appena, trova suo padre nel corridoio sorretto da due uomini: sua madre è morta. Massimo cresce e diventa un giornalista. Dopo il rientro dalla Guerra in Bosnia dove era stato inviato dal suo giornale, incontra Elisa. La vicinanza di Elisa aiuterà Massimo ad affrontare la verità sulla sua infanzia per poter convivere con il ricordo doloroso del passato e della perdita.

Regia: Francesca Archibugi
Attori: Claudio Bisio, Gaddo Bacchini
Genere: commedia
Durata: 103 min.

GLI SDRAIATI
TRAMA
Una libera adattamento del libro di Michele Serra che indaga i rapporti generazionali contemporanei. Giorgio è un giornalista di successo. Divorziato poco felicemente, deve imparare a gestire il rapporto con il figlio Tito, un adolescente pigro che ama trascorrere le giornate con gli amici in giro per Milano. I due parlano lingue diverse, la comunicazione padre figlio è molto difficile. Quando nella vita di Tito irrompe Alice, la nuova compagna di classe che gli fa scoprire l'amore, finalmente anche il rapporto con il genitore sembra migliorare. Ma l'entusiasmo non durerà a lungo perché il passato di Alice è in qualche modo legato a quello di Giorgio…

C. Rileggi le trame dei film e individua per ciascuno i seguenti elementi. Annotali e confrontali con un compagno.

- personaggi
- ambientazione
- eventi chiave

D. Leggi la chat. Osserva le parole evidenziate in giallo e abbinale ai significati che trovi nella colonna seguente. Come le tradurresti nella tua lingua?

Erica
Ragazzi! Che si fa stasera? Avete dato un'occhiata al programma della cineteca? 16:38 ✓✓

Simo
Macché... una giornataccia! Sempre di corsa. Non ho avuto tempo... 17:12

Virgy
Io sì! Che ne dite di *Romanzo criminale*? Ancora più coinvolgente sul grande schermo! 17:22

Erica
È vero e poi dopo c'è una conferenza sul ruolo del cinema nell'educazione. 17:28 ✓✓

Simo
No, dai, l'abbiamo già visto e poi stasera per me film e conferenza sono troppo... Preferirei qualcosa di più leggerino 😋 17:29

Erica
Va bene, va bene Simo... allora vi propongo *Gli sdraiati* di Francesca Archibugi. La critica è molto positiva! 17:31 ✓✓

Virgy
Mah, secondo me non è un filmone. Ho letto alcune recensioni: personaggi mal delineati e ritmo poco avvincente.

Erica
Senti, ci sono critiche positive e negative di tutti i film. Comunque, l'interpretazione del simpaticissimo Claudio Bisio, un sorrisetto ce lo fa fare di sicuro! 😉 22:38 ✓✓

Simo
Dai, Bisio e Archibugi sono una garanzia: ironia intelligente assicurata! 😉 E poi non è tratto dal romanzo di Michele Serra?

Virgy
Sì, sì, il libro ha venduto tantissime copie, è stato un successone. Dai, mi avete convinta!

---

bel film   grande successo   giornata pesante

piccolo sorriso   un po' leggero

E. Inserisci le parole evidenziate al punto D nella colonna corrispondente.

gli alterati ▶ p. 162

diminutivo	accrescitivo	dispregiativo

F. A coppie, in base all'offerta della programmazione al punto B, decidete che cosa fare sabato sera.

G. Ascolta le interviste all'uscita della cineteca e annota i giudizi di ciascuno spettatore.
65

1. _____
2. _____
3. _____

H. Leggi le frasi estratte dalla registrazione e sottolinea la conseguenza.

1. I protagonisti sono così ben interpretati che mi hanno fatto immedesimare nelle loro storie!

2. A me è sembrato molto diverso al punto che dubito che la regista lo abbia letto...

3. Secondo me la regista ha saputo rappresentare bene il contrasto generazionale tanto che mi sono ricordata di alcuni litigi stupidi che ho avuto con i miei genitori in passato...

I. Guarda il trailer del film *Gli sdraiati*: ti piacerebbe vedere il film? Perché? Parlane con un compagno.

CI — **DA VEDERE**
Suggerisci ai compagni un film che, secondo te, vale la pena vedere. Commentate insieme le varie proposte.

Grammatica

IL CONDIZIONALE COMPOSTO
Si forma con il condizionale presente dell'ausiliare **essere** o **avere** + il participio passato.

AUSILIARE	+	PARTICIPIO PASSATO
sarei		
saresti		
sarebbe	+	andato/a
saremmo		
sareste		
sarebbero		
avrei		
avresti		
avrebbe	+	visto
avremmo		
avreste		
avrebbero		

Usiamo il condizionale composto per esprimere un desiderio o un'intenzione nel passato che poi non si sono realizzati. Ci riferiamo quindi a un fatto ipotetico, che non può essere vero, perché la realtà è stata un'altra.

Saremmo andati al cinema sabato scorso, ma eravamo troppo stanchi per uscire.
Avrei voluto partecipare alla conferenza, ma sono uscita tardi dal lavoro.

I PRONOMI RELATIVI
Il quale, **la quale**, **i quali**, **le quali** possono sostituire **che** o preposizione + **cui**, e concordano in genere e numero con la persona a cui si riferiscono. Questa forma di relativo si usa in un registro formale.

Il libro dal quale è tratto il film è stato un grande successo.
Ho parlato con i relatori, i quali mi hanno dato alcune informazioni interessanti.

ESPRIMERE OPINIONI E PREFERENZE
Per esprimere un'opinione possiamo usare:

▶ **secondo me, a mio avviso, a mio parere, dal mio punto di vista**, ecc., seguite dall'indicativo:
Secondo me, il libro è migliore del film.
A mio parere la traduzione di questo libro è pessima.

▶ verbi di opinione **credere, pensare, ritenere**, ecc., seguiti dal congiuntivo:
Credo che l'attore abbia interpretato bene il personaggio.
Non pensavo che Geronimo Stilton avesse così tanto successo in Cina.
Ritengo che sia un bel film.

Quando usiamo l'indicativo affermiamo qualcosa, quando usiamo il congiuntivo non affermiamo. Per questo le opinioni espresse con **secondo me, a mio avviso, dal mio punto di vista**, ecc., sono più "forti".

I NOMI E GLI AGGETTIVI ALTERATI
È possibile aggiungere dei suffissi ai nomi e agli aggettivi per alterarne il significato: quantità, qualità, giudizio del parlante.

-ino/a e **-etto/a**: diminutivo
Stasera abbiamo in programma una bella cenetta e poi un film in TV.

-one/a: accrescitivo
Per me Stefano Accorsi è un attorone: bravissimo e bellissimo!

-accio/a e **-astro/a**: dispregiativo
Mamma mia che filmaccio! Talmente noioso che mi sono addormentata due volte...

Anche ai nomi propri di persona si possono aggiungere suffissi per sottolineare intimità e affetto:

Giacomo → Giacomino   Sara → Saretta

Nel parlato è molto diffuso l'uso dei diminutivi per dare una sfumatura ironica o per minimizzare.

LE FRASI CONSECUTIVE
Esprimono la conseguenza dell'azione della frase principale. Sono introdotte dai connettivi **così che**, **tanto che**, **al punto che**, **talmente che**.

L'ultimo libro di Carofiglio è talmente intrigante che l'ho letto più volte.
Il film mi ha emozionato così tanto che mi sono messo a piangere in sala!

9

1. Completa le frasi coniugando adeguatamente i verbi tra parentesi.

preferire   partecipare   guardare

dovere   comprare

a. .... l'ultimo libro di Camilleri ma non ho fatto in tempo ad andare in libreria.
b. .... al concorso "Lettori felici" ma non sapevamo quando fosse la scadenza.
c. .... il film ieri sera, ma ero troppo stanco e mi sono addormentato presto.
d. .... un'altra musica per la serata, ma aveva poco tempo, non poteva creare una nuova playlist.
e. .... leggere il libro prima di vedere il film, ormai mi sono rovinato l'effetto sorpresa…

2. Scrivi cinque frasi con desideri o intenzioni nel passato che poi non si sono realizzati.

a. ....
b. ....
c. ....
d. ....
e. ....

3. Riformula le frasi con i pronomi relativi il quale, la quale, i quali, le quali. **Attenzione alla preposizione.**

a. Il libro, di cui abbiamo parlato nella scorsa puntata, ha vinto il Premio Strega.
→ ....
b. L'autore, che ha affermato di aver imparato a scrivere dai grandi classici, ha vinto molti premi.
→ ....
c. Il motivo per cui non amo questo film è che non mi dà nessuna emozione.
→ ....
d. La locandina del film è molto enigmatica. L'ha ideata il regista, che ha voluto trasmettere l'idea di mistero.
→ ....
e. I lettori, che hanno partecipato al concorso dello scorso anno, hanno uno sconto sulla quota.
→ ....

4. Completa le frasi con l'indicativo o il congiuntivo dei verbi tra parentesi.

a. Secondo me, l'interpretazione del protagonista (essere) .... poco convincente.
b. Credevo che la regista (volere) .... rispettare la trama del libro.
c. A mio avviso il cast (studiare) .... attentamente la parte.
d. Ritengo che questo giovane scrittore (avere) .... fatto un buon lavoro: il protagonista del suo libro è molto interessante.
e. A mio parere la colonna sonora della serie tv non (funzionare) ...., non crea la suspense necessaria.

5. Cerchia l'opzione corretta.

a. Il film ha avuto tantissimi spettatori: è stato un **successone / successino**.
b. Che **librone / libraccio**: la trama è noiosa e i personaggi sono scontati…
c. Giovanni deve fare gli straordinari anche oggi e non potrà venire a teatro… **poverino / poverone**!
d. Per il fine settimana abbiamo organizzato un bel **programmaccio / programmino**: aperitivo, cinema e pizza!

6. Abbina gli elementi per formare delle frasi.

1. Il film è stato tanto coinvolgente che…
2. Sono così stanca che…
3. La critica è stata molto dura nei confronti del regista al punto che…
4. Oggi è così caldo che…
5. Ha suonato talmente bene che…

a. ha dovuto fare una conferenza stampa per spiegare le sue intenzioni.
b. ho deciso di guardarlo una seconda volta.
c. l'unica cosa da fare è andare in piscina.
d. non ce la faccio a vestirmi e uscire.
e. il pubblico si è commosso in un lungo applauso.

Parole

Generi letterari e cinematografici

1. Completa con i generi che preferisci.

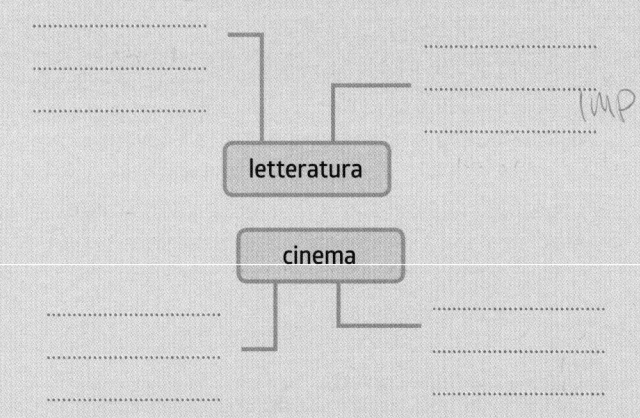

- letteratura
- cinema

2. Leggi gli incipit di questi romanzi e indica a quale genere appartengono, secondo te.

1. Era una notte buia, così buia e silenziosa da far gelare il sangue. Il giovane stava tornando a casa dopo un festa lunga… ....
2. C'era una volta… "Un re!" diranno subito i miei piccoli lettori. No ragazzi, avete sbagliato. C'era una volta un pezzo di legno. ....
3. La volta che Lila e io decidemmo di salire per le scale buie che portavano, gradino dietro gradino, fino alla porta dell'appartamento di don Achille, cominciò la nostra amicizia. ....

La critica: opinioni ed emozioni

3. Completa le frasi con le seguenti parole.

recensione | pubblico | interpretazione | protagonista | spettatori | personaggi

a. Ti consiglio questo film, gli attori davvero bravi: molto naturali e spontanei, insomma ottima _interpretazione_.
b. Il film sta avendo molto successo: ogni giorno numerosi _spettatori_ vanno alle proiezioni.
c. Prima di leggere un libro mi piace informarmi e leggere qualche _recensione_.
d. Questo libro non mi è piaciuto proprio: storia banale e _personaggi_ molto superficiali.
e. Mi piace molto questo fumetto perché il _protagonista_ è una persona molto normale, come tante.
f. Il _pubblico_ del giallo è molto ampio: è un genere che piace a molti.

4. Abbina le parole alla definizione corrispondente.

impressionare | apprezzare | indagare
immedesimarsi | incuriosire | colpire

a. _immedesimarsi_: identificarsi emotivamente con qualcuno
b. _colpire_: provocare un sentimento positivo o negativo
c. _incuriosire_: far venire voglia di conoscere qualcosa o qualcuno
d. _apprezzare_: ammirare, stimare il valore di qualcosa
e. _indagare_: studiare, esaminare, cercare di conoscere qualcosa approfonditamente
f. _impressia_: fare una forte impressione su qualcuno.

5. Completa le combinazioni.

- ritmo → avvincente
- interpretazione → convincente
- trama → complessa
- letteratura → d'intrattenimeto
- critica → positiva

6. Abbina gli elementi per formare delle espressioni.

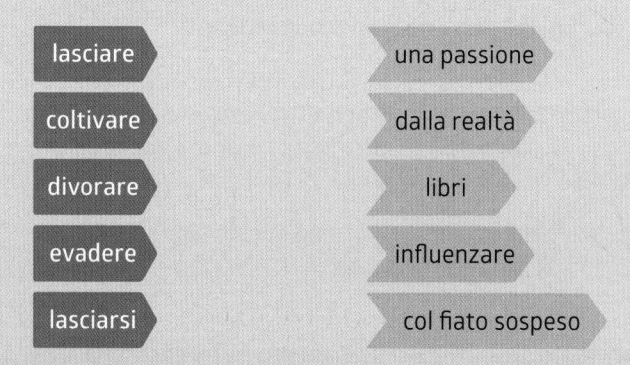

- lasciare — una passione
- coltivare — dalla realtà
- divorare — libri
- evadere — influenzare
- lasciarsi — col fiato sospeso

7. Pensa ad un libro o film che ti è piaciuto e scrivi delle frasi con questi verbi.

- impazzire per
- essere famoso per
- essere apprezzato per
- essere pieno di
- colpire per
- approfittare di

Suoni 9

I segnali discorsivi: *affatto, niente*

8. Leggi le frasi e indica la funzione di **affatto**. Poi traducile nella tua lingua: a cosa corrisponde **affatto**? Poi ascolta la registrazione e fai attenzione all'intonazione.

1. in frasi negative rafforza la negazione
2. significa *no, per niente*

a. • Ti è piaciuto il film?
   ○ No, **affatto**. L'ho trovato noioso e poco coinvolgente. .....

   .....

b. • Sei stanco?
   ○ **Affatto**! Adesso vado a correre! .....

   .....

c. • Scusa Davide, ti disturbo?
   ○ **Affatto**, entra pure. .....

   .....

d. • Hai visto il documentario su Rai 1 ieri sera?
   ○ Sì, ma non l'ho trovato **affatto** interessante. .....

   .....

9. Leggi le frasi e indica la funzione di **niente**. Poi traducile nella tua lingua: a cosa corrisponde **niente**? Poi ascolta la registrazione e fai attenzione all'intonazione.

1. in apertura di discorso, attenua l'affermazione che segue
2. in frasi negative, rafforza la negazione

a.
   • Perché hai deciso di partire?
   ○ **Niente**, ho bisogno di stare un po' da sola.

   .....

b.
   • Ti è piaciuta la favola?
   ○ Per **niente**, ma chi l'ha scritta?!

   .....

c.
   • Come mai non sei andato alla festa?
   ○ **Niente**, ero stanco e non ne avevo voglia.

   .....

d.
   • Sei d'accordo?
   ○ **Niente** affatto.

   .....

1. Leggi le frasi e fai attenzione alla pronuncia dei suoni dentali [t], come in **tavolo**, e [d], come in **domani**. Poi ascolta la registrazione per verificare.

   a. L'in**t**erpre**t**azione del pro**t**agonis**t**a non mi è piaciu**t**a.
   b. Ognuno vive a mo**d**o suo il ri**t**o **d**ella le**tt**ura.
   c. A**d**oro comprare libri usa**t**i!
   d. Sono gelosa **d**ei miei libri, non li **d**o in pres**t**i**t**o!
   e. Quan**d**o e quan**t**o leggi?
   f. L'au**t**ore è tra**d**o**tt**o in **t**u**tt**o il mon**d**o.

2. Ascolta la registrazione e completa le parole con **t** o **d**.

   a. ....rama
   b. ....ramma
   c. sogna....ore
   d. merca....ino
   e. ....ocumen....ario
   f. ....ra....uzione
   g. e....i....ore
   h. eva....ere

3. Ascolta la registrazione e aggiungi la punteggiatura che ti suggerisce l'intonazione alla fine della frase: puntini di sospensione (...) o punto fermo (.).

   a. Mah, io leggo un po' di tutto: romanzi storici, gialli, fumetti, saggi
   b. Amo il fantasy e i romanzi di fantascienza
   c. Gli italiani leggono in camera da letto, in bagno, sul divano, in treno
   d. Quando preferisci leggere? A colazione, la sera, in viaggio
   e. Per fare un bel film ci vogliono un bravo regista, una buona trama, una bella ambientazione, degli attori bravi
   f. Stasera alle cineteca danno: *Romanzo criminale*, *La grande bellezza* e *Ladri di biciclette*
   g. Alla cineteca proiettano film e documentari, danno conferenze, organizzano incontri e dibattiti
   h. Raccontano la loro storia donne cubane, marocchine, senegalesi, rumene

Salotto culturale

La nostra lingua, i loro occhi

Per letteratura migrante si intendono le opere scritte in italiano da autori stranieri o di origine straniera. In Italia si è sviluppata a partire dagli anni '90 ed è diventata un importante strumento per riflettere sull'integrazione e sulla questione identitaria, un processo da costruire faticosamente a partire dalla reale conoscenza dell'estraneità.
Il lettore diventa oggetto di studio, assieme al proprio contesto sociale, descritto da un osservatore esterno che ha un'identità profondamente differente: una visione esterna, ma dall'interno, che può aiutare a comprendere il diverso e la relazione con esso, descrivendone le problematiche e contribuendo all'individuazione di necessarie soluzioni.

Fondamentale per lo sviluppo della letteratura migrante in Italia è stato il Concorso Lingua Madre, ideato nel 2005 da Daniela Finocchi, giornalista da sempre interessata ai temi inerenti il pensiero femminile. Il Concorso è dedicato alle donne straniere, anche di seconda o terza generazione, residenti in Italia che vogliono approfondire il rapporto fra identità, radici e mondo "altro". Vuole quindi essere un'opportunità per dar voce a chi abitualmente non ce l'ha, cioè gli stranieri, in particolare le donne che nel dramma dell'emigrazione e immigrazione sono discriminate due volte.
Una sezione speciale è riservata alle donne italiane che vogliono raccontare storie di donne straniere che hanno

Letteratura migrante

conosciuto, amato, incontrato e che hanno saputo trasmettere loro "altre" identità. Per rendere a due sensi questa comunicazione e condivisione. Donne cubane, argentine, marocchine, senegalesi, vietnamite, indiane, rumene, bulgare, camerunensi, ecuadoriane e di tante altre nazionalità hanno colto con entusiasmo l'opportunità di raccontare le loro storie confrontandosi con la cultura, gli usi e i costumi della vita italiana. È il caso, solo per citarne alcune, della scrittrice somala Igiabia Scego (*La mia casa è dove sono*, 2011; *Adua*, 2015) che ci accompagna in un viaggio dai profumi intensi o quello dell'indiana Laila Wadia (*Amiche per la pelle*, 2007; *Come diventare italiani in 24 ore*, 2010) penna delicata, saggiamente ironica e autoironica.

A. Sai che cos'è la letteratura migrante? Fai ipotesi con un compagno.

B. Leggi il testo e rispondi alle domande.
1. Che funzione ha la letteratura migrante?
2. Chi può partecipare al Concorso Lingua Madre?
3. Qual è l'obiettivo del Concorso?

C. Le ipotesi fatte al punto A erano corrette? Secondo te, qual è il valore delle letteratura migrante? Parlane con i compagni.

D. Ascolta il programma che parla di due scrittrici che hanno vinto il Concorso Lingua Madre.
1. Che cosa vuol dire essere bilingui per Malvina Sinani?

2. Che metafora usa per riferirsi a una lingua viva?

3. In che senso l'immigrazione è come un risotto?

4. Quali sono i punti di vista di Laila Wadia?

5. Quali sono le tematiche che accomunano le due scrittrici?

E. Ti incuriosiscono le storie di Malvina e Laila? Perché? Parlane con un compagno.

F. Fai una ricerca sulle scrittrici vincitrici del Concorso Lingua Madre: scegline una e raccogli informazioni sulla sua storia e su uno dei suoi libri. Poi, presentala brevemente ai compagni.

Compiti finali

Preparare un programma culturale per la classe

A. A gruppi pensate alle attività culturali che vi piacerebbe fare nel corso della settimana.

B. In base agli interessi del gruppo, cercate su Internet informazioni sugli eventi nella vostra città e le programmazioni di cinema, teatri, ecc. Potete arricchire anche con proposte personali.

C. Discutete con il gruppo le informazioni trovate e decidete quali sono le migliori.

D. Preparate un programma per i giorni della settimana. Inserite le attività: nome dell'evento, orario, luogo e breve descrizione.

STRATEGIE PER LAVORARE

- Per interessare i compagni alle vostre proposte, raccontate curiosità e spiegate la vostra opinione.

- Potete usare strumenti come Google Drive per creare l'agenda della classe.

Scrivere la trama commentata di un libro o di un film

A. Pensa a un libro o film che ti piace e prepara una scheda con le informazioni chiave: autore o regista, protagonisti o cast, anno di pubblicazione o uscita, genere, ecc.

B. Scrivi la trama del libro o film descrivendo ambientazione, protagonisti e fatti d'apertura e fai dei commenti per esprimere la tua opinione.

C. Cerca la copertina del libro o la locandina del film per illustrare. Puoi anche proporre dei brevi estratti dal libro o degli spezzoni del film.

STRATEGIE PER LAVORARE

- La trama è un testo molto breve in cui vanno presentate molte informazioni ma non troppe. Deve incuriosire senza svelare i fatti chiave e soprattutto il finale.

- Create una rubrica di cinema e lettaratura in cui condividere le vostre proposte.

Bilancio 9

Com'è andato il compito?

A. Fai un'autovalutazione delle tue competenze.

	😄	🙂	😕	😢
parlare di prodotti culturali				
esprimere gusti e opinioni su prodotti culturali				
raccontare la trama di un film o libro				

B. Durante la realizzazione dei compiti hai incontrato qualche difficoltà? Quale/i? Cosa hai imparato di nuovo? Cosa ti è piaciuto di più dei compiti?

😄	😢

C. Valuta il compito dei tuoi compagni e poi parlane con loro.

	😄	🙂	😕	😢
La presentazione è chiara.				
Hanno utilizzato i contenuti dell'unità.				
Il lessico utilizzato è adeguato.				
È originale e interessante.				
La pronuncia è chiara e l'intonazione corretta.				

Schede video

VIDEO 7
MARCO POLO
Durata: 03:54
Genere: documentario
Contenuti: biografia e viaggi di Marco Polo
Obiettivi: allenarsi a comprendere biografie di personaggi storici; elaborare e presentare la biografia di un viaggiatore

1. Guarda il video e annota le informazioni che ti sembrano più importanti.

2. Guarda di nuovo il video e metti in ordine le frasi per ricostruire la biografia di Marco Polo.

- ☐ Ritornò a Venezia dopo un viaggio per mare.
- ☐ Partì per l'Oriente con il padre e lo zio.
- ☐ Passò un anno in carcere a Genova.
- ☐ Fu consigliere e ambasciatore del Khan.
- ☐ Si sposò ed ebbe tre figli.
- ☐ Raccontò le sue avventure a Rustichello, che le trascrisse.
- ☐ Finita la guerra, tornò a Venezia.
- ☐ Morì nel 1324.
- ☐ Arrivò a Pechino dopo un viaggio di tre anni.
- ☐ Nacque a Venezia in una famiglia di mercanti.
- ☐ Imparò la lingua e la cultura del luogo.

3. Cosa ti colpisce di più della vita di Marco Polo? Perché? Parlane con un compagno.

4. Scegli un viaggiatore o un esploratore dalla vita avventurosa, raccogli informazioni e immagini e prepara una sua biografia per farlo conoscere ai tuoi compagni.

VIDEO 8
ITINERARI UMBRI
Durata: 04:10
Genere: commedia
Contenuti: organizzare un viaggio
Obiettivi: allenarsi a comprendere tappe e attività di un viaggio; elaborare un itinerario tematico per un viaggio

1. Guarda il video e rispondi alle seguenti domande.

1. Quanti giorni dura il viaggio e in quante città andranno Elisa e Matteo?

2. I due ragazzi si mettono d'accordo sull'itinerario?

3. Cosa ti colpisce di più dei posti o delle attività che nominano?

2. Guarda di nuovo il video e riassumi il programma del viaggio.

	CITTÀ	ATTIVITÀ
prima tappa		
seconda tappa		
terza tappa		

3. Indica quali delle seguenti affermazioni sono vere e correggi quelle false.

- ☐ 1. Elisa propone di andare in un famoso negozio di cioccolata a Perugia.

- ☐ 2. A Perugia è difficile organizzare più attività nella stessa giornata.

- ☐ 3. Ad Assisi è possibile fare una degustazione mentre si ammirano gli affreschi di Giotto.

☐ 4. Spoleto ospita numerose bellezze artistiche.

☐ 5. Matteo vorrebbe alloggiare in un monastero perché è più economico.

☐ 6. Elisa propone di dormire in un albergo a tema.

4. Elisa e Matteo hanno pensato a due diversi tipi di itinerario: come li definiresti? Quando viaggi, ti piace organizzare dei percorsi tematici? Di che tipo? Parlane con un compagno. Puoi prendere spunto dalle seguenti proposte.

avventura | relax | arte e cultura | musica
sport | gastronomia | storia

5. Fai una ricerca sui luoghi da visitare e le attività da fare in Umbria, prepara un itinerario tematico a tua scelta e presentalo ai tuoi compagni proponendo tappe, attività e un luogo insolito in cui alloggiare.

VIDEO 9
DAL LIBRO ALLO SCHERMO
Durata: 05:18
Genere: rubrica televisiva
Contenuti: classifica di libri e film
Obiettivi: allenarsi a comprendere e raccontare trame di libri e film; individuare generi letterari e cinematografici; stilare una classifica di libri e film

1. Guarda il video e rispondi alle seguenti domande.

1. Che tipo di classifica propone il video?
   ....
   ....

2. Conosci qualcuno dei libri o film citati? Quale?
   ....
   ....
   ....

2. Guarda di nuovo il video e indica a quale libro o film si riferiscono le seguenti affermazioni.

A Il nome della rosa   B Io non ho paura
C Romanzo criminale   D Non ti muovere
E Almost blue

1. Ha un finale a sorpresa. (....)
2. È ambientato in un'epoca passata. (....)
3. È ispirato a una storia vera. (....)
4. Tiene con il fiato sospeso. (....)
5. Racconta una storia di amore e passione. (....)
6. Ha avuto molto successo al cinema. (....)
7. Ha una colonna sonora che riproduce l'atmosfera dell'epoca. (....)
8. Rende il senso di tensione del libro. (....)
9. Traffico di droga e rapimenti sono alcuni degli elementi della trama. (....)
10. Il film si concentra sul tema dell'investigazione. (....)
11. Ha delle bellissime immagini. (....)
12. È un libro con molta suspense. (....)
13. È stato tradotto in molte lingue. (....)
14. La trama parla di amicizia. (....)
15. Ha una trama drammatica. (....)

3. A che genere appartengono questi libri e film? Parlane con un compagno. Puoi prendere spunto dalle seguenti proposte.

di azione | dramma | storico | poliziesco
noir | d'amore | sentimentale | crimine
investigativo | mistero

4. Ti piace vedere i film tratti dai libri che hai letto? Cosa apprezzi di più nel passaggio da libro a film e cosa, invece, ti lascia deluso/a? Parlane con un compagno. Puoi prendere spunto dalle seguenti proposte.

- fedeltà alla trama
- bravi attori
- buona regia
- riproduzione dell'atmosfera del libro
- colonna sonora
- immagini e fotografia

5. Partecipa al programma e, con i tuoi compagni, prepara la classifica di quelli che, secondo voi, sono i migliori film tratti da libri.

Viaggio in Italia

Arte bizantina in Italia

TIPOLOGIA
corrente artistica

EPOCA
IV-XV secc.

CENTRO PRINCIPALE
Ravenna (Emilia-Romagna)

PERIODO CONSIGLIATO
tutto l'anno

PER COMPLETARE LA VISITA
Mausoleo di Galla Placidia, Ravenna

TI PUÒ INTERESSARE
collezione di mosaici contemporanei, Museo dell'Arte della città di Ravenna

SITI WEB
www.ravennamosaici.it
YouTube + Ravenna - L'estasi dei mosaici

L'imperatore Giustiniano raffigurato in un mosaico della Basilica di San Vitale

Le origini in Oriente

L'arte bizantina nacque nel IV secolo d.C. a Bisanzio (l'attuale Istanbul), all'epoca capitale dell'Impero romano d'Oriente. Unì in modo unico elementi della tradizione cristiana, romana, greca e orientale: i personaggi politici e religiosi erano raffigurati in modo astratto e simbolico, come per allontanarsi dalla realtà e avvicinarsi al mondo spirituale. In architettura, è tipica la chiesa con cupola; la scultura veniva usata principalmente per decorare gli edifici; nel campo della pittura si realizzarono soprattutto **affreschi*** e icone. Ma le opere più importanti dell'arte bizantina sono senza dubbio i mosaici, di cui rimangono molte testimonianze anche in Italia.

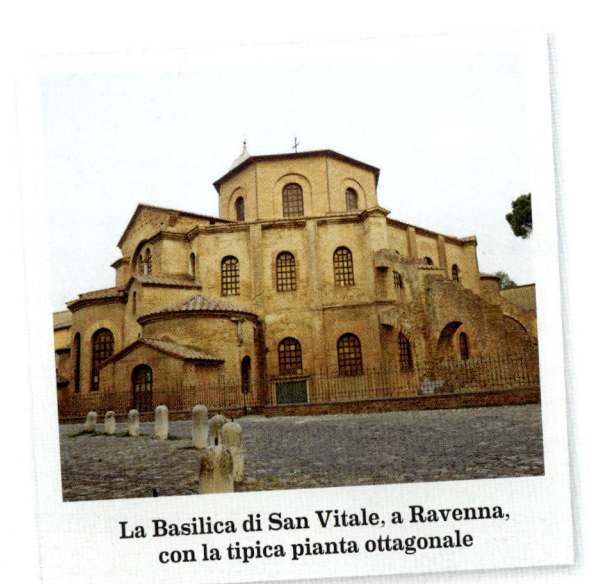

L'imperatrice Teodora con la sua corte, San Vitale

Ravenna, capitale del mosaico

Nel VI secolo, l'imperatore Giustiniano riconquistò alcuni territori della penisola italiana e Ravenna diventò la sede del governatore bizantino in Occidente. Qui l'arte si ispirò a Bisanzio, come testimoniano le basiliche di Sant'Apollinare Nuovo e di San Vitale. Le pareti di Sant'Apollinare Nuovo sono abbellite da mosaici che rappresentano scene della vita di Cristo, personaggi della Bibbia e due **processioni***, una di vergini e l'altra di santi. A San Vitale, invece, ci sono i famosi mosaici che raffigurano l'imperatore Giustiniano e sua moglie Teodora. Queste opere sono un tipico esempio di arte bizantina: le figure sono **stilizzate***, in posizione frontale, e non hanno volume né prospettiva; i colori sono brillanti e, come simbolo della luce divina, viene utilizzato soprattutto l'oro. Tutti questi elementi creano un'atmosfera **irreale*** e molto spirituale.

La Basilica di San Vitale, a Ravenna, con la tipica pianta ottagonale

Arte e Storia

I Re Magi, in un dettaglio dei mosaici a Sant'Apollinare Nuovo

VORREI APPROFONDIRE:
....
....

MI PUÒ INTERESSARE ANCHE:
....
....

SITI WEB UTILI:
....
....

Non solo Ravenna

L'arte bizantina influenzò anche altre zone della penisola italiana, dove lavoravano artisti di origine orientale o che si erano formati a Bisanzio. Ad esempio, tra l'XI e il XIII secolo, ricchi mosaici dorati comparvero nella Basilica di San Marco a Venezia e in alcune chiese siciliane come la Cattedrale di Cefalù, il Duomo di Monreale e la Cappella Palatina di Palazzo dei Normanni, a Palermo. Gli artisti raffigurarono soprattutto storie della Bibbia, angeli, profeti e santi; molto ricorrente è la figura del Cristo Pantocratore (parola di origine greca che significa "che può tutto"): un'immagine tipica dell'arte orientale, in cui Gesù, seduto su un trono, **benedice*** con la mano destra. Un notevole esempio di architettura bizantina è, infine, la Cattolica di Stilo, in provincia di Reggio Calabria. La chiesa fu costruita nel IX secolo alla base del Monte Consolino e vi si celebrano ancora alcuni riti ortodossi.

Il Cristo Pantocratore nella Cattedrale di Cefalù

La Cattolica di Stilo, con le caratteristiche cupole

GLOSSARIO

affresco	=	....
processione	=	....
stilizzato	=	....
irreale	=	....
benedire	=	....

Scegli un mosaico che ti piace o ti incuriosisce, fai una ricerca e prepara una presentazione per illustrarlo ai tuoi compagni.

Viaggio in Italia

Pittura metafisica

TIPOLOGIA
movimento artistico

EPOCA
1917-1921

CENTRO PRINCIPALE
Ferrara (Emilia-Romagna)

TI PUÒ INTERESSARE
Surrealismo

SITI WEB
www.lacapannadelsilenzio.it
+ pittura metafisica
www.fondazionedechirico.org
YouTube + Giorgio De Chirico
– Le muse inquietanti

Mistero e malinconia di una strada, Giorgio De Chirico, 1914

Oltre la realtà

La pittura metafisica nacque a Ferrara nel 1917, dall'incontro di Giorgio De Chirico e Carlo Carrà. Al movimento, che si sarebbe concluso pochi anni dopo, si unirono anche i pittori Giorgio Morandi, Mario Sironi, Filippo de Pisis e Alberto Savinio (nome d'arte di Andrea De Chirico, fratello di Giorgio). Nei primi anni del Novecento, la corrente principale in Italia era il Futurismo, un movimento artistico che amava la velocità, il progresso, la concretezza. Gli artisti metafisici, invece, preferirono andare oltre la realtà e raffigurare il sogno, il **surreale***.

I quadri rappresentano immagini misteriose di **manichini*** e statue, strade e piazze senza esseri umani, oggetti comuni al di fuori del loro normale contesto. L'effetto è di solitudine, silenzio, **inquietudine***. L'esperienza della pittura metafisica, anche se breve, fu una grande novità rispetto al passato e avrebbe influenzato i futuri movimenti artistici, in particolare il Surrealismo.

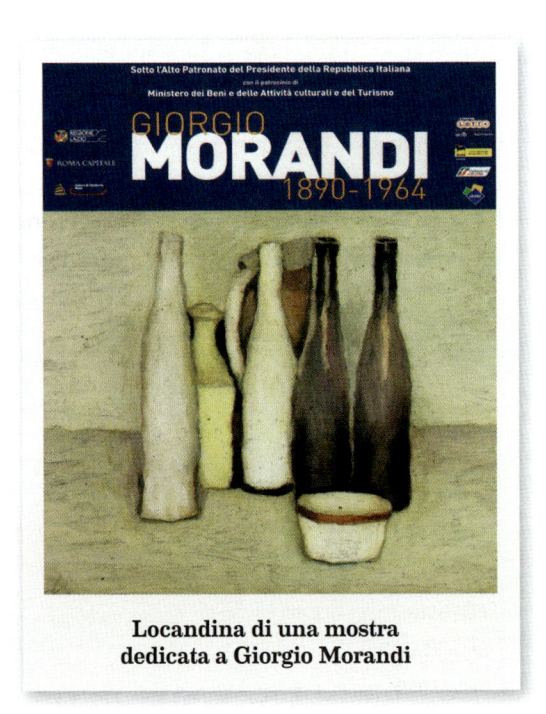

Piazza d'Italia, Giorgio De Chirico, 1948

Locandina di una mostra dedicata a Giorgio Morandi

Arte e Storia

Giorgio De Chirico in una fotografia del 1936

VORREI APPROFONDIRE:
....
....

MI PUÒ INTERESSARE ANCHE:
....
....

SITI WEB UTILI:
....
....

Giorgio De Chirico

Nei dipinti dell'artista, paesaggi e oggetti diventano irreali, con colori piatti e prospettive **deformate***. Un esempio è il quadro *Piazza d'Italia* (1948) che raffigura uno spazio vuoto, in cui le lunghe ombre della statua e degli edifici in stile classico creano una scena misteriosa. Protagonisti di molti quadri di De Chirico sono i manichini, figure silenziose e solitarie, come nei dipinti *Le Muse inquietanti* (1917) e *Ettore e Andromaca* (1917), che più tardi saranno d'ispirazione per il surrealista Salvador Dalí.

Le muse inquietanti, Giorgio De Chirico, 1917

Carlo Carrà

Il pittore, che proveniva dal Futurismo, si unì al movimento metafisico per alcuni anni. In questo periodo, Carrà realizzò quadri dalle atmosfere surreali in cui le figure non rispettavano le regole della prospettiva ed erano tracciate con linee nette e ben definite. Caratteristica dei dipinti del periodo metafisico di Carrà è la sensazione di disagio e inquietudine data dagli oggetti che sembrano **accostati*** casualmente, quasi senza un contesto, come nell'opera *L'ovale delle apparizioni* (1918).

L'ovale delle apparizioni, Carlo Carrà, 1918

GLOSSARIO

surreale	=	....
manichino	=	....
inquietudine	=	....
deformato	=	....
accostare	=	....

Fai una ricerca sui quadri metafisici dei pittori citati nel testo, annota le caratteristiche che ti colpiscono e le emozioni che ti suscitano i dipinti. Poi prova a creare la tua composizione metafisica con un disegno o una fotografia. Devi cercare di riprodurre le atmosfere di questo stile di pittura.

Viaggio in Italia

Luigi Pirandello

PROFESSIONE
drammaturgo e scrittore

EPOCA
XIX-XX secc. (1867-1936)

CORRENTE LETTERARIA
Verismo, Decadentismo

MAGGIORI OPERE
Il fu Mattia Pascal (1904), Uno, nessuno e centomila (1926), Novelle per un anno (1922-1928), Sei personaggi in cerca d'autore (1921), Questa sera si recita a soggetto (1929)

TI PUÒ INTERESSARE
Teatro d'Arte di Roma, Marta Abba, Ruggero Ruggeri

SITI WEB
www.pirandelloweb.com
YouTube + BIGnomi - Luigi Pirandello

Luigi Pirandello nel suo studio a Roma

Agrigento, la città natale di Pirandello

Gli inizi

Luigi Pirandello nacque nel 1867 a Girgenti (attuale Agrigento), ma non vi rimase a lungo: i suoi studi letterari lo portarono prima a Palermo, poi a Roma e infine a Bonn, in Germania. Tornato in Italia, si sposò e si stabilì a Roma, dove collaborò con alcuni giornali, pubblicando le sue prime novelle, brevi racconti successivamente raccolti nel libro *Novelle per un anno*. Nel 1904 uscì il romanzo *Il fu Mattia Pascal*, che ottenne subito un buon successo: fu la prima tappa di una grande carriera, riconosciuta nel 1934 dal Premio Nobel per la letteratura. La produzione letteraria di Pirandello è molto varia e include romanzi, novelle, opere teatrali e saggi.

Il teatro

Pirandello è considerato uno dei più grandi **drammaturghi*** del XX secolo grazie ai temi trattati e alle innovazioni in campo teatrale. Il primo successo arrivò nel 1921, con la rappresentazione del dramma *Sei personaggi in cerca d'autore*, che prima colpì negativamente ma poi convinse pubblico e critica, sia in Italia che all'estero. Nel 1925, Pirandello fondò la compagnia del Teatro d'Arte di Roma, a cui parteciparono attori come Marta Abba e Ruggiero Ruggeri, e da quel momento si sarebbe dedicato principalmente al teatro, seguendo le tournée in Europa e in America e collaborando anche alla realizzazione di film basati sui suoi drammi. La produzione teatrale di Pirandello comprende più di quaranta opere, così attuali che vengono regolarmente rappresentate ancora oggi.

Marta Abba, attrice "musa" di Pirandello

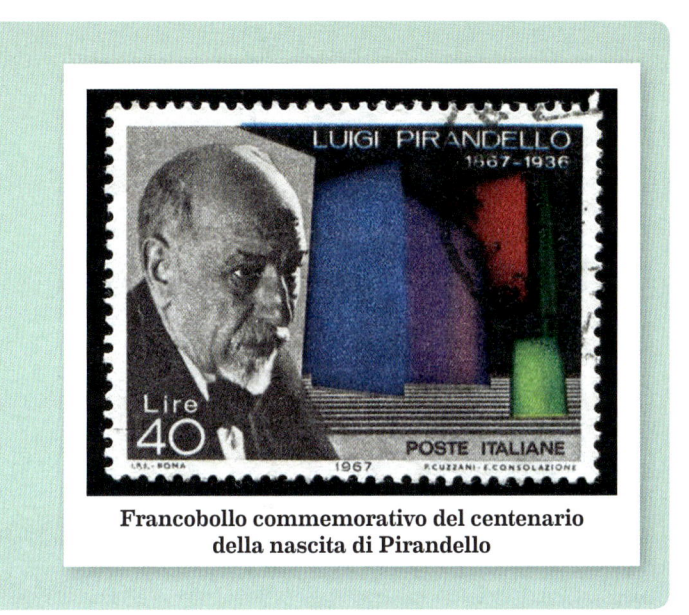

Personaggi

Francobollo commemorativo del centenario della nascita di Pirandello

VORREI APPROFONDIRE:

MI PUÒ INTERESSARE ANCHE:

SITI WEB UTILI:

I temi

Romanzi e opere teatrali sono riflessioni sul rapporto tra l'individuo e la società: l'uomo non trova la sua identità perché è diviso tra ciò che vorrebbe essere e il modo in cui lo vedono gli altri, che Pirandello chiama "maschera". Poiché ogni individuo ha diversi ruoli sociali, indossa diverse maschere e quindi, come un attore, recita diverse **parti***, con il risultato che non sa più chi è veramente. Da questo nasce il senso di solitudine e incomprensione che Pirandello rappresenta con ironia o **pietà***. Altro tema trattato in diverse opere è quello della pazzia, vista come unico modo per togliersi le maschere e vivere liberamente. Anche la rappresentazione teatrale è molto innovativa: spesso gli attori si trovano seduti in mezzo al pubblico e **interagiscono*** con altri spettatori (che in realtà sono attori). In questo modo vita reale e teatro si uniscono, spingendo il pubblico a domandarsi dove finisca la recita e cominci la verità.

Locandina di *Così è (se vi pare)*, una delle opere più rappresentate di Pirandello

GLOSSARIO

drammaturgo	=	....
parte	=	....
pietà	=	....
interagire	=	....

Chi è il tuo autore di teatro preferito? Fai una breve ricerca, raccogli informazioni, immagini o filmati e proponi ai tuoi compagni una presentazione delle sue opere.

Viaggio in Italia

Maria Montessori

PROFESSIONE
medico e pedagogista

EPOCA
XIX-XX secc. (1870-1952)

CORRENTE SCIENTIFICA
psicologia scientifica e neuropedagogia

CONTRIBUTI ALLA SCIENZA
filosofia e metodo educativo Montessori

TI PUÒ INTERESSARE
metodo Agazzi, pedagogia Waldorf

SITI WEB
YouTube + Una giornata in una classe Montessori 6-12

YouTube + A scuola dalla Montessori

Maria Montessori in una foto del 1913

Una donna, una scienziata

Quando si parla di scuola e di educazione dei bambini, capita spesso di sentire il nome di Maria Montessori. Ma chi era questa donna brillante e famosa in tutto il mondo? Prima di tutto, una scienziata, una delle prime donne italiane laureate in Medicina. Come medico, Maria lavorò con i bambini di un ospedale psichiatrico di Roma e grazie a questa esperienza elaborò il suo metodo **pedagogico***. Nel 1907 aprì la prima Casa dei Bambini, una scuola in cui bambini dai 2 ai 6 anni si dedicavano a varie attività, proposte con un metodo molto innovativo per i tempi. L'esperimento ebbe successo e da allora Maria avrebbe dedicato tutta la sua vita a diffondere il suo modello di scuola e la sua visione dell'**infanzia***, che la scienziata definì "la vera questione sociale del nostro tempo".

"Un aiuto alla vita"

La studiosa riponeva grande fiducia nei bambini, che considerava gli uomini di domani, e pensava che le loro energie positive fossero l'unico modo per rinnovare la società. Per questo motivo, Montessori considerava la questione dell'educazione il tema fondamentale dell'epoca moderna. Secondo il suo metodo, il compito della scuola è osservare il bambino, capirne le necessità e aiutarlo a crescere in modo **spontaneo***. La scuola, quindi, è pensata come una casa: niente banchi, voti, premi o punizioni. Il bambino si muove liberamente, impara dall'ambiente, dall'esperienza e dai propri errori. Partendo da questa filosofia di base, Montessori elaborò modelli d'insegnamento pensati per studenti fino ai 18 anni, naturalmente considerando le differenti esigenze di ogni fascia di età. La studiosa definì il suo metodo "un aiuto alla vita", perché preparava gli studenti al mondo reale e a essere adulti attivi e integrati nella società.

Una classe Montessori negli anni Cinquanta

Personaggi

Bambini impegnati in attività logico-deduttive ideate da Maria Montessori

VORREI APPROFONDIRE:
....
....

MI PUÒ INTERESSARE ANCHE:
....
....

SITI WEB UTILI:
....
....

Il metodo in pratica

Oggi il metodo Montessori si rivolge soprattutto a bambini dai 2 ai 6 anni. I piccoli studenti vengono accolti in un'aula in cui tutti gli elementi di arredo, come appendiabiti, sedie, maniglie delle porte, sono di piccole dimensioni, in modo che i bambini possano utilizzarli senza bisogno di aiuto. Ci sono, inoltre, strumenti di gioco-lavoro da utilizzare in vario modo per sviluppare diverse abilità. Lo studente sceglie liberamente a quale attività dedicarsi e per quanto tempo, seguendo i suoi ritmi di apprendimento. I bambini svolgono, inoltre, alcune attività della vita quotidiana, come **apparecchiare*** la tavola, aprire bottiglie, grattugiare il formaggio: ognuno riceve un compito adatto alla sua età. Queste semplici attività sono molto utili perché sviluppano indipendenza, capacità di movimento e **coordinazione***. Le aule spesso offrono un angolo per l'ascolto della musica, per la pittura e per la cura di piante e piccoli animali. In Italia più di 250 scuole utilizzano il metodo Montessori; nel mondo sono più di 60mila. Nel corso degli anni, il metodo è stato studiato più volte e ne è stata riconosciuta la validità scientifica e l'efficacia, in particolare per bambini con difficoltà di apprendimento.

Un'aula Montessori, con tutti gli oggetti a misura di bambino

Gioco didattico per imparare ad allacciarsi le scarpe

GLOSSARIO

pedagogico	=	....
infanzia	=	....
spontaneo	=	....
apparecchiare	=	....
coordinazione	=	....

Il metodo Montessori è stato molto innovativo per i suoi tempi e ha rivoluzionato la pedagogia. Secondo te è valido ancora oggi? Conosci altri sistemi educativi interessanti? Parlane con un compagno.

Viaggio in Italia

Tavoliere delle Puglie

TIPOLOGIA
pianura

LOCALITÀ
province di Foggia e di Barletta-Andria-Trani (Puglia)

PERIODO CONSIGLIATO
tutto l'anno

ATTIVITÀ CONSIGLIATE
escursioni, visite culturali, relax, degustazioni enogastronomiche

TI PUÒ INTERESSARE
Cinque Reali Siti, Corsa dei buoi (Chieuti)

SITI WEB
www.viaggi.fidelityhouse.eu/tavoliere-delle-puglie-foggia-60897.html

www.laterradipuglia.it/gli-itinerari/le-aree-della-puglia/il-tavoliere

Una veduta del Tavoliere delle Puglie

La seconda pianura d'Italia

Il Tavoliere delle Puglie, che si trova in gran parte in provincia di Foggia, si estende per circa 4.000 km^2 ed è la più grande pianura d'Italia dopo la Pianura Padana. I suoi fiumi sono poveri di acqua durante l'estate, per questo il territorio era piuttosto **arido*** e vi si praticava soprattutto l'**allevamento*** di pecore. L'agricoltura si è sviluppata solo a partire dal 1870, grazie alla costruzione di un grande **acquedotto***. Oggi il Tavoliere produce cereali, in particolare grano, ortaggi e alcuni ottimi vini e oli a marchio D.O.C. e D.O.P.

La salina di Margherita di Savoia

La natura

Il territorio presenta dei bei paesaggi, con grandi campi di cereali, case di campagna del Settecento, oggi diventate agriturismi, e ben due aree naturali protette. La prima, sull'Adriatico, è la Salina di Margherita di Savoia, la più grande d'Europa. Oltre a produrre sale, la zona ospita stazioni balneari e termali e una riserva naturale in cui vivono numerosi uccelli acquatici. L'altra area protetta è l'affascinante Bosco dell'Incoronata, a pochi chilometri da Foggia: la zona è interessante non solo perché vi si trovano animali e piante rari, ma anche per il Santuario della Madonna Incoronata, meta internazionale di **pellegrinaggi*** e sede di alcune feste religiose.

Un campo di grano nel periodo estivo

Territorio e natura

Il paese medievale di Pietramontecorvino

```
VORREI APPROFONDIRE:
.................................................
.................................................
.................................................

MI PUÒ INTERESSARE ANCHE:
.................................................
.................................................
.................................................

SITI WEB UTILI:
.................................................
.................................................
.................................................
```

Arte e tradizione

Questa zona della Puglia ha un ricco patrimonio storico e artistico: dai villaggi neolitici di Passo di Corvo, al sito archeologico di epoca romana di Ordona, fino agli edifici medievali di Pietramontecorvino, uno dei borghi più belli d'Italia. Non manca l'architettura barocca, con il Santuario della Madonna del Soccorso a San Severo e i bei palazzi di Cerignola, che ospita anche un **monumentale*** Duomo in stile neogotico. Notevole, infine, la Cattedrale di Foggia, che unisce gli stili romanico, gotico, barocco e neoclassico. Numerose sono le feste religiose, spesso collegate alla vita nei campi. A Cerignola, ad esempio, in occasione della festa della Madonna, il centro storico si anima con processioni, luci, musica e banchi per la degustazione dei prodotti locali. Oltre all'olio e al vino, tra le specialità tipiche del territorio ci sono il Canestrato pugliese, formaggio D.O.P., il pancotto, pane con verdure miste, e i torcinelli, involtini di agnello farciti con spezie e formaggio: tutti piatti della tradizione che si possono assaggiare nelle molte sagre che si tengono in questa zona.

Le cupole del Duomo di Cerignola

Il Canestrato pugliese, ottimo con pomodori secchi e miele di acacia

GLOSSARIO

arido	=	....
allevamento	=	....
acquedotto	=	....
pellegrinaggio	=	....
monumentale	=	....

Scegli una zona del tuo Paese con un ricco patrimonio paesaggistico, storico, artistico e culturale, fai una breve ricerca e preparane una presentazione per i tuoi compagni.

centottantuno **181**

Viaggio in Italia

Lago di Garda

TIPOLOGIA
lago

LOCALITÀ
Brescia (Lombardia); Verona (Veneto); Trento (Trentino-Alto Adige)

PERIODO CONSIGLIATO
tutto l'anno

ATTIVITÀ CONSIGLIATE
sport acquatici, ciclismo, parapendio, sci, visite culturali

TI PUÒ INTERESSARE
Strada dei vini e dei sapori del Garda, Parco regionale dell'Alto Garda Bresciano

SITI WEB
www.visitgarda.com
www.gardaland.it

Panorama del Lago di Garda dal Monte Creino

L'ambiente naturale

Il Lago di Garda è il più grande lago italiano e uno degli ambienti naturali più belli della penisola. Le colline a sud e le montagne a nord offrono una vista spettacolare e i paesini sul lago rendono il panorama ancora più caratteristico. Il clima è piuttosto **mite***, per questo crescono piante tipicamente mediterranee e c'è una grande varietà di animali. Il lago ha una fonte di acqua termale che viene sfruttata dagli stabilimenti del Parco termale del Garda, in mezzo a prati e alberi, e delle Terme di Sirmione, attive da più di 125 anni.

Il piccolo porto di Limone sul Garda

Un tuffo nel passato

Il castello di Sirmione

Chi ama l'arte e la storia apprezzerà i molti paesini e castelli medievali del territorio e le ville lussuose, un tempo frequentate da re e nobili di tutta l'Europa. Una delle più belle è Villa Bettoni, a Gargnano, con un'architettura in stile rococò e bellissimi giardini. Un complesso unico è il Vittoriale degli Italiani, a Gardone Riviera: è un insieme di edifici monumentali, piazze, teatri, giardini e fontane, ed è famoso per essere stato la casa dello scrittore Gabriele D'Annunzio. A Sirmione, inoltre, ci sono i resti della villa romana chiamata "Grotte di Catullo", e il castello del XIII secolo: perfettamente conservato e con un interessante museo, è uno dei siti storico-culturali più visitati d'Italia.

Territorio e natura

Uno scorcio di Villa Bettoni,
a Gargnano

VORREI APPROFONDIRE:

MI PUÒ INTERESSARE ANCHE:

SITI WEB UTILI:

Il lago da vivere

Il Lago di Garda offre moltissime possibilità di praticare sport e attività all'aperto: questo lo rende un'importante meta turistica in tutte le stagioni. Si possono fare **immersioni*** subacquee, o praticare il windsurf e il **parapendio***; chi vuole rilassarsi, invece, potrà prendere il sole, fare il bagno o sfruttare i molti chilometri di **piste ciclabili*** per una bella gita in bici. In inverno si può sciare sulle piste del Monte Baldo, mentre chi rimane in paese apprezzerà i mercatini di Natale e i presepi, alcuni costruiti direttamente sull'acqua. Infine, c'è Gardaland, un grandissimo parco giochi costruito da un imprenditore veneto nel 1975. Gardaland ospita molte attrazioni per grandi e piccoli e, grazie alla sua capacità di rinnovarsi nel tempo, è ancora oggi una destinazione imperdibile per gli amanti del divertimento.

Parapendio
sul Lago di Garda

Gli imponenti edifici
del Vittoriale degli Italiani

GLOSSARIO

mite	=	
immersione	=	
parapendio	=	
pista ciclabile	=	

Il territorio del Lago di Garda è molto vario e ha tante attrattive. Scegli un aspetto che ritieni interessante e prepara un itinerario turistico per farlo scoprire.

centottantatré **183**

Viaggio in Italia

Liuteria

TIPOLOGIA
strumenti musicali

PERIODO DI NASCITA
XV sec.

LUOGO DI NASCITA
varie regioni italiane

TI PUÒ INTERESSARE
pianoforti di Sacile, fisarmoniche delle Marche

SITI WEB
YouTube + La nobiltà del fare - Consorzio liutai Antonio Stradivari
www.turismo.it/tradizioni/articolo/art/viggiano-alla-ricerca-dellarpa-perduta-id-7612/

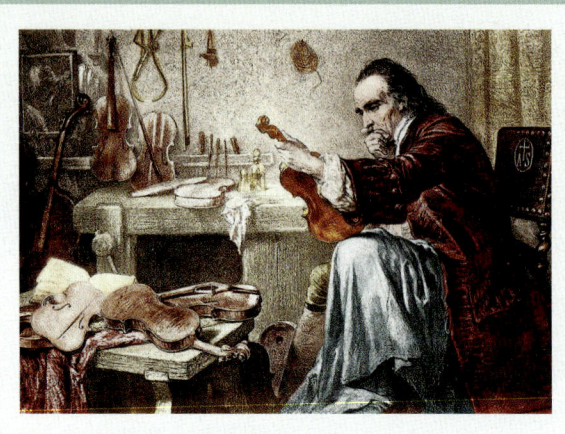

Antonio Stradivari nella sua bottega, stampa del XIX secolo

Un'arte della tradizione

L'Italia è famosa in tutto il mondo non solo per la sua musica, ma anche per la produzione di strumenti musicali di alta qualità. Un campo particolarmente interessante è la liuteria: l'arte di progettare, costruire e restaurare strumenti musicali a corde come violini, violoncelli, chitarre e arpe. Ancora oggi, i liutai, gli artigiani del settore, fabbricano gli strumenti a mano, usando le tecniche e i materiali della tradizione. Non è un caso, quindi, se l'Italia occupa il nono posto nella classifica dei Paesi che esportano questo genere di prodotti, molto apprezzati soprattutto dal mercato asiatico.

La liuteria di Cremona

Celebre già dal XVI secolo, la tecnica della liuteria cremonese è unica al mondo ed è inserita nel Patrimonio culturale immateriale dell'UNESCO. Gli strumenti sono realizzati esclusivamente a mano, senza usare parti industriali, quindi non esistono due pezzi **identici***. Il liutaio segue tutto il processo di costruzione e adatta continuamente la tecnica in base alla qualità del legno: per questo un artigiano produce al massimo sei strumenti all'anno. Il più famoso liutaio cremonese è stato Antonio Stradivari, vissuto tra il XVII e il XVIII secolo. I suoi violini si riconoscono per alcune caratteristiche originali: il tipo di legno, il colore della **vernice***, la forma dello strumento e, infine, la firma in latino. I violini di Stradivari, famosi in tutto il mondo per la bellezza e la qualità del suono, sono oggetti preziosissimi: il violino Hammer, ad esempio, è stato venduto all'asta per circa 3 milioni e mezzo di dollari. La maggior parte di questi strumenti oggi appartiene a fondazioni e musei, che li prestano esclusivamente a musicisti di grande **talento***, come il violoncellista Yo-Yo Ma e i violinisti Uto Ughi e David Garrett.

Uto Ughi in concerto con uno Stradivari Kreutzer del 1701

Made in Italy

```
VORREI APPROFONDIRE:
.............................................
.............................................

MI PUÒ INTERESSARE ANCHE:
.............................................
.............................................

SITI WEB UTILI:
.............................................
.............................................
```

Liutaio al lavoro nella sua bottega

Arpe e chitarre

La produzione di arpe è legata al territorio di Viggiano, un paesino della Basilicata, i cui artigiani sono stati tra i primi a perfezionare tecnicamente lo strumento. Oggi, l'antica tradizione di musicisti e liutai continua anche grazie alla Salvi Harps, azienda leader mondiale nella produzione di arpe, fondata da una famiglia viggianese.

A Bisignano, in provincia di Cosenza, ha sede la liuteria De Bonis, attiva già dal Settecento e specializzata in chitarre di vario tipo. La famiglia De Bonis ha perfezionato tecniche antichissime praticate in Calabria già nel XII secolo. Gli strumenti di questa storica bottega sono famosi in tutto il mondo e si distinguono per il suono dolce e armonioso.

Suonatori viggianesi in un'illustrazione del XIX secolo

Una chitarra battente, strumento tipico della tradizione calabrese

GLOSSARIO

identico	=	....
vernice	=	....
talento	=	....

Nel tuo Paese ci sono strumenti musicali antichi e legati alla tradizione? Quali? Scegli quelli più rappresentativi e presentali ai tuoi compagni.

Viaggio in Italia

Olivetti

TIPOLOGIA
marchio di macchine da scrivere, computer e prodotti da ufficio

PERIODO DI NASCITA
XX sec.

LUOGO DI NASCITA
Ivrea (Torino)

TI PUÒ INTERESSARE
negozio Olivetti, Venezia; Casa Museo Famiglia Allaira

SITI WEB
www.storiaolivetti.it
www.olivetti.com/it

Un negozio Olivetti negli anni Sessanta

Innovazione e ricerca

Olivetti è un marchio storico del Made in Italy e, nella prima metà del Novecento, è stato leader mondiale nella produzione di macchine da scrivere e **calcolatrici***. L'azienda nacque nel 1908 a Ivrea, dove l'imprenditore Camillo Olivetti fondò una piccola fabbrica di prodotti per ufficio. Nel 1911 arrivò il primo successo: una macchina da scrivere Olivetti era in mostra all'Esposizione internazionale di Torino. Ma il vero successo arrivò nel 1945 quando, sotto la guida di Adriano, figlio di Camillo, la Olivetti realizza *Divisumma 14*, la prima calcolatrice al mondo capace di eseguire le quattro operazioni. Da quel momento il marchio arrivò sul mercato mondiale, anche grazie a *Lettera 22*, innovativo modello di macchina da scrivere. Negli anni Sessanta, Olivetti si dedicò anche al campo dell'informatica: nacque così *Elea 9003*, computer dalle altissime **prestazioni*** in grado di **competere*** con i prodotti americani. Poco dopo arrivò sul mercato *Programma 101*, un personal computer pensato per essere usato da tutti, non solo dai tecnici dei grandi laboratori. *Programma 101* era efficiente e stupì il pubblico per le sue piccole dimensioni: ebbe tanto successo che venne subito acquistato dalla rete televisiva americana NBC e dalla NASA, che lo usò durante la missione Apollo 11. Negli anni Ottanta, Olivetti diventò uno dei maggiori produttori di computer, **stampanti*** e fotocopiatrici in Europa. Attualmente l'azienda è specializzata nella produzione di stampanti per le banche, con più di un milione e mezzo di macchine in tutto il mondo.

Lo storico modello *Lettera 22*

La calcolatrice *Divisumma 14*

Made in Italy

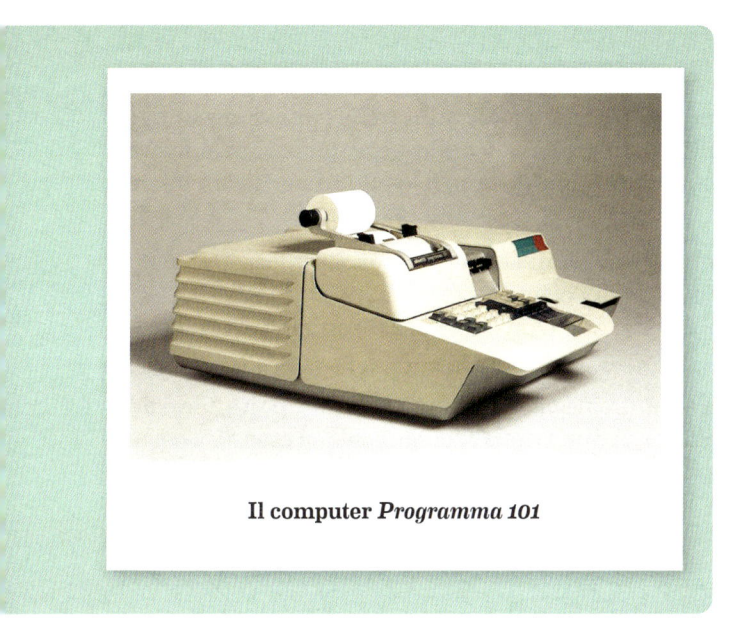

Il computer *Programma 101*

VORREI APPROFONDIRE:

MI PUÒ INTERESSARE ANCHE:

SITI WEB UTILI:

Design e comunicazione

Olivetti si distingue per il design dei suoi prodotti: innovativo, funzionale, elegante. In questo campo ottenne molti riconoscimenti: nel 1952 il MoMa di New York organizzò una mostra di design industriale dedicata a Olivetti e successivamente molti dei prodotti sarebbero entrati a far parte della **collezione permanente*** del museo. Importante anche la comunicazione: i poster e i messaggi pubblicitari del marchio, raffinati ed efficaci, hanno trovato posto in grandi esposizioni in tutto il mondo.

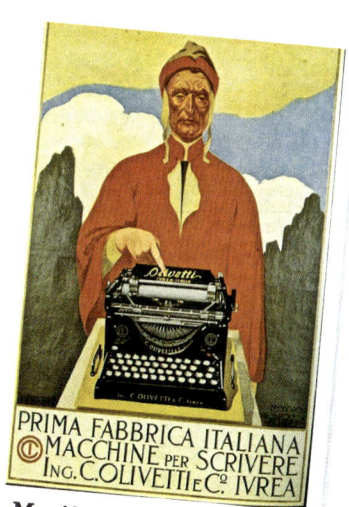

Manifesto della macchina da scrivere *M1*

Lavorare alla Olivetti

Adriano Olivetti aveva idee innovative anche riguardo all'ambiente di lavoro: fabbriche, uffici e negozi dovevano essere luoghi belli e accoglienti, in cui i lavoratori si sentissero a proprio agio. Fece quindi costruire edifici moderni, luminosi e piacevoli da vivere. Negli **stabilimenti*** si organizzavano attività culturali e ricreative, e i dipendenti godevano di particolari benefit come cure mediche gratuite e la possibilità di orari flessibili. Un esempio di welfare aziendale che rendeva i dipendenti orgogliosi e felici di lavorare alla Olivetti.

Stabilimento realizzato da Olivetti a Pozzuoli

GLOSSARIO

calcolatrice	=
prestazione	=
competere	=
stampante	=
collezione permanente	=
stabilimento	=

Olivetti si è distinta per innovazione, design, comunicazione e politiche di welfare aziendale. Quali sono gli aspetti che ti colpiscono di più? Esiste un'azienda simile nel tuo Paese? Parlane con un compagno.

Esami ufficiali

Presentazione

Gli esami di certificazione verificano i livelli del QCER e hanno l'obiettivo di valutare la competenza linguistico-comunicativa di un individuo, misurando le sue abilità (comprensione orale e scritta; produzione orale e scritta). Le certificazioni linguistiche ufficialmente riconosciute che attestano il livello B1 nella competenza dell'italiano come lingua straniera sono:

- La CILS (Certificazione di Italiano come Lingua Straniera) erogata dall'Università per Stranieri di Siena.
- Il PLIDA (Progetto Lingua Italiana Dante Alighieri) erogato dalla Società Dante Alighieri.
- Il CELI (Certificato di conoscenza della Lingua Italiana) erogato dall'Università per Stranieri di Perugia.
- La CERT.IT (Certificazione dell'italiano come lingua straniera) erogata dall'Università degli Studi Roma Tre.

Questa sezione serve allo studente per familiarizzare con la struttura degli esami. Proponiamo 2 prove, talvolta in versione ridotta, per ogni test di abilità. Non intendiamo quindi fornire una riproduzione fedele ed esaustiva dei modelli d'esame, ma degli esempi di prove per conoscere e comparare le diverse certificazioni che attestano il livello B1.

CILS UNO - B1

TEST	NUMERO DI PROVE	TIPOLOGIA DELLE PROVE	DURATA
Ascolto	3	• Due prove a scelta multipla con 4 proposte di completamento • Individuazione delle informazioni presenti nel testo	30' circa
Comprensione della lettura	3	• Scelta multipla con 3 proposte di completamento • Individuazione delle informazioni presenti nel testo • Ricostruzione di un testo	50'
Analisi delle strutture di comunicazione	4	• Riempimento degli spazi vuoti con articoli e preposizioni articolate • Riempimento degli spazi vuoti con i verbi • Riempimento degli spazi vuoti con una delle 4 proposte di completamento • Scelta multipla con 4 proposte	1 ora
Produzione scritta	2	• Scrivere un testo di 100-120 parole • Scrivere un testo di 80-100 parole	1 ora e 10'
Produzione orale	2	• Conversazione di 2-3 minuti circa • Monologo di 2 minuti circa	5' circa

L'esame al quale ci ispiriamo è il modello standard CILS Uno – B1.

PLIDA - B1

TEST	NUMERO DI PROVE	TIPOLOGIA DELLE PROVE	DURATA
Ascoltare	4	• Due prove a scelta multipla con 3 proposte di completamento con immagini • Abbinamento di informazioni/testi • Scelta multipla con 3 proposte di completamento	30'
Leggere	4	• Scelta multipla con 4 proposte di completamento • Abbinamento di testi • Ricostruzione di un testo • Abbinamento di testi e titoli	30'
Scrivere	2	• Scrivere un testo informativo di 150 parole circa • Scrivere un testo narrativo di 100 parole circa	1 ora
Parlare	2 + presentazione	• Presentazione • Interazione a coppie o con l'intervistatore • Monologo di 3 minuti circa	15'

L'esame al quale ci ispiriamo è il modello standard PLIDA B1.

Introduzione

CELI 2 - B1

TEST	NUMERO DI PROVE	TIPOLOGIA DELLE PROVE	DURATA
Comprensione di testi scritti	5	• Scelta multipla con 3 proposte di completamento • Individuazione delle informazioni presenti nel testo • Scelta multipla con 4 proposte di completamento • Riempimento degli spazi vuoti con tre proposte di completamento • Riempimento degli spazi vuoti con pronomi	2 ore
Produzione di testi scritti	3	• Domande aperte su input testuale • Scrivere un testo di 50 parole circa • Scrivere un testo di 90-100 parole	
Comprensione di testi orali	4	• Due prove a scelta multipla con 3 proposte di completamento • Due prove di individuazione delle informazioni presenti nel testo	20'
Produzione orale	3	• Presentazione • Descrizione immagini • Role play	15'

L'esame al quale ci ispiriamo è il modello standard CELI 2 – B1.

CERT.IT

TEST	NUMERO DI PROVE	TIPOLOGIA DELLE PROVE	DURATA
Ascoltare	3	• Scelta multipla con 3 proposte di completamento • Vero/falso • Individuazione delle informazioni presenti nel testo	30'
Leggere	5	• Scelta multipla con 3 proposte di completamento con immagini • Abbinamento di testi • Scelta multipla con 3 proposte di completamento	
Scrivere	2	• Scrivere un testo descrittivo di 50-80 parole • Scrivere un testo di 40-80 parole	2 ore
Usi dell'italiano	3	• Riempimento degli spazi vuoti con articoli e preposizioni • Riempimento degli spazi vuoti con 3 proposte di completamento • Scelta multipla con 3 situazioni comunicative	
Comunicazione faccia a faccia	2	• Role play • Monologo su argomenti di vita quotidiana	10'

STRATEGIE PER LAVORARE

Leggi attentamente le istruzioni prima di iniziare ogni prova e cerca di gestire al meglio il tempo a tua disposizione.

- **Comprensione orale**: Durante il primo ascolto, concentrati sul significato generale e scegli la risposta. Verifica le tue scelte durante il secondo ascolto.
- **Comprensione scritta**: La prima lettura serve a comprendere il senso generale del testo. Durante la seconda lettura concentrati sulle informazioni più importanti per svolgere la prova. Il contesto può aiutarti a capire il significato di una parola che non conosci.
- **Produzione scritta**: Prima di iniziare a scrivere, rifletti sulle informazioni che vuoi comunicare e organizza le tue idee in modo coerente. Cerca di esprimere le informazioni in modo chiaro e utilizza strutture non troppo complesse. Infine, controlla la correttezza formale del tuo testo.
- **Produzione orale**: Segui attentamente le istruzioni dell'esaminatore. Esprimiti con calma e non avere fretta di parlare. A volte può essere utile inserire nel tuo discorso fatti personali o esempi concreti.

Esami ufficiali

🔊 Ascolto

Attività 1. Ascolta i testi e completa le frasi. Indica con una X la proposta di completamento corretta.

1. Il cameriere consiglia ai signori di
   - a. provare un formaggio tipico della regione.
   - b. ordinare il piatto del giorno.
   - c. provare il dolce della casa.
   - d. ordinare della carne al posto della pasta.

2. Giorgio consiglia alla signorina di
   - a. aspettare il tram che porta a piazza Venezia.
   - b. chiamare un taxi per non perdersi.
   - c. prendere la metropolitana invece dell'autobus.
   - d. noleggiare un'auto per arrivare prima.

3. All'ingresso di un museo lo studente chiede all'addetta
   - a. quali persone possono chiedere uno sconto.
   - b. se ci sono attività in programma per studenti.
   - c. quando è possibile visitare le esposizioni.
   - d. come richiedere la carta dei soci del museo.

4. L'annuncio riguarda
   - a. una rivista specializzata per ricercatori
   - b. un documentario sulla storia dell'astronomia.
   - c. un corso di dottorato in Scienze naturali.
   - d. un evento culturale e scientifico.

5. ImpresaPiù offre
   - a. servizi specializzati per ogni tipo di azienda.
   - b. uffici in affitto per chi lavora in piccole imprese.
   - c. corsi formativi per laureati in Comunicazione.
   - d. assistenza ai clienti di una multinazionale.

Attività 2. Ascolta il testo: è un annuncio alla radio. Scegli quali informazioni sono presenti nel testo che ascolterai.

- ☐ 1. *Carpe Locum* è un'applicazione italiana per la ricerca di eventi.
- ☐ 2. L'applicazione permette agli utenti di organizzare eventi culturali.
- ☐ 3. Gli utenti possono valutare gli eventi con votazioni e commenti.
- ☐ 4. *Carpe Locum* è oggi disponibile in più di dieci città italiane.
- ☐ 5. *Carpe Locum* era disponibile all'inizio solo nella città di Roma.
- ☐ 6. Oltre 400 persone lavorano per *Carpe Locum* in diversi uffici in tutta Italia.
- ☐ 7. L'applicazione si aggiorna ogni fine settimana.
- ☐ 8. Su *Carpe Locum* è disponibile una selezione degli eventi più importanti in città.
- ☐ 9. L'applicazione contiene una sezione speciale per le sfilate di moda.
- ☐ 10. Le discoteche hanno messo a disposizione sconti per gli utenti di *Carpe Locum*.
- ☐ 11. Gli eventi consigliati riguardano un pubblico di giovani.
- ☐ 12. Grazie a *Carpe Locum* è possibile prenotare biglietti e avere riduzioni.

CILS UNO - B1

Comprensione della lettura

Attività 1. Leggi il testo e scegli quali informazioni sono presenti.

Metropolitana di Milano - Regole di comportamento

- Sulle scale mobili, sia in discesa sia in salita, bisogna tenere la destra.
- In caso di necessità, si consiglia di telefonare alla nostra Infoline, attiva dal lunedì al venerdì dalle 07.30 alle 19.00.
- Si deve convalidare il biglietto o l'abbonamento all'inizio del viaggio e a ogni cambio di mezzo.
- Bisogna fare attenzione agli annunci e agli schermi presenti in stazione per ricevere informazioni utili sul viaggio.
- È vietato buttare oggetti in terra nelle stazioni o sui binari. Attenzione: la carta a contatto con i binari può prendere fuoco.
- Si deve attendere il treno dietro la linea gialla di sicurezza.
- Si consiglia agli adulti di tenere sempre vicino i bambini.
- Prima di salire in vettura, è necessario fare scendere i passeggeri in uscita.
- Quando si entra e quando si esce dalla vettura, bisogna fare attenzione allo spazio tra la banchina e il treno.
- È buona educazione lasciare il proprio posto alle signore incinte e alle persone anziane.
- È obbligatorio lasciare libera la postazione riservata alle persone in carrozzella.

- ☐ 1. I passeggeri sulle scale mobili devono stare a destra.
- ☐ 2. Il servizio Infoline della metropolitana è attivo tutti i giorni.
- ☐ 3. Bisogna convalidare i titoli di viaggio solo all'ingresso della stazione.
- ☐ 4. È possibile informarsi sulla mobilità grazie agli schermi.
- ☐ 5. Per motivi di sicurezza è vietato introdurre giornali nelle stazioni.
- ☐ 6. Si deve aspettare il treno dietro la linea gialla.
- ☐ 7. I bambini devono salire prima dei propri genitori.
- ☐ 8. Le persone anziane hanno dei posti riservati.

Attività 2. Il testo è diviso in 8 parti che non sono in ordine. Ricostruisci il testo. Scrivi la lettera (B-H) accanto al numero corrispondente (2-8) all'ordine del testo.

"L'importante è il pensiero"

- [1] a. Il 21 dicembre scorso io e mia moglie siamo andati a comprare un regalo di Natale per Stefano, un nostro caro amico.
- ☐ b. "Non vi preoccupate" ha risposto Stefano. "Verrò io a casa vostra domani, così mi darete il mio regalo… quello vero!"
- ☐ c. Stefano era molto contento e l'ha scartato con grande felicità. Purtroppo, però, si trattava di un pigiama rosa con i fiori azzurri.
- ☐ d. Abbiamo fatto un lungo giro per i negozi del centro e alla fine abbiamo scelto una cravatta bellissima di colore azzurro, che è il suo colore preferito.
- ☐ e. Il giorno dopo abbiamo preso la busta della cravatta e siamo andati a casa di Stefano, per fare un brindisi e scambiarci i regali.
- ☐ f. Quando siamo arrivati a casa sua, prima abbiamo chiacchierato un po' e poi io e mia moglie gli abbiamo consegnato il nostro regalo.
- ☐ g. Che figuraccia! "Scusa Stefano, ma ci siamo sbagliati!". Quello era in realtà il regalo per la nonna di mia moglie!
- ☐ h. Dopo lo shopping siamo tornati a casa e abbiamo messo la cravatta sotto l'albero, insieme a tutti gli altri regali.

| 1. A | 2. | 3. | 4. | 5. | 6. | 7. | 8. |

Esami ufficiali

Analisi delle strutture di comunicazione

Attività 1. Completa il testo con le forme giuste dei verbi che sono fra parentesi.

Valerio e Linda, la coppia di blogger che fa il giro del mondo

Avete mai pensato di mollare tutto per partire e vivere viaggiando? Valerio e Linda (0. condurre) _conducono_ da molti anni una vita in continuo movimento. Li abbiamo intervistati.

Valerio e Linda, quando avete deciso di cambiare vita?
Valerio: "Cinque anni fa (1. lavorare) _lavoro_ come commercialista nello studio di mio padre. Anche se (2. essere) _c'è_ un lavoro sicuro e ben pagato, non mi sentivo soddisfatto. In quel periodo (3. andare) _vado_ spesso in vacanza, ma quando poi tornavo a casa (4. avere) _ho_ subito voglia di partire di nuovo. Proprio in quel periodo (5. conoscere) _____ Linda, una giovane studentessa piena di curiosità, con tanta voglia di viaggiare. Da allora (6. diventare) _____ inseparabili".

Che tipo di lavoro fate per poter viaggiare così spesso?
Linda: "Insieme abbiamo creato il blog "Il Portafoglio". Il nostro blog (7. aiutare) _____ i nostri lettori a risparmiare in tutti i campi, dalla spesa alle prenotazioni".

Quanti Paesi avete visitato fino ad oggi?
Linda: "Moltissimi! Il primo vero viaggio (8. essere) _____ in Australia. Devo dire che quell'esperienza (9. rimanere) _____ nel nostro cuore. E poi in Brasile, in Cina, in Thailandia...".

Un consiglio per quelli che vorrebbero vivere come voi?
Valerio: "Viaggiare è un'esperienza meravigliosa, però per vivere di viaggi come facciamo noi (10. servire) _____ anche molta intraprendenza. Non basta avere voglia di partire".

Attività 2. Scegli per ogni testo una delle quattro situazioni di comunicazione.

1. Scusi, mi può dire i piatti del menù del giorno?
   - ☑ a. In un ristorante vuoi sapere cosa si può mangiare.
   - ☐ b. In un bar ti informi sul prezzo delle bevande.
   - ☐ c. In un'enoteca chiedi la carta dei vini.
   - ☐ d. In un supermercato vuoi comprare dei piatti.

2. Il prestito dura 30 giorni per i libri e 3 giorni per i DVD. Si può rinnovare il prestito una sola volta.
   - ☐ a. In una libreria, chiedi informazioni al commesso.
   - ☑ b. In una biblioteca, ti informi sul regolamento.
   - ☐ c. In un'edicola, chiedi il prezzo dei libri in esposizione.
   - ☐ d. In una copisteria, ti informi sul prezzo delle fotocopie.

3. Ciao Daniele, come va? Domattina devo andare a Bergamo. Secondo te è meglio andare in treno o in autobus?
   - ☐ a. Alla biglietteria chiedi informazioni sulle tariffe.
   - ☑ b. Scrivi a un amico per chiedere informazioni su un viaggio.
   - ☐ c. Alla fermata dell'autobus chiedi gli orari di partenza e arrivo.
   - ☐ d. Entri in un blog per chiedere quale mezzo di trasporto è meglio prendere.

4. Luca, tu che ti alleni sempre, mi puoi consigliare un parco dove posso fare sport all'aria aperta?
   - ☑ a. Chiedi a un amico dove fare attività sportiva.
   - ☐ b. Leggi l'annuncio pubblicitario di una palestra.
   - ☐ c. Chiami una palestra per iscriverti a un corso.
   - ☐ d. Ascolti un guardiano che spiega cosa si può fare nel parco pubblico.

5. Ampio appartamento con tre camere luminose, doppi servizi, cucina abitabile e sgabuzzino. Solo per studenti. Via dei Mille, vicino alla stazione metro. Chiamare Giuseppe: 333372187.
   - ☐ a. Giuseppe cerca una stanza in affitto.
   - ☐ b. È l'annuncio pubblicitario di un'impresa di pulizie.
   - ☑ c. Giuseppe affitta casa sua a tre persone.
   - ☐ d. È l'annuncio di un ragazzo che cerca un coinquilino.

6. Se vuole collegarsi a Internet usi pure la rete dell'hotel.
   - ☐ a. Un sito web presenta le migliori offerte di hotel in zona.
   - ☐ b. Un addetto alla reception informa il cliente sui servizi a disposizione.
   - ☑ c. Nella stanza di un hotel leggi il regolamento sull'uso della rete Wi-Fi.
   - ☐ d. In un Internet-point ti informi su quali siti web puoi visitare.

CILS UNO - B1

✏️ Produzione scritta

Attività 1. Racconta cosa ti piace fare nel tempo libero. Devi scrivere da 100 a 120 parole.

Attività 2. Sei appena tornato da un viaggio di una settimana. Scrivi un'e-mail a un amico/un'amica per raccontargli la tua esperienza. Devi scrivere da 80 a 100 parole.

A: e.rubentin@cdl.mail.it

Oggetto: Viaggio

💬 Produzione orale

Attività 1. La prova ha le caratteristiche di una conversazione faccia a faccia. Scegli un argomento e parlane con l'intervistatore:

- il tuo rapporto con lo sport e l'attività fisica
- un libro o un film che ti è piaciuto particolarmente
- come organizzi i tuoi viaggi di solito
- un'esperienza importante nel tuo percorso di studi

Attività 2. Parla di uno dei seguenti argomenti o descrivi l'immagine. Devi parlare per 2 minuti circa.

- le caratteristiche di un personaggio storico
- le regole di un'alimentazione sana ed equilibrata

Esami ufficiali

Comprensione di testi scritti

Attività 1. Scegli la parola opportuna fra le tre proposte di completamento.

LIFESTYLE - INTERVISTE

Vogliamo fare pace? Parliamo di cibo!

Sette Italiani su dieci parlano di cucina: unisce le persone ed evita i conflitti.

Basta con la politica. L'argomento di conversazione universale (1) _nelle_ spiagge italiane in questa calda estate è la cucina. Gli italiani amano (2) _parlare_ dei propri gusti o dei piatti che (3) _mangiavano_ durante l'infanzia. Ma per quale motivo la cucina è l'argomento preferito dagli italiani? Innanzitutto permette di scambiare opinioni (4) _senza_ creare conflitti tra le persone (58%), aiuta a rilassarsi (55%) e spinge le persone a socializzare (5) _tra_ di loro (48%). "L'Italia è la patria della gastronomia ed è normale che la cucina sia tra gli argomenti più chiacchierati (6) _durante_ le vacanze", afferma Paolo Corvo, direttore del laboratorio di Sociologia dell'Università di Scienze Gastronomiche di Pollenzo, (7) _in_ Piemonte. Negli ultimi anni c'è (8) _stato_ un vero e proprio boom del cibo. Oggi mangiare (9) _è_ diventato un piacere, un'emozione e un'esperienza di cui volentieri si parla, (10) _anche_ perché è un argomento neutro rispetto ad altri".

▲ Adattato da "La cucina è l'argomento che unisce sotto l'ombrellone" (www.oggi.it)

1. ☑ a) nelle ☐ b) dalle ☐ c) alle
2. ☐ a) parlando ☐ b) parlato ☑ c) parlare
3. ☐ a) mangiate ☑ b) mangiavano ☐ c) mangeremo
4. ☑ a) senza ☐ b) niente ☐ c) meno
5. ☐ a) su ☐ b) con ☑ c) tra
6. ☐ a) davanti ☑ b) durante ☐ c) prima
7. ☐ a) a ☑ b) in ☐ c) da
8. ☐ a) avuto ☐ b) fatto ☑ c) stato
9. ☐ a) è ☑ b) ha ☐ c) fa
10. ☐ a) con ☐ b) insieme ☐ c) anche

194 centonovantaquattro

CELI 2 - B1

Attività 2. Completa le frasi con una delle quattro proposte di completamento.

1. Sono stanco (1) .... ho camminato tutto il giorno!
   - a. allora
   - b. oppure
   - c. come
   - ☒ d. perché

2. Non hai risposto al mio messaggio, (2) .... sono andato via.
   - ☒ a. quindi
   - b. invece
   - c. anche
   - d. ossia *or/rather*

3. Stasera preferisci andare al cinema (3) .... allo stadio?
   - a. siccome
   - b. quindi
   - ☒ c. oppure
   - d. però

4. Lei si chiama Annalisa, proprio (4) .... tua sorella.
   - a. però
   - ☒ b. come
   - c. siccome *since*
   - d. che

5. Stamattina mi hanno telefonato (5) *mentre* ero in giardino.
   - a. mentre
   - b. dove
   - c. infatti
   - d. anche

6. Non mi piacciono i film dell'orrore, (6) .... quelli più recenti.
   - a. quando
   - b. perciò
   - c. allora
   - ☒ d. neanche

Produzione di testi scritti

Attività 1. Rispondi alle domande del questionario.

Lei ha partecipato a un viaggio organizzato nel Sud Italia e nelle isole. Ha visitato la Campania, la Calabria, la Sicilia e la Sardegna. Nel programma del viaggio c'erano anche visite guidate e attività culturali. Alla fine del viaggio, l'agenzia di viaggi Le consegna un questionario di soddisfazione.

Questionario per i clienti
Agenzia di viaggi Verso Sud

1. Come ha conosciuto la nostra agenzia di viaggi?
   ....
   ....

2. C'è un luogo che ha visitato che Le è piaciuto particolarmente?
   ....
   ....

3. Quali sono i Suoi interessi principali quando va in viaggio?
   ....
   ....

4. Cosa Le è piaciuto di più della nostra organizzazione?
   ....
   ....

5. Invece, cosa Le è piaciuto di meno?
   ....
   ....

6. Consiglierebbe la nostra agenzia a un Suo amico?
   ....
   ....

Esami ufficiali

Attività 2. Mentre navighi su Internet, hai trovato un annuncio interessante e hai deciso di rispondere. Usa circa 50 parole. Nella risposta:

- ti presenti brevemente
- descrivi l'oggetto che vuoi vendere o scambiare
- indichi come mettersi in contatto con te

Rispondi all'annuncio!

LOMBARDIA ANNUNCI

ANTONIO93@

Mi chiamo Antonio e sono sempre interessato alla ricerca di oggetti vintage o di seconda mano da comprare o scambiare. Vendo, compro e scambio biciclette, giochi da tavola, vestiti, libri, fotografie e dischi. Se anche tu hai voglia di risparmiare, scrivimi e ti risponderò al più presto.

Comprensione di testi orali

Attività 1. Ascolta i testi. Scegli per ogni testo una delle tre proposte di completamento.

1. Questo messaggio
   - a. consiglia di non prendere troppe medicine.
   - b. propone una cura per il mal di stomaco.
   - c. pubblicizza un prodotto per il mal di testa.

2. Il comune di Savona
   - a. informa i suoi cittadini sulla raccolta differenziata.
   - b. aiuta i cittadini che hanno bisogno di trovare casa.
   - c. consiglia ai cittadini di non uscire in strada.

3. Questo messaggio pubblicizza
   - a. una squadra sportiva.
   - b. una compagnia aerea.
   - c. un nuovo aeroporto.

4. Sesto Livello è
   - a. un compact disc di 6 canzoni.
   - b. una trasmissione radiofonica.
   - c. un festival musicale.

5. Questo messaggio
   - a. pubblicizza un negozio di computer e telefoni.
   - b. consiglia un portale on-line dedicato al lavoro.
   - c. invita le aziende ad assumere giovani lavoratori.

6. Nei negozi Casa Comoda
   - a. i saldi dureranno 7 giorni.
   - b. c'è uno sconto del 10% sui divani.
   - c. i tempi di consegna sono di una settimana.

CELI 2 - B1

Attività 2. Ascolterai un'intervista radiofonica che tratta di un modo di condividere i libri. Non tutte le informazioni da 1 a 12 sono presenti nel testo. Indica accanto alla frase: <u>sì</u>, se è presente - <u>no</u>, se non è presente.

1. si crea uno scambio libero e continuo — sì ☐ no ☐
2. i lettori scrivono nuovi romanzi o nuovi saggi — sì ☐ no ☐
3. Federico è iscritto da molti anni alla biblioteca comunale — sì ☐ no ☐
4. il sito italiano conta più di 500.000 iscritti — sì ☐ no ☐
5. le persone aspettavano i libri — sì ☐ no ☐
6. non ci sono molte zone di scambio registrate — sì ☐ no ☐
7. è possibile lasciare e prendere i libri — sì ☐ no ☐
8. è anche possibile scrivere un commento — sì ☐ no ☐
9. si registra sul sito il libro che si vuole condividere con gli altri — sì ☐ no ☐
10. le comunità di lettori comprano i libri — sì ☐ no ☐
11. c'è un contatto diretto — sì ☐ no ☐
12. la maggior parte dei libri sono guide di viaggio — sì ☐ no ☐

Produzione orale

Attività 1. Descrivi almeno una delle tre immagini presenti.

Attività 2.

UNA NUOVA COLLEGA
Nel tuo ufficio arriva una nuova collega. Tu le dai il benvenuto e le spieghi quali sono le regole da rispettare sul posto di lavoro. Aiutati guardando le immagini.

centonovantasette **197**

Esami ufficiali

🔊 Ascoltare

Attività 1. Ascolta il dialogo e scegli per ogni domanda il disegno giusto fra i tre proposti.

1. *Che cosa farà Laura domani?*

2. *Che cosa farà Alessio lunedì prossimo?*

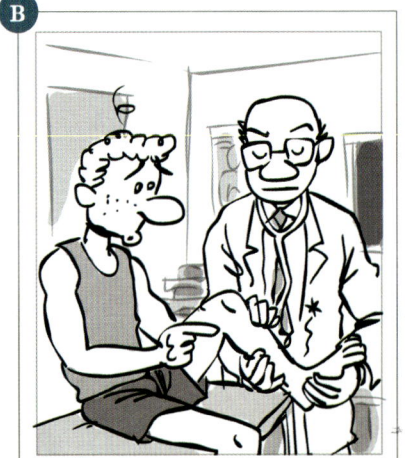

3. *Dove andrà Claudio domani?*

PLIDA - B1

Attività 2. In questo esercizio ascolterai cinque persone che parlano di lavoro. Associa a ogni racconto una delle otto frasi elencate.

a. Vuole lavorare di più.
b. Ha lavorato in un ambiente piacevole.
c. Fa il lavoro dei suoi sogni.
d. Lavora all'università.
e. È disoccupato.
f. Fa un lavoro noioso.
g. Lavora nel centro storico.
h. Ha un secondo lavoro.

| 1. A | 2. | 3. | 4. | 5. | 6. |

Leggere

Attività 1. Leggi i testi. Abbina le affermazioni delle persone alle descrizioni dei tipi di viaggio.

a. Vuoi confrontarti con nuove realtà e diversi stili di vita? Questo programma di viaggio permette ai giovani di vivere un'esperienza unica e divertente in un Paese straniero: frequentare un intero anno scolastico o seguire brevi corsi di formazione all'estero.

b. Pacchetti su misura per i turisti più curiosi e socievoli. Uno staff specializzato di animatori e guide turistiche organizzerà attività, escursioni ed eventi per aiutare i viaggiatori a conoscersi tra di loro e fare amicizia rapidamente.

c. A settembre il Lago di Garda profuma di uva e di limoni: un'occasione unica per scoprire la sua meravigliosa natura attraverso un percorso rilassante tra gli aromi di olio d'oliva, lavanda e limone. Regalati un'esperienza serena e rigenerante per distendere l'anima e il corpo.

d. Per i viaggiatori interessati al turismo culturale, proponiamo una serie di divertenti itinerari per scoprire i luoghi più affascinanti del Mediterraneo. Seguendo le tracce dei popoli antichi, fra Africa e Medio Oriente, entreremo in contatto con le storie, i miti e le leggende che da molti secoli abitano questo mare.

1. "Viaggiare è la mia passione. Quest'estate però vorrei fare un viaggio molto rilassante, perché ho lavorato tanto durante l'anno. Sono in cerca di tranquillità".

2. "Per me non è tanto importante la destinazione, voglio andare in vacanza per divertirmi e conoscere altre persone. Non mi piacciono le città in cui la sera non c'è niente da fare".

3. "Quest'anno vorrei fare un bel viaggio all'estero, per scoprire le civiltà del passato e visitare i siti archeologici e i musei".

4. "Secondo me viaggiare è un'occasione per formarsi e per conoscere altre culture. Più che una vacanza vorrei fare un'esperienza formativa all'estero".

Esami ufficiali

Attività 2. Leggi i testi. Abbina le notizie ai titoli giusti.

☐ .... ☐ .... ☐ ....

Si trattava di un grosso peluche che riproduceva le dimensioni naturali di una tigre. Ieri sera verso le 22.30 un automobilista di Firenze ha creduto di essere davanti a una vera tigre del Bengala, nei pressi di Via Livorno.
I poliziotti stanno indagando per scoprire se si tratta di uno scherzo o se il pupazzo è stato semplicemente abbandonato.

Aveva riconosciuto la sua bicicletta all'interno di un esercizio commerciale. Il giovane studente universitario ha quindi richiesto l'intervento della Polizia, ma il proprietario del negozio non ha voluto dare spiegazioni sulla presenza della bicicletta, che era stata rubata 14 giorni prima nel palazzo dello studente.

Tra i cibi più pericolosi provenienti dall'estero ci sono pistacchi, fichi secchi e nocciole, che sono stati inseriti nella lista nera del cibo con elevato tasso di rischio. L'agricoltura italiana è invece la più "verde" d'Europa grazie ai suoi 292 prodotti di denominazione di origine protetta e al maggior numero di aziende biologiche.

a. Bambini a mensa, a Savona raddoppiano i menù vegetariani e vegani
b. Cibo pericoloso importato dai Paesi europei, cosa bisogna evitare
c. Università in sciopero, gli studenti non possono sostenere gli esami
d. Ferrara, ladro acrobata sale sul tetto per rubare una tv
e. Animali finti, che paura in città! Ci pensa la Polizia.
f. Carpi, vende quello che ruba, ma l'impresa dura solo due settimane

Scrivere

Attività 1. Devi scrivere 150 parole circa.

Hai assistito a un festival del cinema italiano, con proiezioni e interviste. Il festival ti è piaciuto molto, così decidi di scrivere un commento su un sito di eventi:

- descrivi l'organizzazione del festival
- racconta quando ci sei stato e con chi
- parla della cosa che ti è piaciuta di più

www.eventicinema.cdl.it
https://www.eventicinema.cdl.it

Parliamo di cinema

Lascia qui il tuo commento

PLIDA - B1

Attività 2. Devi scrivere 100 parole circa.

Navigando su Facebook hai visitato la pagina **Ricordi di scuola**. Dai anche tu il tuo contributo scrivendo un post su un tuo ricordo legato alla scuola:

- descrivi la tua scuola
- spiega che tipo di studente eri
- racconta il tuo ricordo

Ricordi di scuola
Ieri alle 19.46

Condividi la tua storia!

Mi piace   Commenta   Condividi

580   34 commenti

Scrivi un commento...

Parlare

Attività 1. Vuoi frequentare un corso di cucina con un amico. Osserva le proposte di una scuola e parla con l'esaminatore per:

- decidere a quale corso iscriversi
- organizzarsi per frequentare nello stesso orario
- scegliere il corso di livello principiante o intermedio

La conversazione deve durare 4 minuti circa.

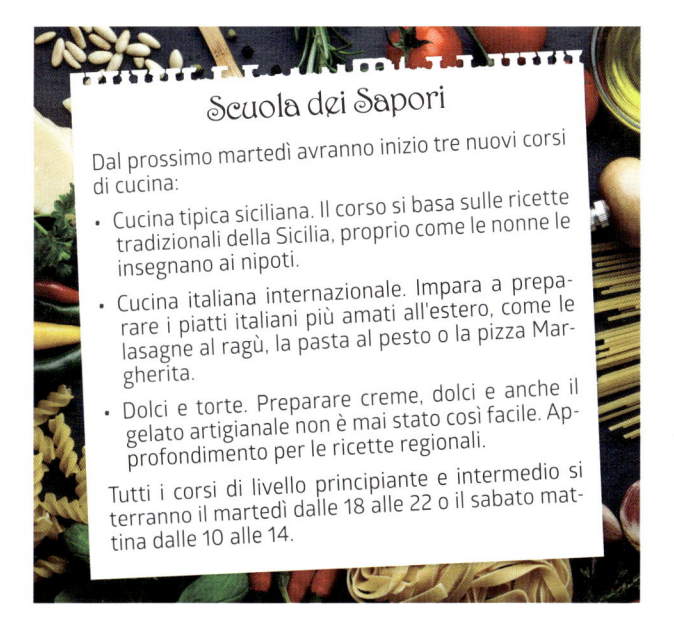

Scuola dei Sapori

Dal prossimo martedì avranno inizio tre nuovi corsi di cucina:

- Cucina tipica siciliana. Il corso si basa sulle ricette tradizionali della Sicilia, proprio come le nonne le insegnano ai nipoti.
- Cucina italiana internazionale. Impara a preparare i piatti italiani più amati all'estero, come le lasagne al ragù, la pasta al pesto o la pizza Margherita.
- Dolci e torte. Preparare creme, dolci e anche il gelato artigianale non è mai stato così facile. Approfondimento per le ricette regionali.

Tutti i corsi di livello principiante e intermedio si terranno il martedì dalle 18 alle 22 o il sabato mattina dalle 10 alle 14.

Attività 2. Osserva l'immagine e leggi il testo. Devi parlare per 3 minuti circa:

- riassumi brevemente la storia della ballerina
- racconta quali sono i tuoi sogni
- spiega cosa bisogna fare per realizzare i propri sogni

“Io credo che tutti noi dobbiamo inseguire i nostri sogni. Fin da quando ero piccola ho sempre amato la danza e la musica classica. Oggi sono una ballerina riconosciuta, ma ho lavorato tanto per arrivare fino a qui. Dico a tutti di provare e di avere coraggio: bisogna vincere la paura e inseguire la propria avventura.”

Esami ufficiali

🔊 Ascoltare

Attività 1. Ascolta il servizio. Poi completa le frasi con l'opzione giusta.

1. Nelle mense sociali
   - a. si cucina per i più poveri.
   - b. si impara a cucinare.
   - c. si organizzano feste.

2. Da "Cucina in comune" è possibile mangiare
   - a. tutti i fine settimana.
   - b. ogni domenica.
   - c. dal lunedì al venerdì.

3. I volontari di "Cucina in comune"
   - a. cucinano tutti insieme.
   - b. raccolgono gli alimenti.
   - c. aiutano lo chef in cucina.

4. Una nuova mensa sociale aprirà
   - a. a Modena.
   - b. a Milano.
   - c. a Napoli.

5. L'artista Mimmo Paladino
   - a. preparerà un piatto speciale.
   - b. donerà un'opera d'arte.
   - c. intervisterà gli chef.

6. Secondo Fulvio Martone le mense sociali sono un esempio di
   - a. solidarietà tra le persone.
   - b. difesa dei diritti del lavoratore.
   - c. rispetto per l'ambiente.

7. A Salonicco lo chef Massimo Bottura aprirà
   - a. un centro di accoglienza.
   - b. un'associazione di beneficenza.
   - c. una nuova gelateria.

Attività 2. Ascolta le seguenti notizie radiofoniche. Per ogni notizia scegli la frase che meglio ne riassume il contenuto.

1.
   - a. Per la prima volta l'11 novembre si terrà a Salerno l'evento "Luci d'artista".
   - b. Durante l'evento "Luci d'artista" è possibile osservare opere d'arte e fare acquisti.

2.
   - a. L'Azienda Comunale Energia e Ambiente ha chiesto ai cittadini di non sprecare l'acqua.
   - b. I cittadini hanno chiesto al Comune di Roma di difendere l'ambiente.

3.
   - a. Il Teatro alla Scala di Milano organizzerà una serie di concerti per un pubblico di anziani.
   - b. I biglietti acquistati per le prove dei concerti aiuteranno associazioni impegnate nel sociale.

4.
   - a. Sara Dossena è stata la prima atleta italiana al mondo ad arrivare sesta alla Maratona di New York.
   - b. Sara Dossena è la prima maratoneta europea nella classifica finale della Maratona di New York.

CERT.IT - B1

📖 Leggere

Attività 1. Leggi il testo. Poi completa le frasi con l'alternativa giusta.

"Kilometro verde", gli 11 chilometri che faranno respirare Parma

La città di Parma si impegna in un progetto importante contro l'inquinamento. Si tratta della progettazione di un parco di nome "Kilometro verde" della lunghezza di 11 chilometri, che nascerà per coprire il lato sud dell'Autostrada A1. I 22 mila nuovi alberi serviranno a creare una barriera tra l'asfalto e la città, per dare vita a un vero e proprio filtro contro lo smog prodotto dai circa 80 mila veicoli che ogni giorno percorrono il tratto autostradale. In questo territorio sospeso tra città e campagna ci sarà anche una pista riservata ai pedoni, per dare a tutti la possibilità di accedere al nuovo parco. In questa zona infatti non si trova solo l'Autostrada A1, ma anche una grande quantità di imprese produttive e grandi multinazionali. Tutti i dipendenti delle fabbriche potranno vivere in un ambiente sano e piacevole. Il Comune di Parma e le aziende si sono uniti nel finanziamento di questa opera pubblica che sarà realizzata entro il 2018.

1. "Kilometro verde" è
   - a. un quartiere di Parma.
   - b. un progetto contro lo smog.
   - c. un evento sportivo.

2. I nuovi alberi serviranno a
   - a. separare l'autostrada dalla città.
   - b. impedire il passaggio delle macchine.
   - c. attirare nuovi viaggiatori.

3. Nella zona del "Kilometro verde"
   - a. ci sono abitazioni private.
   - b. si incrociano due autostrade.
   - c. si trovano molte aziende.

4. Il parco sarà realizzato grazie
   - a. ai dipendenti pubblici.
   - b. ai cittadini di Parma.
   - c. alle imprese e al Comune.

Attività 2. Leggi le seguenti trame di alcuni film italiani. Poi abbina le recensioni all'affermazione corrispondente scegliendo tra quelle proposte. Attenzione, tre affermazioni non hanno abbinamento!

A) 🔲 TERAPIA DI COPPIA PER AMANTI

Roma. Viviana è sposata e ha un figlio. Anche Modesto è sposato e ha un figlio. Viviana e Modesto però non sono marito e moglie, ma sono amanti. La loro relazione è così complicata che decidono di sottoporsi a una terapia di coppia. Purtroppo per loro, anche lo psicanalista ha problemi di coppia. La storia del film si basa sull'omonimo romanzo di Diego De Silva.

B) 🔲 FORTUNATA

Fortunata ha una vita faticosa, una bambina di 8 anni e un matrimonio fallito alle spalle. Fa la parrucchiera a domicilio. Ogni giorno parte dalla periferia dove abita e arriva al centro della città, dove si prende cura dei capelli delle ricche signore. Fortunata combatte per il suo sogno: aprire il suo salone di parrucchiera e diventare indipendente. Non aveva previsto però di innamorarsi dello psicologo di sua figlia.

C) 🔲 MAMMA O PAPÀ?

Valeria e Nicola sono sul punto di divorziare e si preparano a dare la notizia ai loro figli: un adolescente rivoluzionario, una ragazzina sempre attaccata al suo smartphone e un piccolo studioso. Nessuno sopporta più i genitori, e nella famiglia la rottura è totale. Quando Nicola trova lavoro come ginecologo in Mali e Valeria riceve un'offerta per trasferirsi in Svezia, inizia una lunga trattativa tra i due. Entrambi vogliono partire per l'estero in tutta libertà, ovvero senza i figli.

1. Narra la storia di due bambini.
2. Narra le vicende di una famiglia in crisi.
3. È ambientato nella periferia di Roma.
4. Questo film è ispirato a un articolo di giornale.
5. È la storia di una donna e del suo lavoro.
6. Il film si basa su un romanzo.

Esami ufficiali

Usi dell'italiano

Attività 1. Completa il testo con le preposizioni e gli articoli giusti.

VELOX, ECCO IL TRENO REGIONALE DEL FUTURO

I nuovi treni Velox saranno inaugurati (0) _in_ Emilia Romagna, con un ritmo di 13 treni al mese, a partire (1) _dalla_ primavera del 2019. Quando sali su un treno Velox puoi viaggiare su due diversi piani e sederti (2) _sui_ nostri nuovi sedili dal design originale e innovativo, senza trascurare i necessari comfort. Velox è amico dell'ambiente perché consuma il 30% in meno rispetto (3) _alle_ versioni precedenti di questo treno. Inoltre anche il rumore e (4) _le_ vibrazioni saranno ridotte al minimo, per assicurare ai passeggeri un viaggio tranquillo e piacevole.

Attività 2. Completa il testo. Scegli una delle tre proposte di completamento.

Piemonte, al via il festival del turismo e dell'ambiente

Il turismo sostenibile è sempre più una necessità. Per questo motivo nel Monferrato, in Piemonte, si (0) _terrà_ il primo festival dedicato al turismo e alla sostenibilità. Da venerdì 25 maggio sarà possibile partecipare al festival. Il programma della prima edizione prevede una (1) _serie_ interessante di incontri, seminari, laboratori, documentari e concerti. Il primo obiettivo di questo evento culturale è sperimentare modelli alternativi e sostenibili. Il festival vuole (2) _promuovere_ i valori dell'autenticità, del paesaggio naturale e dei prodotti biologici, perché (3) _tutte_ queste cose attirano oggi la curiosità dei turisti e favoriscono allo stesso (4) _tempo_ la cultura locale. Durante la prima giornata ci saranno degustazioni, mostre e camminate lungo i sentieri.

0. ☐ a) terrà ☐ b) avrà ☐ c) darà
1. ☐ a) serie ☐ b) fila ☐ c) coda
2. ☐ a) vendere ☐ b) pubblicare ☐ c) promuovere
3. a) tutte b) intere c) ogni
4. a) giorno b) tempo c) periodo

CERT.IT - B1

✍ Scrivere

Attività 1. Descrivi una città che hai visitato e che ti è piaciuta particolarmente. Devi scrivere da 50 a 80 parole.

Attività 2. Ieri hai ricevuto un messaggio da Daniele. Rispondi. Devi scrivere da 40 a 80 parole.

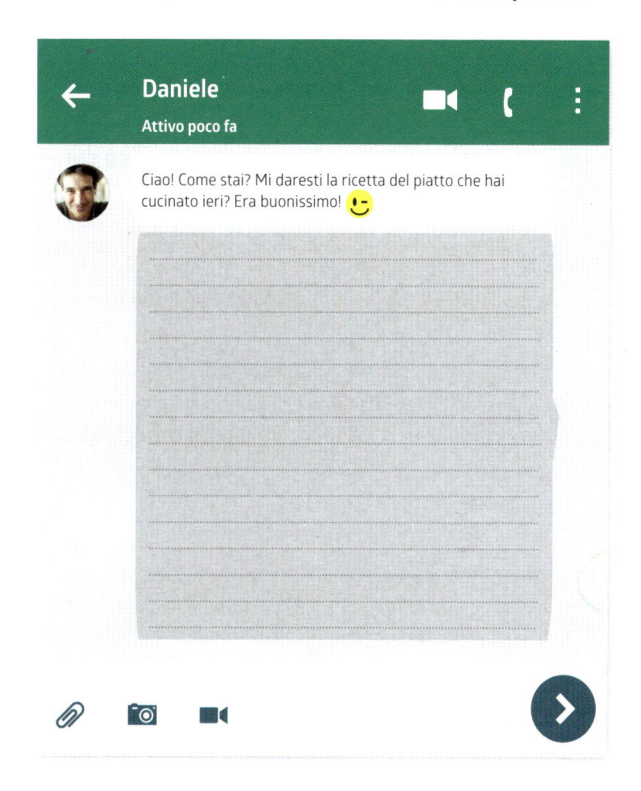

> **Daniele**
> Attivo poco fa
>
> Ciao! Come stai? Mi daresti la ricetta del piatto che hai cucinato ieri? Era buonissimo! ☺

💬 Parlare

Attività 1. La prova ha le caratteristiche di una conversazione faccia a faccia.
Dovrai interagire con l'intervistatore nella seguente situazione:

Ti sei da poco trasferito in un nuovo appartamento in Italia.
Tutte le mattine ti svegliano dei rumori fastidiosi:
- un bambino che corre;
- il volume alto del televisore;
- il suono di una chitarra;
- le urla di persone che litigano.

Ti confronti con il tuo vicino di casa e gli parli del problema.

Attività 2. Parla di uno dei seguenti argomenti o descrivi l'immagine.
- L'oggetto che usi di più nella quotidianità.
- L'importanza della difesa dell'ambiente.

Esercizi

I PRONOMI RELATIVI

1. Cerchia l'opzione corretta. Poi indica se il pronome relativo è soggetto, oggetto diretto o oggetto indiretto.

1. L'ottimismo **che** / **di cui** dimostri è contagioso! .....
2. Anna è un po' introversa e parla solo con le persone **che** / **di cui** si può fidare. .....
3. Nei momenti **che** / **in cui** sono triste, preferisco rimanere solo. .....
4. Giorgio è sempre stato una persona **che** / **su cui** si può contare. .....
5. La qualità **che** / **per cui** apprezzo di più in una persona è la pazienza. .....
6. Qual è il momento della giornata **che** / **di cui** preferisci? .....
7. Piero è molto estroverso, trova sempre qualcuno **che** / **con cui** fare amicizia. .....
8. Non so mai come comportarmi con le persone **che** / **a cui** sono troppo sensibili: ho sempre paura di offenderle. .....

2. Completa le frasi con la preposizione adatta.

1. Michele è una persona .... cui non si può confidare un segreto: racconta sempre tutto agli altri!
2. La tua impulsività è il motivo .... cui ti trovi spesso in situazioni difficili.
3. Le persone .... cui mi trovo meglio sono quelle più estroverse e creative.
4. L'equilibrio nelle emozioni è il fattore .... cui dipende il nostro benessere.
5. Camilla è una persona iperattiva: non c'è mai un momento .... cui si ferma a riposare.
6. Ti presento Milena e Franco, i compagni di università .... cui ti avevo parlato.

IL CONGIUNTIVO PRESENTE (present subjunctive)

3. Per ciascuna forma verbale, scrivi il soggetto corrispondente, come nell'esempio. Attenzione, in alcuni casi è possibile più di una soluzione.

prenda → _io, tu, lui/lei_

1. ami → io, tu, lui/lei
2. chiediate → voi
3. viva → io, tu, lui/lei
4. capiamo → noi
5. faccia → io, tu, lui/lei
6. sia → io, tu, lui/lei
7. abbiano → loro
8. stiate → voi

LE FRASI OGGETTIVE

4. Abbina gli elementi delle due colonne per creare delle frasi. Poi indica se il *che* è un pronome relativo (P) o una congiunzione (C).

1. Posso sempre contare su Cinzia. Apprezzo molto...
2. Non potrei mai lavorare con Giuseppe. Non ha voglia di fare niente e io non sopporto le persone...
3. Cerca di essere più prudente. Temo...
4. Per favore, smetti di agitarti. Non sopporto le persone...
5. Luca mantiene sempre la calma e non si arrabbia mai, mi piace...
6. Carolina ha sempre molte idee innovative. Mi piace...

a. che tu sia troppo impulsivo. (3)
b. che sia così creativa. (6)
c. che sono troppo inquiete. (4)
d. che sia così affidabile. (1)
e. che sono così pigre. (2)
f. che sia così paziente. (5)

5. Completa le frasi con *di* + infinito o *che* + congiuntivo presente dei verbi tra parentesi.

1. Credo (io, essere) che sono abbastanza paziente, ma certe volte mia sorella mi fa proprio arrabbiare!
2. Loredana è molto determinata. Pensiamo (lei, essere) c'è la persona giusta per questo lavoro.
3. Spesso Sonia ci rimane male quando le fanno qualche critica. Credo (lei, avere) che è un carattere troppo sensibile.
4. Credete (voi, avere) che avete una personalità inquieta o tranquilla?
5. Davvero pensi (io, essere) di sono troppo impaziente?
6. Perché non provi un corso di yoga? Penso (aiutare) di aiuta contro l'ansia e lo stress.
7. Carolina e Michele hanno due caratteri molto simili, credo (loro, andare) che vanno d'accordo proprio per questo.
8. Di solito sono tranquillo e sereno, penso (io, essere) di sono abbastanza equilibrato.

206 duecentosei

1

I COMPARATIVI

6. Completa le frasi con i comparativi di maggioranza (+), minoranza (-) o uguaglianza (=).

1. Per combattere l'ansia, lo yoga è .... efficace .... corsa. (+)
2. Credo che Carla sia .... paziente .... te. (-)
3. Secondo noi questa canzone è .... malinconica .... triste. (+)
4. Il jazz può essere coinvolgente .... la musica rock. (=)
5. Mi piace .... ascoltare la musica a casa .... andare ai concerti. (+)
6. Tuo fratello è .... prudente .... te. (-)
7. In questa situazione è .... facile arrabbiarsi .... stare calmi. (+)
8. Non ho mai conosciuto una persona pigra .... te! (=)

I VERBI PRONOMINALI

7. Indica quale dei seguenti verbi pronominali è adatto a sostituire le espressioni sottolineate in ciascuna frase.

smetterla   tenerci   farcela   fregarsene

1. Non sopporto che ti agiti tanto! Puoi evitare di comportarti così, per favore? *smetterla per favore*
2. Ti serve aiuto per finire il lavoro, o sei capace di farlo da solo? *ce la fai da solo*
3. Per me è importante essere sempre preciso ed affidabile. *ci tengo a*
4. Paolo è molto sicuro di sé e non gli importa nulla dei commenti negativi degli altri. *se ne frega*

8. Completa le frasi con i verbi pronominali adatti coniugati nel modo opportuno.

1. No, con i tuoi amici non ci esco. Non (loro) *la smettono* mai di parlare di calcio e francamente io mi annoio da morire.
2. Francesco è davvero egoista: pensa solo a se stesso e *se ne frega* degli altri.
3. Il mese prossimo la mia fidanzata partirà per il Giappone e io lascerò il mio lavoro per seguirla. Lo faccio perché *ci tengo* molto al nostro rapporto.
4. Per piacere, aiutami a finire questa relazione. Devo consegnarla domani e da sola non *ce la faccio*

IL LESSICO PER DESCRIVERE LA PERSONALITÀ

9. Per ciascun nome, scrivi l'aggettivo corrispondente, come nell'esempio.

energia → *energico*

1. pazienza → *paziente*
2. serenità → *sereno/a*
3. impulsività → *impulsivo/a*
4. prudenza → *prudente*
5. equilibrio → *equilibrato*
6. pigrizia → *pigro/a*

10. Ascolta la registrazione e abbina ciascun aggettivo alla persona corrispondente.

creativo/a   ansioso/a

estroverso/a   prudente   affidabile

1. Costanza è ....
2. Giovanni è ....
3. Carolina è ....
4. Raffaele è ....
5. Giorgia è ....

11. Cerchia l'opzione corretta.

1. Dovresti essere un po' più **prudente** / energico nel prendere le decisioni: alcune volte sei troppo impulsivo.
2. Giulia si innervosisce subito, non è per niente **ansiosa** / paziente.
3. Tutto il giorno sul divano a guardare la televisione: non ho mai conosciuto una persona introversa / **pigra** come te!
4. Marco è molto **estroverso** / creativo: comunica facilmente con gli altri e non ha difficoltà a parlare di sé.
5. Stai tranquillo, se Giovanna ti ha detto che ti darà una mano, lo farà sicuramente: è una persona molto **affidabile** / energica.
6. Se ti serve un consiglio per questo progetto, chiedi a Sabrina: è molto affidabile / **creativa** e ha sempre idee nuove e brillanti.

Esercizi

IL LESSICO DELLE EMOZIONI

12. Abbina le seguenti parole alle emozioni espresse dalle immagini.

paura   sorpresa   rabbia   disgusto   tristezza

1. TRISTEZZA
2. PAURA
3. DISGUSTO
4. SORPRESA
5. RABBIA

13. Cerchia l'alternativa corretta.

1. Oggi in ufficio c'è molta **malinconia** / **tensione**: dobbiamo consegnare un progetto importante e siamo in ritardo.
2. Le persone maleducate mi fanno dare di volta il cervello. Che **rabbia** / **tristezza**!
3. Capisco che tu sia di **buon** / **mal** umore perché hai avuto una brutta giornata, ma non è un buon motivo per trattare male gli altri.
4. Quando mi trovo in una situazione di **serenità** / **incertezza** chiedo spesso un consiglio a Paolo: è una persona molto equilibrata e affidabile.
5. Ieri sono tornato nella mia vecchia scuola, ho rivisto la mia aula e i miei insegnanti. Che **ottimismo** / **nostalgia**!

14. Completa il cruciverba con il contrario dei nomi dati, come nell'esempio.

DEFINIZIONI VERTICALI
1. ansia
2. sfiducia
3. certezza
4. pazienza

DEFINIZIONI ORIZZONTALI
1. pessimismo
2. tristezza

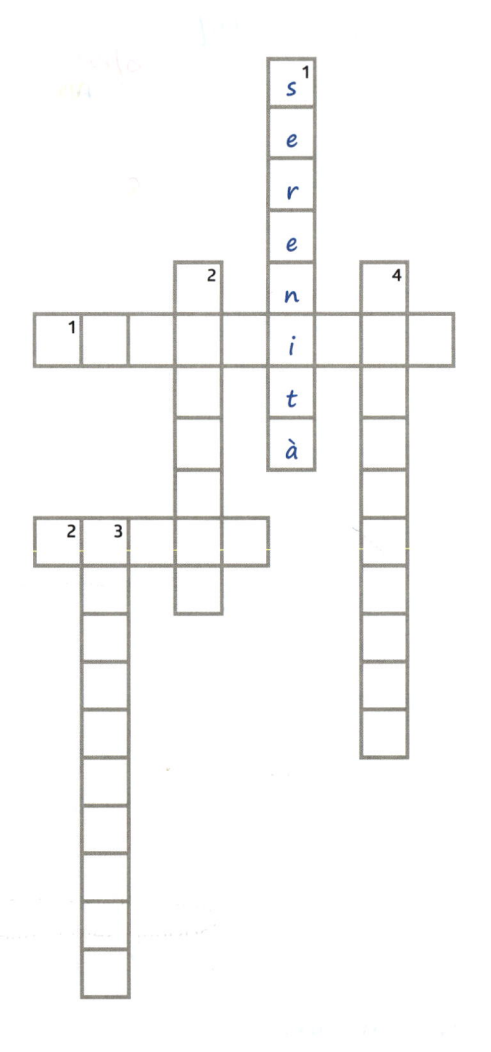

1 verticale: serenità

1

A. COMPRENSIONE SCRITTA

1. Leggi il testo e completalo con le seguenti parole.

equilibrio   emozioni   razionali   sensibile   prudente

IL MODELLO BIG 5

Il modello *Big 5* è una teoria per valutare la personalità che si basa su cinque combinazioni di caratteristiche opposte: grazie a questi fattori si può avere un primo quadro psicologico di una persona.

Estroversione - introversione
Indica l'inclinazione a stare insieme agli altri. L'estroverso ricerca le relazioni sociali perché sono fonte di _emozioni_ positive, ama fare attività di gruppo, andare alle feste e parlare con gli altri. Al contrario, l'introverso è una persona più tranquilla, che preferisce praticare attività individuali in modo indipendente.

Generosità - egoismo
Indica la predisposizione ad aiutare gli altri. La persona generosa è _sensibile_ e infatti fa di tutto per creare situazioni di armonia con gli altri. Chi invece ha una personalità che tende all'egoismo si occupa di più delle sue necessità e spesso è diffidente.

Coscienziosità - negligenza
Valuta la responsabilità e l'affidabilità. Il coscienzioso ama programmare le cose, è metodico, _prudente_, e non prende mai decisioni senza riflettere. Il negligente, invece, è più distratto e disordinato, tende a rimandare le cose e a volte è pigro.

Emotività - stabilità
Indica il modo in cui si gestiscono le emozioni negative. La persona emotiva prova più spesso emozioni forti come rabbia, paura, ansia e tristezza, mentre chi è stabile ha maggiore _equilibrio_: è calmo, sereno e di solito non si lascia influenzare troppo dalle emozioni.

Creatività - realismo
Indica la curiosità intellettuale. Chi possiede più creatività ha sempre nuove idee, è stimolato a creare e inventare. Al contrario, il realismo è tipico di persone _razionali_, che preferiscono il lato pratico delle cose e non sono portate a sognare.

2. Rileggi il testo al punto 1 e rispondi alle seguenti domande.

1. A cosa serve il modello Big 5?
   Una teoria per valutare la personalità
2. Quale di questi profili preferisce fare attività individuali?
   Introversione
3. Quale di questi profili prova emozioni in modo più intenso?
   Emotività
4. Il disordine è una caratteristica di quale profilo?
   Negligenza
5. Quale profilo è più disponibile nei confronti degli altri?
   Estroversione è generosità

B. COMPRENSIONE ORALE

Ascolta la registrazione e indica se le seguenti affermazioni sono vere o false.

	V	F
1. Il modello *Big 5* analizza in modo approfondito la personalità.	☐	☐
2. Alcune aziende usano test basati sul modello *Big 5* per sapere qualcosa sulla personalità dei candidati.	☐	☐
3. Gli estroversi sono più portati per lavori a contatto con le persone.	☐	☐
4. Le persone con più stabilità emotiva non sono adatte ad alcune professioni.	☐	☐
5. Ci sono caratteristiche positive anche in chi ha una personalità "egoista".	☐	☐

C. PRODUZIONE SCRITTA

Quali sono le caratteristiche principali della tua personalità? Scrivi un breve testo per descriverle.

Esercizi

IL TRAPASSATO PROSSIMO

1. Abbina le seguenti forme verbali al soggetto corrispondente.

avevamo giocato — avevi vinto — si era iscritta — si erano qualificate — avevo partecipato — era andato — si erano allenati — avevate perso

1. Io _avevo partecipato_
2. Tu _avevi vinto_
3. Marcello _era andato_
4. Serena _si era iscritta_
5. Io e Carla _avevamo giocato_
6. Tu e Michele _avevate perso_
7. I nostri amici _si erano allenati_
8. Le nostre squadre _si erano qualificate_

2. Nelle seguenti frasi, sottolinea in rosso l'azione anteriore e in blu quella successiva.

1. Hai perso la gara perché non ti eri allenato abbastanza.
2. Non abbiamo partecipato al torneo perché non ci eravamo iscritti in tempo.
3. Non ho risposto alla tua telefonata perché avevo dimenticato il cellulare a casa.
4. Ci eravamo impegnati tanto negli allenamenti, per questo ci siamo qualificati.
5. Hanno annullato la partita perché aveva piovuto molto durante la mattina.

3. Completa le frasi con i verbi tra parentesi coniugati al passato prossimo o al trapassato prossimo.

1. Quando (noi, arrivare) _____ , la partita di tennis (iniziare) _____ da dieci minuti.
2. Giacomo (arrabbiarsi) _____ perché (lui, perdere) _____ la partita solo per un punto.
3. I biglietti per assistere alla gara di domani sono finiti! Per fortuna (io, riuscire) _____ a comprarli perché li (prenotare) _____ .
4. Ieri (io, avere) _____ un terribile mal di testa tutto il giorno perché (lavorare) _____ troppo al computer.
5. (Io, rientrare) _____ a casa da poco quando (tu, arrivare) _____ .

GLI INDICATORI TEMPORALI

4. Completa il testo con i seguenti avverbi e locuzioni avverbiali.

ormai — in seguito — all'improvviso — poco a poco — già

Alex Zanardi, pilota automobilistico e paraciclista, è un incredibile esempio di determinazione e coraggio.
Aveva _già_ gareggiato in Formula 1 e _in seguito_ è passato alla Formula Cart; ma _all'improvviso_, nel 2001, la sua carriera si ferma a causa di un terribile incidente in cui perde entrambe le gambe. Proprio quando la sua carriera sportiva sembra _ormai_ finita, Zanardi non si arrende e si avvicina al mondo della handbike, una bicicletta che si muove con le braccia. _Poco a poco_ l'ex pilota si appassiona al nuovo sport e comincia a praticarlo con costanza, tanto che nel 2012 partecipa e vince alle Paralimpiadi di Londra.

I VERBI PRONOMINALI

5. Cerchia l'opzione corretta.

1. Questa gara sarà molto difficile, perciò Sabrina **mette / ce la mette** tutta per prepararsi.
2. Di solito durante gli allenamenti non **mettiamo / ce la mettiamo** la divisa della squadra, ognuno indossa quello che vuole.
3. L'arbitro **dà / ci dà** una penalità ai giocatori scorretti.
4. Forza, ragazzi, **dateci / date** dentro! Potete ancora vincere!
5. Ci siamo impegnati molto, ma non **abbiamo fatto / ce l'abbiamo fatta** a vincere la gara.
6. Hai visto Gallinari? **Ha fatto / Ce l'ha fatta** un tiro incredibile!

LA PREPOSIZIONE DA

6. Indica in quali delle seguenti frasi la preposizione da segnala la funzione di un oggetto.

1. Siamo andati da Mario a vedere la partita. ☐
2. Carlo fa sport da tutta la vita. ☐
3. Mi serve una nuova tuta da ginnastica. ☑
4. Passiamo da te prima dell'allenamento. ☐
5. Puoi prestarmi un paio di scarponi da sci? ☑
6. Dov'è la mia borsa da palestra? ☑

7. Trasforma le espressioni sottolineate usando la preposizione da.

1. Guarda che bella giornata! Ora mi metto gli <u>occhiali per proteggermi dal sole</u> e vado a fare una passeggiata. _occhiali da sole_
2. Mi piace il tuo <u>costume per nuotare</u>! Dove l'hai comprato? _da_
3. Hai visto la mia <u>racchetta per giocare a tennis</u>? Non la trovo più!
4. Annalisa ha comprato una nuova <u>tuta per sciare</u>.
5. Metti un paio di <u>scarpe per fare ginnastica</u>, starai più comodo.

I PREFISSI NEGATIVI

8. Inserisci il contrario di ciascun verbo o aggettivo nella colonna corrispondente, come nell'esempio. Aiutati con il dizionario, se è necessario.

~~organizzato~~ — corretto — comparire — consapevole — utile — intossicare — bloccare — superabile — comodo — ordinato — costante — abitato

DIS-	IN-	S-
disorganizzato		
comodo	consapevole	comparire
intossicare	utile	corretto
ordinato	superabile	costante
abitato		corretto

IL SUPERLATIVO RELATIVO

9. Abbina gli elementi delle due colonne per creare delle frasi.

1. Quelli acquatici sono gli sport più divertenti…
2. Il ping pong è l'attività meno pericolosa…
3. Le Olimpiadi sono l'evento più emozionante…
4. Claudio è la persona più competitiva…
5. Sciare è l'attività più divertente…

a. di quest'anno.
b. che ci siano.
c. che si possa fare in montagna.
d. che io conosca.
e. della squadra.

LE FRASI LIMITATIVE

10. Riformula le frasi usando un connettivo limitativo e il congiuntivo, come nell'esempio.

Non vado alla partita se non vieni con me. → *Non vado alla partita a meno che tu non venga con me.*

1. Ha detto che non farà attività fisica se non glielo consiglia il medico.
→ Ha detto che non farà attività fisica a meno che lo consigli lo medico
2. Non potete entrare in palestra se non indossate scarpe da ginnastica pulite.
→
3. Non puoi iscriverti al corso di kickboxing se non sei maggiorenne.
→
4. Possiamo ancora vincere se il nostro attaccante non sbaglia.
→
5. Clara e Marta vanno a correre tutti i giorni se non piove.
→ Clara e Marta vanno a correre tutti i giorni eccetto che/tranne che piove

IL LESSICO DELLO SPORT

11. Completa le frasi con le seguenti parole.

fatica — grinta — campione — torneo — competizione — squadra

1. Un vero _campione_ si allena con impegno e non si lascia abbattere dalle sconfitte.
2. Cristiano preferisce gli sport di _squadra_ perché gli piace collaborare con gli altri per raggiungere gli obiettivi.
3. Anche se è in svantaggio, Anna si sta impegnando moltissimo: che _grinta_!
4. Non mi interessa la _competizione_, quello che cerco nello sport è soprattutto relax e svago.
5. Le iscrizioni per il _torneo_ si chiudono domani, se vogliamo partecipare dobbiamo iscriverci subito.
6. Arrivati in cima alla montagna, eravamo così soddisfatti che non sentivamo la _fatica_.

12. Abbina gli elementi delle due colonne per creare delle espressioni relative allo sport.

1. disputare — a. i limiti
2. salire — b. un campionato
3. arrivare — c. un obiettivo
4. superare — d. in finale
5. praticare — e. uno sport
6. raggiungere — f. sul podio (podium)

Esercizi

13. Completa le frasi con le espressioni al punto 12.

1. Vorrei ~~praticare uno sport~~ all'aria aperta per stare a contatto con la natura.
2. Non credo che possiamo vincere, per il momento cerchiamo soltanto di ~~superare i limiti~~
3. L'anno scorso Teresa ha vinto la gara di pattinaggio, credi che ce la farà anche quest'anno a ~~arrivare in finale~~? ~~raggiungere un obiettivo~~
4. Stai cercando di ~~salire sul podio~~ troppo difficile: prova ad allenarti sempre, ma senza esagerare: i risultati arriveranno poco a poco.
5. Non si può ~~praticare~~ di pallacanestro in questa palestra: è troppo piccola!
6. Quello che mi piace dello sport è che impegnandosi con passione tutti possiamo ....

14. Ascolta la registrazione e indica quali sono i benefici del nuoto. 🔊 82

1. Rafforza la muscolatura. ☐
2. Migliora la respirazione. ☐
3. Allena il cuore. ☐
4. Stimola la creatività. ☐
5. Rilassa e distende. ☐
6. Aiuta a concentrarsi. ☐
7. Stimola la competizione. ☐

15. Ascolta la registrazione e indica di quale attività fisica si parla. 🔊 83

1.
☐ a. golf   ☐ b. tennis

2.
☐ a. corsa   ☐ b. yoga

3.
☐ a. ballo   ☐ b. pallavolo

4.
☐ a. acquagym   ☐ b. pallanuoto

5.
☐ a. sci   ☐ b. pattinaggio

6.
☐ a. ciclismo   ☐ b. arrampicata

16. Abbina le seguenti parole alle immagini corrispondenti.

paracadutismo   arrampicata   bungee jumping
fuoripista   rafting

1. ....
2. ....
3. ....
4. ....
5. ....

17. (Cerchia) l'opzione corretta.

1. Non capisco perché correre dei **rischi / brividi** inutili per fare il fuoripista. Ma lo sci tradizionale non vi basta?
2. Dovresti indossare un casco e un giubbotto di salvataggio, in caso di **sfida / incidenti**.
3. Non temete: prima del lancio i vostri paracadute sono stati controllati due volte, per maggiore **paura / sicurezza**.
4. Mi piacciono gli sport emozionanti. Che gusto c'è senza un po' di **adrenalina / prudenza**?
5. Arrivare fino in cima sarà **un pericolo / una sfida** con me stesso.

A. COMPRENSIONE SCRITTA

Leggi il testo e indica quali delle seguenti affermazioni sono presenti.

NARRATORE D'ALTA QUOTA

Erri De Luca, scrittore e poeta, racconta il suo amore per la montagna e l'arrampicata in questa breve intervista.

Erri, quando è iniziata questa passione? Dove ti piace scalare?
Era estate, avevo circa trent'anni quando ho iniziato. Mi piace scalare le falesie in Lazio e in Umbria nel periodo meno caldo, mentre in piena estate vado sulle Dolomiti.

Qual è il fascino della scalata?
Per me la cosa più importante è la bellezza dell'ambiente. E poi, l'atmosfera di intesa e collaborazione che si crea con i compagni di scalata grazie alla difficoltà della salita e allo sforzo fisico. A volte mi piace scalare anche senza scarpe per godere della sensazione della roccia sotto i piedi nudi.

Quali sono le tue sensazioni durante l'arrampicata?
La mente smette di comandare e si lascia guidare dal corpo. A volte capita che la razionalità si ribelli e trasmetta messaggi di pericolo al corpo, ma è sufficiente fermarsi un attimo a respirare e improvvisamente la paura sparisce.

Come è cambiata l'arrampicata negli anni?
È diventata più complicata: è sempre alla ricerca della difficoltà estrema e quindi sono nate anche nuove tecniche di allenamento e di specializzazione. Ora si punta più al rafforzamento muscolare, che si ottiene soprattutto scalando le pareti in palestra, perciò è un'attività meno legata all'ambiente naturale. Il risultato è che adesso gli arrampicatori sono più forti, più tecnici, ma anche meno coraggiosi.

La tua prossima scalata?
L'Himalaya è il prossimo obiettivo. Mi piacerebbe essere un narratore d'alta quota che va a seguito di una spedizione di scalatori.

Parzialmente tratto e adattato da: Vinicio Stefanello, *Erri De Luca, l'irrinunciabile bellezza dell'arrampicata*, 28/11/2002, Planetmountain.com

1. Secondo De Luca il fascino della scalata sta nella bellezza di un luogo. ☐
2. Per Erri De Luca la scalata è soprattutto sforzo fisico. ☐
3. Secondo De Luca, durante una scalata è sbagliato provare paura. ☐
4. Secondo De Luca, oggi gli arrampicatori si allenano più in palestra che sulla roccia. ☐
5. De Luca dice che per fare arrampicata bisogna essere molto coraggiosi. ☐

B. COMPRENSIONE ORALE

Ascolta la registrazione e cerchia l'opzione corretta.

84
1. Il nostro corpo produce sostanze che danno una sensazione di benessere **durante l'attività fisica** / **se si pratica uno sport con costanza**.
2. Darsi degli obiettivi **aumenta l'autostima** / **è importante per raggiungere la vittoria**.
3. La competizione **è sempre positiva** / **può essere causa di stress**.
4. Gli sport di squadra sviluppano soprattutto **la forza di volontà** / **lo spirito di gruppo**.
5. Tutti gli sport insegnano che **bisogna avere degli obiettivi** / **gli obiettivi non si possono raggiungere senza impegnarsi**.

C. PRODUZIONE SCRITTA

Preferisci gli sport individuali o quelli di squadra? Perché? Cosa ne pensi della competizione e del desiderio di superare i propri limiti? Scrivi un breve testo per esprimere la tua opinione.

Esercizi

I PRONOMI COMBINATI

1. Abbina gli elementi delle due colonne per formare delle frasi.

1. Stiamo cercando una struttura per questo tavolo. — c
2. Dove avete trovato tutti questi pallet? — e
3. Ho finito la colla per il legno! — b
4. Belle, queste lampade! Dove le hai comprate? — d
5. Stai facendo un bracciale di cuoio? — a

a. Sì, è per Anna, glielo regalo a Natale.
b. Posso comprartela io, sto uscendo.
c. Ve la faccio io! Come la volete?
d. Me le ha regalate Franco.
e. Ce li ha dati Giorgio.

2. Completa con i pronomi combinati adeguati.

1.
• Faccio una lampada in carta riciclata per Antonio.
○ Che bella! _Gliela_ regali per il suo compleanno?

2.
• Mi servono delle bottiglie di plastica.
○ _Te le_ do io, a casa ne ho tante!

3.
• Ragazzi, dal rigattiere ho visto la valigia tonda che stavate cercando!
○ Compra_cela_, per piacere! È introvabile!

4.
• Voglio fare degli oggetti con i tappi di sughero…
○ _Te li_ porto io, così fai qualcosa anche per me!

5.
• Vorremmo fare un divano con il pallet.
○ Bella idea! Ma il materiale chi _ve lo_ procura?

IL GERUNDIO CAUSALE

3. Trasforma le frasi usando il gerundio causale.

1. Siccome era in disuso da molti anni, il capannone era in stato di abbandono.
   →
2. Ci vorrà molto per riqualificare questo parco perché ha un'area molto vasta.
   →
3. Siccome ci sono degli spazi molto grandi, questa struttura si potrebbe usare come museo.
   →
4. Dato che si trova in una zona ben collegata, questo spazio sarebbe perfetto per le fiere.
   →
5. Non trovavo un tavolo ovale, perciò l'ho fatto io.
   →

LA PARTICELLA NE

4. Indica quali elementi sostituisce la particella ne.

1. Il Comune ha riqualificato il mattatoio e ne ha fatto un'area esposizioni. _di questo_
2. Clara ha visitato la mostra e ne è uscita affascinata. _da la mostra_
3. Quanti edifici abbandonati! Ne ho visti almeno cinque! _di questi / l'arte ambi_
4. Arte ambientale? A dire la verità, non ne so molto. _di questo_
5. Hanno ristrutturato la vecchia caserma e ne hanno ricavato un cinema. _la caserma_

5. Riformula le frasi usando la particella ne.

1. Il supermercato è affollatissimo, non uscirò da qui prima di un'ora.
   → _non ne uscirò_
2. Ho visto la mostra e sono contento di averlo fatto: era molto interessante.
   → _ne era molto interessante_
3. Di che progetto si tratta? Non ho mai sentito parlare di questo progetto.
   → _non ne ho mai sentito parlare_
4. Questo grattacielo ha quindici piani o ha più piani?
   → _Questo grattacielo ne ha più_
5. Hai sentito del progetto per valorizzare la periferia? Hanno parlato in televisione di questa cosa.
   → _Ne hanno parlato in TV_

LE FRASI CONCESSIVE

6. Completa le frasi con il presente indicativo o congiuntivo dei verbi tra parentesi. Fai attenzione ai connettivi.

1. Benché (esporre) _____ opere interessanti, la mostra è poco frequentata.
2. Anche se alcuni tipi di arte (cercare) _____ di sensibilizzare sulle tematiche ambientali, molti rimangono indifferenti.
3. Sebbene molti la (ritenere) _____ una grande opera d'arte, a me questa scultura non piace proprio.
4. Per le sue opere, questo artista utilizza solo materiali naturali, anche se (essere) _____ più deperibili.
5. Benché non (io, amare) _____ molto questo tipo di arte, devo dire che la mostra è stata affascinante.

7. Utilizza le seguenti informazioni per creare delle frasi concessive.

1. Questo è un artista di fama internazionale [premessa] / nel suo Paese è poco conosciuto [conclusione imprevista]
   → ....
2. Il parco è molto grande [premessa] / si può visitare in poche ore [conclusione imprevista]
   → ....
3. Questa lampada è di carta [premessa] / è molto resistente [conclusione imprevista]
   → ....
4. L'edificio è in cattive condizioni [premessa] / non c'è nessun progetto per recuperarlo [conclusione imprevista]
   → ....
5. Ho già visitato la mostra [premessa] / ci tornerei volentieri un'altra volta [conclusione imprevista]
   → ....

IL CONGIUNTIVO PASSATO

8. Abbina gli elementi delle due colonne per creare delle frasi. Poi segnala i casi in cui la frase secondaria esprime un'azione anteriore (A) rispetto alla principale.

1. Bello, questo tavolo in plastica riciclata, credo che...
2. Migliaia di persone stanno partecipando all'evento, crediamo che...
3. La stazione della metro è ancora abbandonata. Non mi sembra che...
4. I capannoni sono dismessi da molto tempo, dubito che...
5. Finalmente hanno ristrutturato la vecchia fabbrica. Credo che...

a. si possano utilizzare prima di un intervento di recupero. (......)
b. l'abbiano riqualificata. (......)
c. sia anche molto pratico. (......)
d. l'architetto abbia reinventato gli spazi in modo molto originale. (......)
e. sia stato promosso molto bene. (......)

9. Completa le frasi con il congiuntivo presente o passato dei verbi tra parentesi.

1. Mi sembra che alcuni anni fa (esserci) .... un intervento di recupero delle aree periferiche.
2. È pazzesco che ancora oggi le istituzioni (interessarsi) .... così poco al tema della sostenibilità.
3. Credo che l'anno scorso questa azienda (presentare) .... un progetto per recuperare gli scarti industriali.
4. Pensiamo che l'arte (potere) .... avvicinare il pubblico ai temi ambientali.
5. Mi sembra che il progetto che proponete (essere) .... difficile da realizzare.
6. Hai visto che bello il grattacielo riqualificato? Pensiamo che l'architetto (fare) .... un ottimo lavoro.

IL LESSICO DELLA SOSTENIBILITÀ

10. Abbina gli elementi delle due colonne per creare delle espressioni relative alla sostenibilità.

1. impatto — a. sostenibile
2. recupero — b. responsabile
3. materiali — c. ambientale
4. riduzione — d. riciclati
5. mentalità — e. dei materiali
6. sviluppo — f. degli effetti negativi

11. Completa le frasi con le espressioni al punto 10.

1. L' _impatto ambientale_ di questi prodotti è minimo: sono tutti fatti con ....
2. Si può ottenere una .... della produzione industriale producendo nuovi oggetti con i materiali di scarto.
3. Questa azienda ha una _mentalità responsabile_ nei confronti dell'ambiente: tutti i suoi progetti sono ecosostenibili.
4. Queste matite sono prodotte con i materiali di scarto della produzione industriale: un ottimo esempio di _materiali riciclati_.
5. La sfida dei prossimi anni sarà riuscire a produrre mantenendo, però, uno _sviluppo sostenibile_ per il pianeta.

Esercizi

IL LESSICO PER DESCRIVERE GLI OGGETTI

12. Cerchia l'opzione corretta.

1. Non buttare via quei barattoli! Con **la latta** / **il legno** si possono fare dei gioielli che sembrano d'argento.
2. Avevo un bel paio di orecchini di **vetro** / **plastica**, ma mi sono caduti e si sono rotti. Che peccato!
3. Bello, questo tavolo in **plastica** / **cemento**, ma che fatica quando devo spostarlo! È pesantissimo!
4. La cornice è **rettangolare** / **tonda** e sui lati lunghi è decorata con pezzetti di vetro e metallo.
5. Preferiscono le bottiglie di **vetro** / **plastica**: sono più leggere e se cadono non si rompono.

13. Per ciascun oggetto, elimina il materiale estraneo.

OGGETTO	MATERIALE
bottiglia	plastica / vetro / ~~cartone~~
barattolo	latta / ~~cuoio~~ / vetro
tappo	~~marmo~~ / sughero / plastica
tavolo	legno / plastica / ~~argento~~
valigia	cuoio / ~~cemento~~ / plastica

IL LESSICO DEGLI SPAZI URBANI

14. Ascolta la registrazione e indica di quali spazi urbani si parla.

1. ☐ a. quartiere fieristico   ☐ b. metropolitana
2. ☐ a. sala eventi   ☐ b. grattacielo
3. ☐ a. fabbrica in disuso   ☐ b. museo
4. ☐ a. sala eventi   ☐ b. museo
5. ☐ a. stazione ferroviaria   ☐ b. grattacielo

15. Completa le frasi con i seguenti verbi coniugati nel modo opportuno.

recuperare • trasformare • valorizzare • creare • riutilizzare

1. La nuova fontana _valorizza_ il parco e lo rende più bello e piacevole.
2. L'architetto _trasforma_ questo edificio abbandonato in uno spazio espositivo.
3. Il vecchio cinema è in condizioni così cattive che non si può _recuperare_, neanche con un intervento architettonico.
4. Nella fabbrica in disuso, il Comune _creare_ una sala eventi
5. Credo che i vecchi capannoni industriali si potrebbero _riutilizzare_ come museo.

IL LESSICO DI ARTE E AMBIENTE

16. Completa le frasi con le seguenti parole ed espressioni.

installazioni • natura • sito espositivo • all'aria aperta • risorse naturali • ecologia

1. Nel parco Arte Sella, opere artistiche e _natura_ si fondono in modo armonioso.
2. Per realizzare quest'opera, l'artista ha usato esclusivamente _risorse naturali_: legno e pietra.
3. Il _sito espositivo_ è molto ampio, per questo ai visitatori viene data una mappa per orientarsi.
4. Il Comune ha chiesto a vari artisti di realizzare delle _installazioni_ per valorizzare il parco.
5. Visitare il parco è una buona occasione per stare _all'aria aperta_ e vedere delle interessanti opere d'arte.
6. Mi sembra che il tema dell'_ecologia_ sia un po' trascurato: ci dovrebbe essere più attenzione all'ambiente.

17. Cerchia l'opzione corretta.

1. Secondo me l'artista ha **realizzato** / **scoperto** un'opera davvero spettacolare.
2. Credi che l'arte ambientale possa davvero **scoprire** / **sensibilizzare** i visitatori al rispetto per l'ambiente?
3. Questa installazione **ricopre** / **si fonde** benissimo con il paesaggio: sembra fatta dalla natura, non dall'uomo.
4. Il museo è molto innovativo: i visitatori possono **interagire** / **fondersi** con le installazioni toccandole e spostandone gli elementi.
5. Che materiale ha **utilizzato** / **realizzato** l'artista? Non riesco a capire se sia pietra o cemento.
6. Abbiamo creato un'opera **utilizzando** / **interagendo** solo materiali organici.

A. COMPRENSIONE SCRITTA

Leggi il testo e indica quali delle seguenti affermazioni sono presenti.

PRODOTTI ECOSOSTENIBILI

Rispettano l'ambiente, hanno un design moderno, sono originali e innovativi: sono i nuovi prodotti ecosostenibili, nati da una maggiore attenzione di produttori e consumatori alle tematiche ambientali.

Abiti di carta
La carta dei regali scartati finisce dritta nel cestino dell'immondizia? Non più! La costumista Olivia Mears la usa per realizzare abiti dal design originalissimo, tutti creati esclusivamente con carta e nastri dei pacchetti. Nati dall'idea di riutilizzare l'enorme quantità di carta da regalo che si accumula nel periodo natalizio, questi abiti sono veri gioielli del riutilizzo.

Lampadari in plastica
L'artista ceca Veronika Richterová crea dei lampadari di ispirazione retrò riutilizzando, tagliando e modellando delle bottiglie di plastica. Attualmente alcuni dei suoi pezzi sono inclusi nella mostra dei 50 artisti di Eden Unearthed a Sydney.

Mobili di carta
Si chiama Kranthout ed è il nuovo materiale inventato dalla designer olandese Mieke Meijer arrotolando e incollando con una colla speciale la carta dei quotidiani. In questo modo si produce un materiale molto simile al legno che si può tagliare e modellare per creare sedie, tavoli e altri oggetti di arredamento.

Gioielli tecnologici
Partendo da componenti di vecchi pc, cellulari e altri dispositivi elettronici, l'artista Amanda Preske crea collane, bracciali, orecchini e portachiavi dal design molto innovativo. Un'idea geniale per dare una nuova vita a dei rifiuti particolarmente difficili da smaltire.

1. I prodotti ecosostenibili nascono dal desiderio di produrre oggetti più originali.
2. Per i suoi abiti, Olivia Mears usa solo materiali riciclati.
3. I lampadari di Veronika Richterová sono realizzati con una plastica speciale.
4. Kranthout è una colla per il legno.
5. Amanda Preske ricicla materiali provenienti da dispositivi tecnologici.

B. COMPRENSIONE ORALE

Ascolta la registrazione e scegli l'opzione corretta.

1. Secondo Paola:
   - a. non c'è ancora abbastanza attenzione ai temi ambientali.
   - b. oggi si è più responsabili verso l'ambiente.
   - c. moltissimi rifiuti sarebbero riciclabili.

2. Paola dice che:
   - a. riciclare è un vantaggio economico per privati e aziende.
   - b. a riciclare sono soprattutto i privati.
   - c. sono poche le aziende che producono oggetti ecosostenibili.

3. Secondo Paola, i prodotti ecosostenibili:
   - a. sono principalmente oggetti di design.
   - b. rappresentano un'innovazione in più settori.
   - c. sono belli, ma poco funzionali.

4. Paola pensa che per ridurre l'impatto ambientale:
   - a. il riciclo domestico sia fondamentale.
   - b. si dovrebbe produrre meno.
   - c. le politiche ambientali dovrebbero coinvolgere tutti.

C. PRODUZIONE SCRITTA

Fai una ricerca su un'azienda o un laboratorio artigianale che produce oggetti con materiali di scarto e scrivi un breve testo per presentarne i prodotti e le loro caratteristiche.

Esercizi

GLI AGGETTIVI IN -BILE

1. Per ciascun verbo forma un aggettivo utilizzando il suffisso -bile, poi indica il contrario di ciascun aggettivo.

1. credere → *credibile* ≠ *incredibile*
2. contestare → *contestabile* ≠ *incontestabile*
3. evitare → *evitabile* ≠ *inevitabile*
4. guarire → *guaribile* ≠ *inguaribile*
5. adattare → *adottabile* ≠ *inadattabile*
6. spiegare → *spiegabile* ≠ *inspiegabile*

I PREFISSI NEGATIVI

2. Inserisci la forma negativa dei seguenti aggettivi nelle colonne corrispondenti. Aiutati con il dizionario se è necessario.

possibile   costante   responsabile   utilizzabile

razionale   ragionevole   sicuro   prevedibile

mobile   realizzabile   gestibile   raggiungibile

-IN	-IM	-IR
inutilizzabile	impossibile	irresponsabile
incostante	imprevedibile	irrazionale
insicuro	immobile	irragionevole
ingestibile		irrealizzabile
		irraggiungibile

IL CONDIZIONALE

3. Per ciascun verbo, scrivi la forma del condizionale presente alla persona indicata. Attenzione, alcuni verbi sono irregolari.

1. mettere → (2ª pers. plur.) ....
2. partire → (1ª pers. plur.) ....
3. essere → (3ª pers. sing.) ....
4. volere → (1ª pers. sing.) ....
5. andare → (3ª pers. plur.) ....
6. cantare → (2ª pers. sing.) ....

4. Riformula le notizie per far capire che non sono state ancora verificate.

1 Vandalismo in Romagna, la Polizia sospetta un gruppo di ragazzi minorenni.

2 Depressione e ansia, la colpa è dell'ora legale che influisce negativamente sul nostro organismo.

3 Medicina e salute: dalla nuova ricerca risulta che bere acqua non fa bene.

4 Economia: secondo il Governo, i segni di ripresa sono evidenti.

5 Scandalo al Comune: il sindaco ha legami con organizzazioni criminali.

1. ....
2. ....
3. ....
4. ....
5. ....

5. Ascolta la registrazione e indica la funzione del condizionale: riportare una notizia non verificata (N), esprimere una richiesta gentile (R), dare un consiglio (C) o esprimere un desiderio (D).

	N	R	C	D
1.				
2.				
3.				
4.				
5.				
6.				

IL FUTURO COMPOSTO

6. Nelle seguenti frasi, sottolinea in rosso l'azione avvenuta prima e in blu quella avvenuta dopo.

1. Ci sentiremo molto più tranquilli quando avremo installato il nuovo impianto di allarme.
2. Quando il latte sarà quasi finito, il frigorifero intelligente ti manderà una notifica sul cellulare.
3. Ti telefonerò appena sarò arrivato alla stazione di Bologna.
4. Non preoccuparti, ti aiuterò non appena avrò terminato il mio lavoro.
5. Crederò ai fantasmi solo quando ne avrò visto uno con i miei occhi.
6. Avrò finito di preparare la cena, quando Luca tornerà a casa.

7. Completa le frasi con il futuro semplice o composto dei verbi tra parentesi.

1. Anna (tornare) .... al lavoro quando (guarire) ....
2. La telecamera non (funzionare) .... se prima non l'(voi, installare) .... seguendo le istruzioni.
3. Dopo che (io, uscire) .... di casa, (io, attivare) .... l'allarme.
4. Appena Sabrina (completare) .... la ristrutturazione, ci (fare) .... visitare la sua nuova casa.
5. Adesso non ho tempo per vedere un film, lo (io, fare) .... più tardi, quando (io, finire) .... i compiti.
6. Sandro non sa ancora cosa (fare) .... dopo che (laurearsi) ....

I PRONOMI POSSESSIVI

8. Completa le frasi con i possessivi mancanti, come nell'esempio. Poi sottolinea in rosso gli aggettivi e in blu i pronomi.

1. Ragazzi, posso usare (voi) *il vostro* computer? (io) *Il mio* non funziona.
2. È (tu) .... cellulare che sta squillando, o è (io) .... ?
3. Michele ci ha chiesto di prestargli (noi) .... macchina perché (lui) .... è dal meccanico.
4. È proprio simpatico (lei) .... capo! (noi) .... , invece, è insopportabile!
5. Carla non trova più (lei) .... chiavi. Gli presteresti (tu) .... ?

SAPERE E CONOSCERE

9. Cerchia l'opzione corretta.

1. **Ho saputo** / sapevo del tuo matrimonio dai miei genitori.
2. Non **abbiamo conosciuto** / **conoscevamo** questo giornale. È interessante?
3. **Avete conosciuto** / Conoscevate Mariella alla festa di Giacomo?
4. Ho cercato di approfondire la notizia, ma nessuno **ha saputo** / **sapeva** niente.
5. **Avete saputo** / Sapevate che con una casa intelligente si può risparmiare ogni anno fino al 50% di energia?
6. **Conoscevi** / hai conosciuto questo sito? Pubblica notizie provenienti da tutto il mondo.

LE INTERROGATIVE INDIRETTE

10. Trasforma le frasi interrogative da dirette a indirette.

1. Perché credono a queste bufale?
   → Chiede ....
2. Marco, quando sei stato alla fiera?
   → Domandano ....
3. Come funziona il dispositivo?
   → Chiede ....
4. Questa notizia è verificata?
   → Domanda ....
5. La domotica semplifica la vita?
   → Chiede ....

IL PRONOME RELATIVO CHI

11. Trasforma le frasi usando il pronome relativo chi, come nell'esempio.

Gli studenti che hanno fatto più di quattro errori devono ripetere l'esame. → *Chi ha fatto più di quattro errori deve ripetere l'esame.*

1. Non sopporto le persone che sono arroganti.
   → ....
2. Le persone che diffondono le notizie dovrebbero prima verificarle.
   → ....
3. I clienti che vogliono pagare, devono mettersi in fila alla cassa.
   → ....
4. La persona che ha scritto l'articolo ha fatto ricerche accurate.
   → ....
5. Quelli che abitano in una casa intelligente dicono che è molto comoda.
   → ....

Esercizi

IL LESSICO DI SCIENZA E PARANORMALE

12. Completa le frasi con i seguenti verbi.

> tranquillizzare   percepire
> avvistare   terrorizzare   contestare

1. Dicono che in questa casa sarebbe possibile .... dei fantasmi.
2. Se ti può .... c'è una spiegazione scientifica per questo fenomeno.
3. Non .... i bambini con queste storie di fantasmi, altrimenti stanotte non dormiranno.
4. Il nostro cervello riesce a .... le variazioni nel campo elettromagnetico.
5. Lo scopo dell'esperimento è di .... alcune credenze infondate.

13. Completa le frasi con le seguenti parole.

> fenomeni   ricercatori
> ipotesi   suggestione   credenze

1. Esistono diverse .... scientifiche per spiegare i presunti avvistamenti di alieni.
2. I .... hanno messo a punto un test per spiegare il fenomeno della telepatia.
3. Anche se si tratta solo di ...., sono molte le persone che credono ai fantasmi.
4. Molti di quelli che sembrano .... paranormali sono in realtà eventi scientificamente spiegabili.
5. Ieri leggevi i racconti di fantasmi, e oggi dici che ne hai visto uno: questo non è un fenomeno paranormale, è .... !

IL LESSICO DELLA DOMOTICA

🔊 88 **14.** Ascolta la presentazione di un promoter di elettrodomestici intelligenti e indica se le seguenti affermazioni sono vere o false.

	V	F
1. Bianca ha un design elegante e funzionale.	☐	☐
2. Bianca non ha bisogno di detersivo per fare il bucato.	☐	☐
3. Bianca è una lavatrice attenta all'ambiente.	☐	☐
4. Bianca ha dei programmi specifici per rimuovere le macchie.	☐	☐
5. Bianca si può controllare a distanza con un telecomando.	☐	☐

IL LESSICO DELL'INFORMAZIONE

15. Completa il cruciverba.

DEFINIZIONI VERTICALI
1. Chi era presente quando è avvenuto un certo fatto.
2. Chi per professione scrive articoli su giornali e riviste.
3. La persona o l'agenzia da cui proviene una notizia.
4. Notizia falsa.

DEFINIZIONI ORIZZONTALI
1. Programma televisivo di notizie.
2. Riferimento a un altro testo, di cui si riportano le parole esatte.

A. COMPRENSIONE SCRITTA

Leggi il testo e indica se le seguenti affermazioni sono vere o false.

	V	F
1. L'informazione in Italia sta cambiando lentamente perché Internet è poco diffuso.	☐	☐
2. In Italia non esistono canali che trasmettono solo programmi di informazione.	☐	☐
3. I più giovani preferiscono i telegiornali.	☐	☐
4. Gli italiani comprano pochi quotidiani.	☐	☐
5. Molti italiani leggono quotidiani e riviste online.	☐	☐

Come si informano gli italiani?

Le recenti ricerche indicano che in Italia il mondo dell'informazione sta cambiando, anche se un po' più lentamente rispetto al resto d'Europa. Se i motivi di cambiamento sono una maggiore diffusione della rete Internet e più investimenti nel settore dell'informazione su web, il motivo principale per cui i vecchi mezzi d'informazione rimangono i più utilizzati è un'età media della popolazione piuttosto alta. La prima scelta degli italiani è il telegiornale (76,5%), a seguire troviamo i radio-giornali (52%) e il mondo del web e i social network (51,4%). Anche le emittenti televisive che trasmettono solamente programmi d'informazione (*All-news*) stanno riscuotendo un certo successo. La televisione resta un potente canale d'informazione, preferito soprattutto dalle fasce d'età adulte e anziane, che hanno meno familiarità con il mondo di Internet. I più giovani, invece, prediligono i social network come principale strumento d'informazione (71,1%), in seconda posizione la ricerca su *Google* (68,7%) e solamente in terza posizione i telegiornali tradizionali (68,5%). E il quotidiano? Gli italiani lo comprano sempre meno e gli investitori preferiscono fare pubblicità sui social network, una vetrina molto più economica, immediata e vicina ai giovani. Questo non significa che le principali testate giornalistiche stiano scomparendo: la maggior parte propone versioni on-line di quotidiani e riviste, con un buon numero di lettori.

Parzialmente tratto e adattato da: M.Rosaria Iovinella, Gli italiani si informano ancora con i telegiornali, Wired.it

B. COMPRENSIONE ORALE

Ascolta la registrazione e completa il quadro con le opinioni dei ragazzi che partecipano al forum.

	QUOTIDIANO ON-LINE	QUOTIDIANO TRADIZIONALE
MARCO		
GIORGIA		
VALERIA		

C. PRODUZIONE SCRITTA

Come ci si informa nel tuo Paese? Scrivi un breve testo per raccontarlo.

Esercizi

IL GERUNDIO

1. Trasforma le frasi sostituendo gli elementi sottolineati con il gerundio.

1. Ho trovato questa ricetta <u>quando sfogliavo</u> il ricettario di mia nonna.
   → ...
2. <u>Mentre cuocete</u> l'arrosto, tenete il fuoco basso.
   → ...
3. <u>Siccome ho</u> tanti avanzi, preparerò una frittata.
   → ...
4. <u>Mentre tornavo</u> a casa, mi sono fermato a fare la spesa.
   → ...
5. Cuocete il sugo <u>e intanto mescolate</u> continuamente.
   → ...

2. Per ciascuna frase, indica se il gerundio ha valore temporale (T) o modale (M).

1. Uscendo dal ristorante, ho incontrato mio cugino. (......)
2. Otterrai un soffritto più delicato, tagliando bene la cipolla. (......)
3. Tornando a casa, ho comprato gli ingredienti per la torta. (......)
4. Assaggiando la salsa, mi sono accorta che mancava un po' di sale. (......)
5. Prova a girare il risotto usando un mestolo di legno. (......)
6. Cuocendo il sugo, giratelo spesso perché non si attacchi. (......)

GLI INDICATORI TEMPORALI

3. Cerchia l'opzione corretta.

1. Aggiungete il sale **innanzitutto** / **appena** l'acqua comincia a bollire, **prima** / **poi** fate cuocere le verdure per cinque minuti e scolatele.
2. **Innanzitutto** / **A questo punto** tagliate finemente gli ingredienti per il soffritto e metteteli in una padella. **Subito dopo** / **Mentre** fate il soffritto, preparate gli altri ingredienti.
3. Fate cuocere l'arrosto in forno per trenta minuti, **nel frattempo** / **prima** preparate la salsa per condirlo e mettetela in frigo.
4. Sbattete le uova, **intanto** / **poi** versatele in una padella con un filo d'olio.
5. **In un primo momento** / **Più avanti**, fate cuocere la frittata a fuoco molto basso, poi alzate la fiamma per dorare la superficie.

4. Riscrivi la ricetta del soffritto di carote collegando i vari passaggi con gli indicatori temporali adatti.

- Lavate le carote, tagliatele a pezzetti
- Sbucciate la cipolla, affettatela
- Fate scaldare una padella con un filo d'olio
- Fate dorare le cipolle nella padella
- Aggiungete le carote
- Cuocete per un minuto mescolando continuamente

Innanzitutto lavate le carote. Poi sbucciate la cipolla. Nel frattempo fate scaldare... Poi fate dorare le cipolle. Più avanti aggiungete le carote. Poi cuocete per un minuto mescolando continuamente.

OCCORRERE E VOLERCI

5. Cerchia l'opzione corretta.

1. Quante mele **ci vuole** / **ci vogliono** per la torta?
2. Non **occorre** / **occorrono** essere così preciso, puoi tagliare il pollo in modo grossolano.
3. Per questa ricetta **ci vuole** / **ci vogliono** della verdura freschissima.
4. No! Per fare la carbonara non **occorre** / **occorrono** la panna!
5. Questa minestra non ha nessun sapore, **ci vuole** / **ci vogliono** un po' di sale.

6. Completa le frasi con i verbi tra parentesi coniugati nel modo opportuno.

1. Per l'impasto della torta (volerci) ci vogliono sei tuorli d'uovo.
2. Quando vai a fare la spesa, prendi un chilo di funghi. Mi (occorrere) occorrono per il risotto.
3. Per tagliare le verdure (occorrere) occorre un tagliere, altrimenti rovinerai il tavolo!
4. (Volerci) ci vuole un po' di fantasia per poter riutilizzare gli avanzi di cucina.
5. Non mi (occorrere) occorre la ricetta, ho cucinato questo piatto tantissime volte.

ALCUNI USI DELLA FORMA RIFLESSIVA

7. Trasforma le frasi usando la forma riflessiva per dare enfasi.

1. Ma, hai mangiato tutti i biscotti?
   → Ma ti sei mangiato
2. Prendiamo un caffè prima di tornare al lavoro?
   → Ce lo prendiamo
3. Che fame! Che mangiamo?
   → Che fame! Che ci mangiamo?
4. Compra le patate, le cuciniamo al forno con il pollo.
   → Compra le patate, ce le cuciniamo
5. È finita la lasagna? L'avete mangiata tutta?!
   → Ve la siete mangiata tutta?

IL CONNETTIVO PERCHÉ

8. Abbina gli elementi delle due colonne per creare delle frasi. Poi indica se il connettivo perché esprime un fine (F) o una causa (C).

1. Organizziamo la fiera enogastronomica... e
2. Girate spesso la carne... c
3. Questo ristorante mi piace... a
4. Alessandro ha partecipato a un corso del Gambero Rosso... d
5. Guardo spesso questo programma di cucina... b

a. perché interpreta in modo innovativo i piatti della tradizione. (C)
b. perché le ricette che propone sono facili e veloci da fare. (C)
c. perché cuocia in modo uniforme. (F)
d. perché vuole diventare un cuoco. (C)
e. perché le aziende locali facciano conoscere i propri prodotti. (C)

9. Completa le frasi con i verbi tra parentesi coniugati all'indicativo o al congiuntivo. Poi indica se il perché introduce una causa o un fine.

1. Non bisogna superare i tempi di cottura perché la pasta (rimanere) rimanga al dente. F
2. Laura usa spesso il peperoncino perché (amare) ama i sapori piccanti. C
3. Non mi ricordo la ricetta, ora telefono a mia nonna perché me la (dire) dica lei. F
4. Stasera non c'è bisogno di cucinare perché (noi, avere) abbiamo tanti avanzi del pranzo.
5. La nostra associazione promuove degli eventi culinari perché i giovani (avvicinarsi) si avvicinino al mondo della gastronomia. F

DA + INFINITO

10. Trasforma le frasi usando la costruzione da + infinito.

1. Non sbucciate le verdure che devono bollire.
   → da bollire
2. Secondo me, quella orientale è una cucina che si deve provare.
   → da provare
3. La fiera è un evento che non si può perdere.
   → da non perdere
4. Gli ingredienti che si devono utilizzare per questo piatto sono pochi.
   → da utilizzare
5. Queste sono ricette che voglio ricordare.
   → da ricordare

IL LESSICO DI CUCINA E GASTRONOMIA

11. Ascolta la conversazione tra due persone che parlano di come riciclare gli avanzi e completa il quadro.

CIBI AVANZATI	IDEE RICICLO	INGREDIENTI DA AGGIUNGERE

12. Ascolta la registrazione e indica quale utensile serve in ogni caso.

1. ☐ a. affettatrice ☐ b. mezzaluna
2. ☐ a. coperchio ☐ b. mestolo
3. ☐ a. padella ☐ b. pentola
4. ☐ a. mattarello ☐ b. mortaio
5. ☐ a. pelapatate ☐ b. passaverdure
6. ☐ a. bilancia ☐ b. terrina

duecentoventitré **223**

Esercizi

13. Abbina le seguenti parole alle immagini corrispondenti.

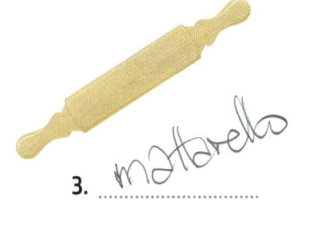

grattugia frullatore forno padella
mattarello bilancia mortaio vassoio

1. frullatore
2. padella
3. mattarello
4. bilancia
5. grattugia
6. mortaio
7. ~~mattarello~~ vassoio
8. forno

14. Abbina le seguenti parole alla definizione corrispondente.

1. degustazione — C
2. enologia — B
3. osteria — A
4. stagionale — E
5. ricettario — D

a. locale informale per bere o mangiare qualcosa
b. la disciplina che si occupa del vino
c. assaggio di cibi o vini
d. libro che raccoglie le ricette
e. che tiene conto del periodo dell'anno

Ritieni = you think

15. Completa le seguenti mappe mentali con le parole che ritieni più utili.

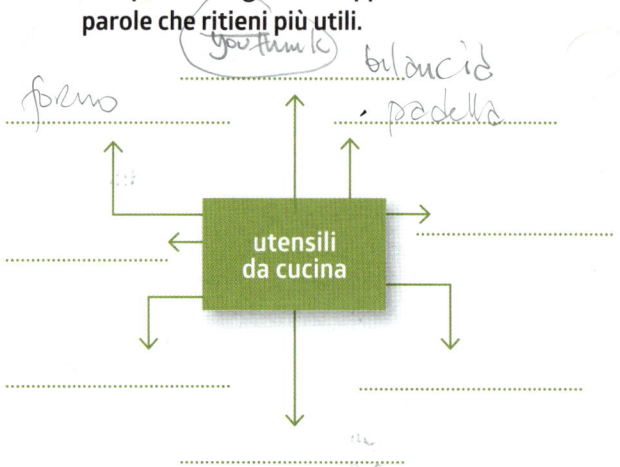

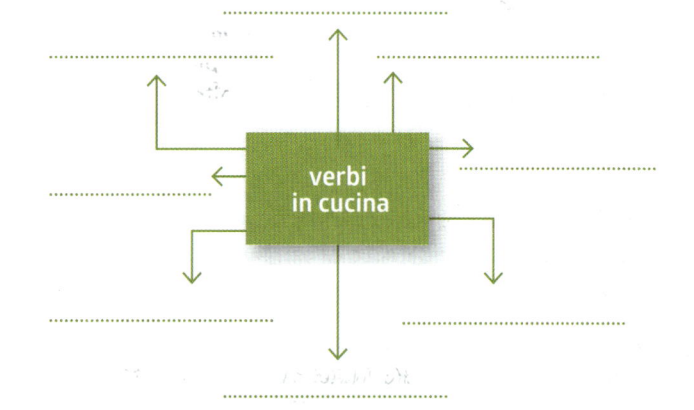

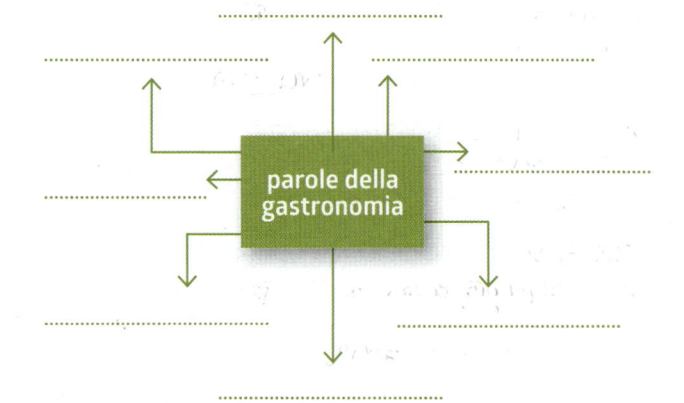

you think

forno, bilancia, padella → **utensili da cucina**

verbi in cucina

parole della gastronomia

A. COMPRENSIONE SCRITTA

Leggi il testo e indica quali delle seguenti affermazioni sono presenti.

FICO E L'ENOGASTRONOMIA ITALIANA

FICO (Fabbrica Italiana Contadina) si trova a Bologna ed è un parco agroalimentare per mangiare, degustare e conoscere le principali ricette della cucina italiana preparate con ingredienti freschi che provengono direttamente dalle 40 fabbriche contadine presenti sul posto.

Nella struttura si trovano quattro ristoranti stellati per i più esigenti, vari ristoranti tematici specializzati in diverse cucine regionali, ma anche osterie e chioschi come quello delle focacce pugliesi o del birrificio Angelo Poretti. Ci sono inoltre diversi caffè dove provare dolci tipici, come la pasticceria siciliana Palazzolo o la cioccolateria piemontese Venchi. Nelle sue varie botteghe, *FICO* offre anche la possibilità di degustare ottimi vini italiani e di fare un aperitivo.

FICO è anche luogo di educazione all'alimentazione e alla sostenibilità, grazie ai suoi spazi multimediali, interattivi e coinvolgenti.

Si può anche fare la spesa, comprando il meglio del *Made in Italy* alimentare: frutta e verdura, olio, aceto balsamico, pasta, miele, riso, sughi, pomodoro, birra, salumi, formaggi, pesce e dolci. E se vi viene voglia di regalare qualcosa, potete usufruire del servizio di posta per spedire i pacchi con i vostri acquisti.

A *FICO* potete anche visitare i luoghi di produzione di cibi e bevande che vengono serviti nei ristoranti: birrifici, caseifici e campi coltivati.

Inoltre, si possono fare interessanti esperienze, come imparare a fare il formaggio e la birra, stendere la sfoglia per fare la pasta, cercare tartufi o imparare tutto sulla vita delle api!

1. A *FICO* si mangiano cibi prodotti in tutto il mondo.
2. A *FICO* si possono assaggiare diversi tipi di cucina.
3. *FICO* offre degli spazi educativi dedicati al tema dell'alimentazione.
4. A *FICO* si regalano alcuni prodotti alimentari.
5. A *FICO* è possibile vedere i luoghi da cui provengono cibi e bevande.
6. Chi visita *FICO* può imparare delle cose pratiche legate al cibo.

B. COMPRENSIONE ORALE

Ascolta la registrazione e indica se le seguenti affermazioni sono vere o false.

	V	F
1. *Eataly* è uno spazio dedicato ai prodotti alimentari *Made in Italy*.	☐	☐
2. A *Eataly* non si possono consumare pasti.	☐	☐
3. Nel negozio di *Eataly* si possono comprare i prodotti assaggiati nei ristoranti.	☐	☐
4. *Eataly* ha richiamato molti clienti incuriositi dalla novità.	☐	☐
5. Varietà e qualità sono i punti forti di *Eataly*.	☐	☐
6. Attualmente *Eataly* non ha più molti clienti a causa della crisi economica.	☐	☐

C. PRODUZIONE SCRITTA

Nel tuo Paese esistono eventi o spazi gastronomici? Come sono organizzati e quali prodotti o esperienze propongono? Scrivi un breve testo per illustrarli.

Esercizi

IL CONGIUNTIVO IMPERFETTO

1. Per ciascuna forma verbale, scrivi il soggetto corrispondente, come nell'esempio. Attenzione, in alcuni casi è possibile più di una soluzione.

facessi ....*io, tu*

1. trovasse ....
2. andaste ....
3. finissimo ....
4. fossero ....
5. dovessi ....
6. sapeste ....
7. volesse ....
8. capissi ....

IL PERIODO IPOTETICO DELLA POSSIBILITÀ

2. In ciascuna frase, individua l'ipotesi e la conseguenza. Poi completa il quadro.

1. Se faceste un master, trovereste lavoro più facilmente.
2. Accetteresti uno stage non retribuito, se te lo offrissero?
3. Se non superassimo il test d'ingresso di Medicina, ci iscriveremmo a Chimica.
4. Se Alessandra fosse bocciata, dovrebbe ripetere il quarto anno.
5. Potresti dedicare più tempo allo studio, se non lavorassi.

	IPOTESI	CONSEGUENZA
1.		
2.		
3.		
4.		
5.		

3. Completa le frasi con il congiuntivo imperfetto o il condizionale presente dei verbi tra parentesi.

1. Se Carlotta (conoscere) .... meglio le lingue, (lei, cercare) .... lavoro nel settore turistico.
2. Se mio figlio (avere) .... inclinazione per le materie umanistiche, gli (consigliare) .... di iscriversi al liceo classico.
3. (Io, studiare) .... con più motivazione, se le materie (essere) .... più pratiche.
4. Se (noi, scegliere) .... una facoltà scientifica, (noi, trovare) .... lavoro con più facilità.
5. (Tu, potere) .... lavorare nel campo della ricerca, se (tu, fare) .... un dottorato.

ESPRIMERE DESIDERI

4. Nelle seguenti frasi, sottolinea in rosso la frase principale e in blu quella secondaria. Poi indica se il soggetto è lo stesso (=) o è diverso (≠).

1. Vorrei che Maria si laureasse presto. (........)
2. Giacomo preferirebbe lavorare in un ambiente tranquillo e sereno. (........)
3. Susanna vorrebbe che il suo stipendio fosse adeguato alle sue mansioni. (........)
4. Desidero fare carriera e crescere professionalmente. (........)
5. Vorremmo essere più intraprendenti sul lavoro. (........)

5. Giorgio ha appena cominciato un nuovo lavoro. Leggi la sua lista di desideri e completala con l'infinito o il congiuntivo imperfetto dei verbi tra parentesi.

Cosa vorrei dal mio nuovo lavoro...

- Vorrei che i miei colleghi (essere) .... disponibili e propositivi.

- Vorrei che il capo mi (valorizzare) ....

- Vorrei (adattarsi) .... velocemente al nuovo ambiente.

- Vorrei (sviluppare) .... nuove competenze.

- Vorrei che (esserci) .... spirito di gruppo e collaborazione.

ESPRIMERE OBBLIGO E NECESSITÀ

6. Trasforma le frasi usando le espressioni bisogna, occorre, è necessario + che, come nell'esempio.

Dovete studiare, per superare l'esame di ammissione. → *Occorre che studiate, per superare l'esame di ammissione.*

1. Devo impegnarmi molto per vincere la borsa di studio.
   → È necessario che *impegnarte molto*
2. Devi coordinarti con i tuoi colleghi, per lavorare bene.
   → Bisogna che *coordinar*
3. Il nuovo candidato deve affrontare in modo positivo le difficoltà.
   → Occorre che
4. Il gruppo di lavoro deve comunicare in modo efficace per risolvere i problemi.
   → È necessario che *lavorati*
5. I lavoratori devono essere più intraprendenti e propositivi.
   → Bisogna che
6. Devi gestire meglio i rapporti interpersonali con i tuoi colleghi.
   → Occorre che *gestite*

7. Completa le frasi con l'infinito o il congiuntivo presente dei verbi tra parentesi.

1. È necessario che il candidato (avere) *arele* esperienza nel settore agricolo.
2. Per risolvere questo problema è necessario (impegnarsi) tutti insieme.
3. Al lavoro, bisogna (mantenere) *manten* la calma anche nei periodi più stressanti.
4. Carlo è molto affidabile, ma bisogna che (essere) più rapido nel lavoro.
5. Per lavorare nel campo della pubblicità occorre (essere) *e* creativi.
6. Occorre che il datore di lavoro (valorizzare) *valorizza* i dipendenti più capaci.

IL LESSICO DI ISTRUZIONE, LAVORO E COMPETENZE

8. Completa le frasi con le seguenti parole ed espressioni.

> materie   esame di maturità
> percorso scolastico   tirocinio   inclinazione
> voti   facoltà   formazione

1. Durante l'ultimo anno di scuola faremo un *tirocinio* per mettere in pratica le conoscenze teoriche.
2. Gli istituti tecnici offrono una *facoltà* pratica: gli studenti possono subito inserirsi nel mondo del lavoro.
3. Alla scuola media si studiano *materie* molto varie: Lingue, Scienze, Lettere, Arte... in questo modo i ragazzi possono capire per quali studi hanno *inclinazioni*
4. Cecilia ha superato brillantemente l' *esame di maturità*, poi si è iscritta alla *inclinazione* di Giurisprudenza perché vuole diventare avvocato.
5. Il *percorso scolastico* di Giulio è stato ottimo: ha sempre avuto buoni *voti* in tutte le materie.

9. Ascolta il dialogo tra Marta e l'impiegata dell'agenzia interinale e completa la scheda.

93

Nome: *Marta Pastore*

Studi: ....

Esperienze lavorative: ....

Competenze linguistiche: ....

Competenze informatiche: ....

Competenze trasversali: ....

Lavoro cercato: ....

Esercizi

10. Ascolta di nuovo la registrazione e rispondi alle seguenti domande.

1. Quali erano le mansioni di Marta nel precedente lavoro?
2. Perché Marta ha frequentato Economia e Commercio?
3. Quale lavoro le offre l'impiegata?

11. Abbina gli elementi delle due colonne per creare delle espressioni relative al mondo del lavoro.

1. analizzare
2. creare
3. proporre
4. capire
5. comunicare

a. un buon clima lavorativo
b. soluzioni
c. in modo efficace
d. i problemi
e. il punto di vista

12. Completa le frasi con le espressioni al punto 11.

1. Antonella cerca sempre di .... innovative per risolvere i problemi.
2. Secondo me tutti dobbiamo impegnarci a ....: passiamo molte ore in ufficio e un ambiente sereno è fondamentale.
3. Per trovare una soluzione dobbiamo .... e affrontarli uno alla volta.
4. Carlo non riesce a ....: tutte le istruzioni che dà sono confuse e poco chiare.
5. Abbiamo organizzato questa riunione per parlare con il direttore e cercare di fargli .... dei dipendenti.

13. Cerchia l'opzione corretta.

1. Luca non ha **uno stipendio / un talento** adeguato alle sue mansioni.
2. Mi piace **avere orari flessibili / crescere professionalmente**: organizzo meglio la giornata e riesco anche a trovare del tempo per me.
3. Un **buon dipendente / datore di lavoro** dovrebbe valorizzare le persone più competenti con promozioni e aumenti di stipendio.
4. Luisa è molto apprezzata dai suoi colleghi perché è in grado di **fare carriera / mantenere la calma** anche nei momenti di maggiore stress.
5. Decidi tutto da solo, non ti coordini con gli altri e non li informi mai di quello che stai facendo: non hai il minimo **spirito di gruppo / pensiero critico**!

14. Per ciascun aggettivo, scrivi il nome corrispondente, come nell'esempio. Aiutati con il dizionario, se è necessario.

efficace → *efficacia*

1. flessibile →
2. empatico →
3. disponibile →
4. preparato →
5. competente →
6. intraprendente →

15. Leggi la lettera di presentazione e completala con le seguenti espressioni.

mi occupo di | Egregio
occasione di crescita professionale
la mia candidatura | di un Suo riscontro
ritengo di avere | in riferimento
i più distinti saluti | ho maturato esperienza

.... Dott. Gherardi,

Le scrivo .... al Suo annuncio apparso su lavorare.it, per proporLe .... per la posizione di insegnante di lingua inglese.

Sono laureata in Lingue e Letterature straniere e .... nel campo dell'insegnamento svolgendo uno stage come assistente didattica presso una scuola di lingue. Ho recentemente concluso un Master in Didattica della lingua inglese e al momento .... insegnamento a ragazzi dai 12 ai 16 anni.

Conosco i corsi e i servizi educativi offerti dalla Sua scuola e .... le competenze e le conoscenze necessarie per lavorare con voi.

Sono molto interessata a questo lavoro perché sono convinta che lavorare nella Sua scuola sarebbe un'ottima ....

Resto in attesa .... e Le porgo ....

Alice Malatesta

A. COMPRENSIONE SCRITTA

Leggi il testo e indica se le seguenti affermazioni sono vere o false.

COSA CERCA IL SELEZIONATORE NEL CANDIDATO

Sarò adatto, avrò abbastanza esperienza, andrà bene la mia laurea? Queste sono le domande di ogni candidato che invia il suo curriculum. Per capire meglio cosa cerca un selezionatore, abbiamo deciso di intervistarne uno.

Qual è la caratteristica più importante di un candidato?
Al contrario di quello che si pensa, non sono i titoli di studio. Noi facciamo maggiore attenzione all'esperienza lavorativa e alle abilità personali, che spesso possono compensare un titolo di studio apparentemente non adatto.

Come si deve presentare un candidato?
Il candidato deve avere un atteggiamento educato, un aspetto curato e mostrarsi interessato. È fondamentale preparare una presentazione che valorizzi i propri punti forti, ma senza esagerare.

Cosa si deve o non si deve scrivere in un curriculum?
È importante che il CV sia sintetico e riporti solo le informazioni più rilevanti: studi, esperienza lavorativa, formazione. Sono molti i candidati che, per dare uno stile più personale al curriculum, inseriscono informazioni non importanti. È una cosa che sconsiglio: stanca il lettore e aumenta le possibilità che il curriculum finisca nel cestino.

Cosa si valuta durante un colloquio?
Si chiedono maggiori informazioni, ma soprattutto si valutano le competenze trasversali: il candidato sa comunicare in modo efficace, analizzare i problemi, proporre soluzioni? E ancora: cosa si aspetta dal lavoro? Le domande che facciamo a un colloquio servono a chiarire questi aspetti e a capire se il candidato è adatto.

Quali consigli darebbe a chi sta cercando lavoro?
Consiglierei di preparare un buon curriculum, curare la propria presentazione e studiare molto attentamente gli annunci di lavoro, selezionando solo quelli che ci interessano o per cui abbiamo le competenze e conoscenze richieste. E infine, considerate la possibilità di inviare il CV alle aziende che vi interessano, anche se non hanno pubblicato annunci: potreste essere presi in considerazione in futuro.

	V	F
1. Nel selezionare un candidato, l'esperienza lavorativa può avere più importanza dei titoli di studio.	☐	☐
2. Il candidato deve evidenziare le sue capacità e competenze.	☐	☐
3. Bisogna cercare di personalizzare il curriculum inserendo molte informazioni.	☐	☐
4. Durante il colloquio si valutano anche gli aspetti personali del candidato.	☐	☐
5. Il selezionatore consiglia di inviare le candidature solo in risposta a un annuncio.	☐	☐

B. COMPRENSIONE ORALE

Ascolta la registrazione e cerchia l'opzione corretta.

94
1. Lucia **ha già** / **non ha** esperienza nel lavoro per cui sta facendo il colloquio.
2. Lucia ha cambiato lavoro perché **l'ambiente lavorativo** / **il viaggio per arrivare al lavoro** era stressante.
3. Lucia **non ha** / **ha** un requisito linguistico richiesto dall'azienda.
4. Lucia **gestisce bene lo stress** / **lavora bene solo nelle situazioni di calma**.
5. Lucia è una persona **precisa e organizzata** / **competitiva**.

C. PRODUZIONE SCRITTA

Secondo te quali sono gli aspetti più importanti per valutare un candidato in un processo di selezione? Cos'è più importante: l'esperienza, il carattere, le competenze o il titolo di studio? Scrivi un breve testo per dare la tua opinione.

Esercizi

IL PASSATO REMOTO

1. Leggi il testo e sottolinea i verbi al passato remoto. Poi inseriscili nel quadro e indica l'infinito corrispondente.

Anna Maria Mozzoni

Anna Maria Mozzoni fu una giornalista, attivista politica e pioniera del femminismo italiano. I genitori le insegnarono gli ideali rinascimentali e la spinsero a sviluppare un pensiero critico indipendente; ben presto Anna Maria si interessò alla causa dell'emancipazione femminile, a cui dedicò tutta la sua vita. In un periodo in cui le donne stesse non credevano di aver diritto all'uguaglianza, Anna Maria lottò per il diritto all'istruzione, al voto e alla parità delle donne. Anna Maria scrisse molti libri sulla condizione femminile, le cui idee aprirono la strada al movimento femminista negli anni successivi.

PASSATO REMOTO	INFINITO

2. Per ciascuna forma verbale, scrivi il soggetto corrispondente, come nell'esempio.

credeste → *voi*

1. andammo → ....
2. cadeste → ....
3. sentii → ....
4. governò → ....
5. sostenemmo → ....
6. capisti → ....
7. votarono → ....
8. unificò → ....

3. Per ciascun verbo, scrivi la forma del passato remoto alla persona indicata. Attenzione, alcuni verbi sono irregolari.

1. amare → (3ª pers. sing.) ....
2. temere → (1ª pers. plur) ....
3. partire → (3ª pers. sing.) ....
4. essere → (2ª pers. sing.) ....
5. avere → (1ª pers. sing.) ....
6. perdere → (3ª pers. plur.) ....
7. decidere → (3ª pers. sing.) ....
8. scrivere → (1ª pers. sing.) ....
9. vivere → (3ª pers. plur.) ....
10. dire → (2ª pers. plur.) ....

PASSATO REMOTO O IMPERFETTO

4. Cerchia l'opzione corretta.

1. Quando l'Impero romano **cadde / cadeva**, in Italia si **formarono / formavano** diversi regni barbarici che **furono / erano** spesso in guerra tra loro.
2. In Italia le donne **votarono / votavano** per la prima volta nel 1946: prima di allora non **ebbero / avevano** diritto di voto.
3. L'Italia **fu / era** un Paese economicamente molto arretrato quando **diventò / diventava** uno stato unitario.
4. Le Brigate Rosse **furono / erano** il gruppo di estrema sinistra che **sequestrò / sequestrava** Aldo Moro nel 1978.
5. Lo scandalo di Tangentopoli **portò / portava** a una serie di inchieste giudiziarie chiamate Mani pulite.

GLI INDICATORI TEMPORALI

5. Completa le frasi con l'articolo determinativo o la preposizione articolata adatti.

1. .... 1492 Cristoforo Colombo arrivò sulle coste dell'America.
2. Giuseppe Garibaldi nacque a Nizza .... 4 luglio 1807.
3. L'Italia divenne uno stato unitario nella seconda metà .... XIX secolo.
4. .... 2 giugno 1946 in Italia si tenne uno storico referendum.
5. Il Movimento 5 stelle è nato .... anni 2000.

IL CONDIZIONALE COMPOSTO

6. Nelle seguenti frasi, <u>sottolinea</u> l'azione che avviene prima.

1. Pochi immaginavano che questo partito avrebbe ottenuto tanto successo nelle ultime elezioni.
2. I moti rivoluzionari iniziarono un processo che sarebbe terminato con l'unità d'Italia.
3. Nel primo dopoguerra, l'Italia visse un periodo di crisi che dopo pochi anni avrebbe portato a una dittatura.
4. Nessuno pensava che la spedizione dei Mille avrebbe avuto tanto successo.
5. Nel Quattrocento nacquero le Signorie che, in breve tempo, sarebbero diventate importanti centri politici e artistici.

7. Trasforma le frasi al passato, come nell'esempio.

Il Governo pensa che la maggioranza degli elettori lo appoggerà. → *Il Governo pensò che la maggioranza degli elettori lo avrebbe appoggiato.*

1. Nel 1469 Lorenzo de Medici sale al potere e in poco tempo diventerà l'ideale di principe rinascimentale.
   → ...
2. Nel 1492 Cristoforo Colombo parte per un viaggio che cambierà la storia del mondo.
   → ...
3. I congiurati non immaginano che il loro piano fallirà.
   → ...
4. Mussolini prende il potere nel 1925: governerà per circa vent'anni.
   → ...
5. Questo partito promette che risolverà il problema della corruzione politica.
   → ...

PRIMA DI O PRIMA CHE?

8. Completa le frasi con **prima di** o **prima che**.

1. .... essere unificata, l'Italia era divisa in tanti stati.
2. Il paladino Orlando era stato un guerriero invincibile, ... perdere il senno.
3. Torino era stata capitale d'Italia .... Roma fosse conquistata.
4. La congiura fu scoperta .... i congiurati potessero agire.
5. L'Impero romano aveva unificato enormi territori .... cadere nel 476 d.C.

IL DISCORSO INDIRETTO

9. Leggi le frasi al discorso diretto e per ciascuna indica la frase al discorso indiretto corrispondente.

1. "Metto il mio libro qui."
   - ☐ a. Dice che mette il tuo libro qui.
   - ☐ b. Dice che mette il suo libro qui.
2. "Mi piace la storia."
   - ☐ a. Dice che gli piace la storia.
   - ☐ b. Dice che mi piace la storia.
3. "Non conosciamo quel poema."
   - ☐ a. Dicono che non conoscono quel poema.
   - ☐ b. Dicono che non conosciamo quel poema.
4. "Orlando è il nostro miglior guerriero."
   - ☐ a. Dicono che Orlando è il vostro miglior guerriero.
   - ☐ b. Dicono che Orlando è il loro miglior guerriero.
5. "Sconfiggi il nemico!"
   - ☐ a. Dice che sconfigge il nemico.
   - ☐ b. Dice di sconfiggere il nemico.

10. Trasforma le frasi dal discorso diretto a quello indiretto.

1. "Questo film è interessante."
   → Dicono ...
2. "Gli ho telefonato ieri."
   → Dice ...
3. "Questo è il mio libro preferito."
   → Dice ...
4. "Leggi il primo capitolo e dimmi se ti piace."
   → Dice ...
5. "Domani andremo a Milano."
   → Dicono ...

IL LESSICO DELLA STORIA

11. Abbina ciascuna parola alla definizione corrispondente.

1. partito
2. costituzione
3. dopoguerra
4. impero
5. monarchia

a. periodo di tempo successivo a una guerra
b. forma di governo che prevede un re e dei sudditi
c. grande stato che comprende ampi territori e popoli diversi governati da un'unica autorità
d. la raccolta delle leggi fondamentali di uno stato
e. gruppo di persone con gli stessi obiettivi politici che partecipano alle elezioni

Esercizi

12. Ascolta la registrazione e indica di cosa stanno parlando queste persone.

1. ☐ a. monarchia ☐ b. elezioni
2. ☐ a. corruzione ☐ b. strage
3. ☐ a. movimento culturale ☐ b. scambi commerciali
4. ☐ a. esercito ☐ b. guerre d'indipendenza
5. ☐ a. autonomia ☐ b. modernizzazione

13. Completa le frasi con le seguenti parole ed espressioni.

> attentato | diritti politici | crisi economica
> appoggio economico | classi | referendum

1. L'unità d'Italia era sostenuta soprattutto dalle .... sociali più colte.
2. Lo stato totalitario soppresse tutti i .... e ai cittadini non era più permesso votare né presentarsi alle elezioni.
3. La questione è così importante che bisogna organizzare un .... perché i cittadini esprimano direttamente la propria opinione.
4. L'economia del Paese ripartì grazie all' .... che veniva dall'estero.
5. L' .... fece moltissime vittime, soprattutto tra i cittadini innocenti.
6. Negli anni del dopoguerra, la .... rendeva molto difficile trovare un lavoro.

14. Completa le frasi con le seguenti parole.

> alleanze | testimonianza | congiura
> sostegno | governo | erede

1. Nel Medioevo, spesso le .... politiche si consolidavano attraverso i matrimoni.
2. Lorenzo de' Medici era .... di una famiglia ricca, ma non nobile: entrambi i suoi genitori erano borghesi.
3. Molti principi rinascimentali si distinsero per il .... all'arte e alla cultura.
4. Gli oppositori del governo organizzarono una .... per uccidere il capo di stato.
5. A Venezia il .... della città era affidato a un gruppo di nobili.
6. Le opere d'arte di alcune città italiane sono la .... dello splendore delle corti rinascimentali.

IL LESSICO DEI POEMI CAVALLERESCHI

15. Completa il cruciverba.

DEFINIZIONI VERTICALI
1. Guerriero, difensore.
2. Forte e coraggioso.
3. Insieme di soldati.

DEFINIZIONI ORIZZONTALI
1. Scontro tra eserciti.
2. Opera letteraria in versi.
3. Risultato finale.
4. Missione eroica e coraggiosa.

16. Cerchia l'opzione corretta.

1. Il re Carlo Magno **capeggiava** / **invadeva** l'esercito cristiano.
2. Il paladino combatté valorosamente e riuscì a **schierare** / **sbaragliare** i nemici.
3. Carlo Magno **assicurò** / **promise** in sposa Angelica al guerriero più forte.
4. I due innamorati **affrontarono** / **sconfissero** molte sventure prima di poter stare insieme.
5. Il re contava sui suoi paladini più coraggiosi per **guidare** / **affrontare** i nemici.

232 duecentotrentadue

A. COMPRENSIONE SCRITTA

Leggi il testo e indica quali delle seguenti affermazioni sono presenti.

LE REPUBBLICHE MARINARE

Le Repubbliche marinare furono Amalfi, Pisa, Genova e Venezia: quattro città costiere che dal X al XIII secolo dominarono il Mediterraneo grazie all'intraprendenza nei commerci marittimi, alla propria autonomia politica e a una potente flotta militare. In queste città si era formata una dinamica borghesia che si era resa indipendente e aveva creato dei governi autonomi composti da ricchi mercanti, banchieri e nobili del luogo. Sfruttando la ripresa economica europea dell'anno Mille, le Repubbliche marinare cominciarono a commerciare sulle rotte del Mediterraneo e ben presto entrarono in conflitto con l'Impero bizantino e gli Arabi, che fino a quel momento avevano avuto il primato commerciale e militare sul mare. Dopo diverse battaglie navali vittoriose, le quattro città si conquistarono un ruolo di primo piano nei traffici navali: i loro mercanti portavano dall'Oriente prodotti rari e introvabili in Europa come spezie, profumi, vini, olio, seta e favorivano anche lo scambio culturale e la circolazione di idee tra Oriente e Occidente. Per gestire al meglio i commerci, le Repubbliche marinare introdussero le monete d'oro, che non venivano più usate da secoli, e inventarono i primi assegni della storia; inoltre, misero a punto numerose innovazioni tecnologiche per la navigazione, come la bussola e le carte nautiche.

1. Le Repubbliche marinare avevano governi autonomi. ☐
2. Le Repubbliche marinare nacquero intorno all'anno Mille. ☐
3. Le Repubbliche marinare si misero d'accordo con l'Impero bizantino per gestire i commerci navali. ☐
4. Le Repubbliche marinare furono un punto di contatto tra Oriente e Occidente. ☐
5. Le Repubbliche marinare introdussero innovazioni nel mondo del commercio e della navigazione. ☐

B. COMPRENSIONE ORALE

1. Ascolta la registrazione e indica se le seguenti affermazioni sono vere o false.

	V	F
1. Lucrezia nacque in una famiglia nobile.	☐	☐
2. Lucrezia si sposò due volte.	☐	☐
3. Lucrezia uccise il suo secondo marito.	☐	☐
4. Lucrezia non aveva vocazione per la diplomazia e la politica.	☐	☐
5. A Ferrara, Lucrezia promosse le arti e la letteratura.	☐	☐
6. Lucrezia prese anche delle iniziative per aiutare i poveri.	☐	☐

2. Ascolta di nuovo la registrazione e ricostruisci la biografia di Lucrezia Borgia.

ANNO	EVENTO
1480	
1493	
1498	
1500	
1501	
1512	
1519	

C. PRODUZIONE SCRITTA

Scegli un personaggio storico molto famoso e scrivine una breve biografia. I tuoi compagni dovranno indovinare di quale personaggio si tratta.

Esercizi

LA FORMA IMPERSONALE DEI VERBI PRONOMINALI

1. Completa le frasi con la costruzione impersonale dei verbi tra parentesi.

1. Non (abituarsi) .... facilmente a dormire in una casa sull'albero.
2. In questo posto non (annoiarsi) .... mai: ci sono tante attività da fare!
3. Una vacanza in un monastero è l'ideale se (sentirsi) .... molto stressati.
4. Prima di prenotare un alloggio, di solito (informarsi) .... sui servizi previsti dalla struttura.
5. L'hotel è così tranquillo che (dimenticarsi) .... di essere vicino alla città.

2. Trasforma le frasi usando la forma impersonale, come nell'esempio.

In vacanza tutti vogliono rilassarsi. → *In vacanza ci si vuole rilassare.*

1. Qui tutti si possono divertire con tante attività diverse.
   → ....
2. In montagna le persone devono coprirsi bene.
   → ....
3. Da questa finestra tutti possono godersi un bellissimo panorama.
   → ....
4. Gli ospiti non devono preoccuparsi di niente: nella casa sull'albero c'è tutto il necessario.
   → ....
5. In viaggio, tutti dobbiamo adattarci a qualche scomodità.
   → ....

3. Cosa si può fare quando si va in vacanza? Scrivi delle brevi frasi usando la forma impersonale. Prendi spunto dalle seguenti proposte.

| rilassarsi | godersi la natura | informarsi sull'alloggio |
| alzarsi tardi | dimenticarsi del lavoro |

1. ....
2. ....
3. ....
4. ....
5. ....

LA COSTRUZIONE PASSIVA

4. Indica se le seguenti frasi sono attive (A) o passive (P).

1. Luca ha organizzato una vacanza da sogno. (A)
2. Il borgo è stato costruito dai Normanni. (P)
3. Questa spiaggia è frequentata dagli amanti degli sport acquatici. (P)
4. Abbiamo ammirato il panorama dalla vetta della montagna. (A)
5. La mostra è stata organizzata dal Comune. (P)

5. Completa le seguenti costruzioni passive con essere, venire o andare coniugati al tempo indicato tra parentesi. In alcuni casi sono possibili più soluzioni.

1. Il viaggio è *viene / è stato* organizzato da un'agenzia specializzata. (passato prossimo)
2. Questo sale *è / viene* prodotto nelle saline di Trapani. (presente)
3. Il castello *sarà / verrà* trasformato in un hotel. (futuro)
4. La mostra è stata un successo: è *stata* visitata da moltissimi turisti. (passato prossimo)
5. Questa spiaggia *va* vista assolutamente! (presente)

6. Trasforma le frasi da attive in passive e viceversa.

1. Le escursioni sono state organizzate dall'ufficio del turismo.
   → *è organizzato*
2. La guida ha accompagnato i turisti.
   → *I turisti sono stati accompagn...*
3. Ogni anno queste montagne vengono scalate da molti alpinisti.
   → ....
4. L'oasi attirava gli amanti della natura.
   → *Gli amanti della natura erano attratti l'oasi*
5. L'isola è stata raggiunta dal turismo di massa.
   → *Il turismo di massa ha raggiunto l'isola*

7. Indica quali frasi esprimono necessità o obbligo.

1. Dormire in un faro è un'esperienza che va fatta. ☐
2. Il parco è così suggestivo che viene visitato da moltissimi turisti. ☐
3. Questa zona verrà trasformata in un'oasi naturale. ☐
4. L'itinerario va percorso a piedi, senza fretta. ☐
5. Visitiamo il centro storico? Ci sono degli edifici che vanno visti! ☐

LA PREPOSIZIONE DA

8. Indica se la preposizione da introduce un complemento d'agente (CA), dà una sfumatura di obbligo (O) o ha valore di aggettivo (A).

1. Questa è stata una vacanza da incubo! (......)
2. Siracusa è stata costruita dai greci. (......)
3. Ischia è davvero un posto da favola. (......)
4. L'oasi è un luogo da esplorare. (......)
5. La colazione è offerta dall'albergo. (......)
6. Vai al castello, è da visitare! (......)

9. (Cerchia) l'opzione che non cambia il senso della frase.

1. Bisogna prenotare l'alloggio con un po' di anticipo. → L'alloggio **è** / **va** prenotato con un po' di anticipo.
2. Paolo organizzava tutti gli itinerari. → Tutti gli itinerari **erano** / **andavano** organizzati da Paolo.
3. È obbligatorio fare l'escursione con una guida. → L'escursione **è** / **va** fatta con una guida.
4. Molti visitatori apprezzano le bellezze naturalistiche. → Le bellezze naturalistiche **vengono** / **vanno** apprezzate da molti visitatori.
5. Si dovrà riaprire il museo prima dell'inizio della stagione turistica. → Il museo **sarà** / **andrà** riaperto prima dell'inizio della stagione turistica.

IL LESSICO DI ALLOGGI E VIAGGI

10. Indica quale dei seguenti aggettivi è più adatto a sostituire le espressioni sottolineate in ciascuna frase.

indimenticabile   lussuoso   suggestivo

semplice   insolito

1. Certo, l'alloggio era molto essenziale, ma stare in un monastero è stata proprio una bella esperienza. ....
2. L'alloggio per le vacanze per me deve essere comodo ma deve anche avere delle caratteristiche particolari, fuori dal comune.
   ....
3. Il panorama da questa scogliera è di una bellezza che ti affascina. ....
4. Spello è un posto che ricorderò sempre, veramente meraviglioso! ....
5. Abbiamo alloggiato in una camera dall'arredamento ricco e pregiato: ....

11. Completa le frasi con i seguenti verbi coniugati nel modo opportuno.

alloggiare   visitare   percorrere

organizzare   fare   godersi

1. Mettiti delle scarpe comode, il sentiero che dobbiamo .... oggi è abbastanza lungo.
2. Fermiamoci un po' qui a .... il panorama, c'è una vista così bella!
3. L'albergo dove .... Stefano e Serena si trova proprio a due passi dal mare.
4. Durante la gita in barca ci siamo fermati in una splendida baia e .... il bagno.
5. Non mi rivolgo mai alle agenzie di viaggi, preferisco .... le mie vacanze da sola.
6. L'albergo si trova in una posizione ben collegata, quindi è un'ottima base da cui partire per .... le località vicine.

12. Completa le frasi con le preposizioni adatte.

1. Non so se il soggiorno in un iglù sia adatto .... me: ho paura di sentire troppo freddo!
2. Il nostro B&B si trova in campagna, completamente immerso .... verde.
3. Il soggiorno in una casa sull'albero è indicato .... gli amanti della natura.
4. Questa spiaggia è rimasta incontaminata perché si trova all'interno .... un'oasi naturale.
5. Questo bellissimo teatro romano risale .... I secolo d.C.

13. Ascolta la registrazione e completa il quadro con le proposte fatte dall'agenzia di viaggi per ciascuna tappa.

TAPPA	PROPOSTE
Positano	
Amalfi	
Ravello	

duecentotrentacinque **235**

Esercizi

14. Abbina le seguenti parole alle immagini corrispondenti.

sentiero   isola   borgo   montagna   cala   grotta

1. ....
2. .... 
3. .... 
4. .... 
5. .... 
6. .... 

15. Ascolta la registrazione e indica cosa hanno visitato queste persone.

1. ☐ a. parco artistico   ☐ b. riserva naturale
2. ☐ a. borgo   ☐ b. mostra
3. ☐ a. località balneare ☐ b. borgo
4. ☐ a. città   ☐ b. borgo

16. Cerchia l'opzione corretta.

1. L'artista ha **scolpito / decorato** la pietra dandole la forma di un animale immaginario.
2. Il monumento è stato **fondato / costruito** nella piazza principale.
3. L'architetto ha **ideato / fondato** una fontana con meravigliosi giochi d'acqua.
4. La base della statua è stata **realizzata / decorata** con motivi geometrici.
5. Il Comune ha **progettato / scolpito** la realizzazione di un parco artistico su questa collina.
6. La città è stata **fondata / realizzata** durante il periodo medievale.

17. Completa le frasi con i seguenti aggettivi.

insolito   guidata   artistico   cristallino   gastronomico

1. Questa spiaggia si trova in un'oasi naturale ed è poco frequentata, ecco perché il mare è ....
2. Se vai al castello, ti consiglio di prenotare una visita ....: è molto più interessante.
3. Nel parco .... si trovano statue e monumenti realizzati da artisti di fama internazionale.
4. L'anno scorso, in vacanza, ho alloggiato in un iglù: davvero un posto .... e suggestivo!
5. Clara ha organizzato un itinerario .... per assaggiare i prodotti tipici della zona.

18. Completa la mappa mentale con i tipi di itinerari che ti piace e ti piacerebbe fare quando viaggi.

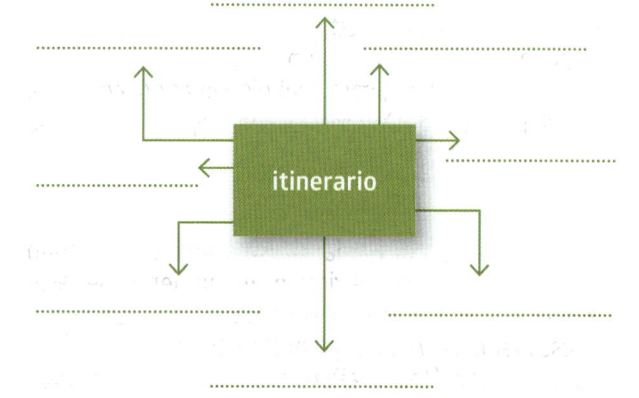

itinerario

8

A. COMPRENSIONE SCRITTA

Leggi il testo e indica se le seguenti affermazioni sono vere o false.

ALLA SCOPERTA DI...

In Italia ci sono tante località poco conosciute ma che vale la pena visitare. Ecco alcune idee per un viaggio alternativo e lontano dai soliti percorsi turistici.

La Scarzuola
La località, immersa nei boschi in provincia di Terni, presenta un complesso di edifici con un'architettura che ricorda quella di Gaudí. Scale, teatri, torri e colonne hanno un significato mistico e simbolico e l'atmosfera che si respira è magica.

Lucignano
A 30 km da Arezzo, Lucignano potrebbe sembrare, a prima vista, uno dei tanti borghi medievali italiani, ma in realtà ha una caratteristica che lo rende unico: la sua struttura non è mai stata modificata dal Medioevo. Le strade assomigliano a un labirinto e le mura a protezione del paese sono praticamente intatte.

Trani
La "perla dell'Adriatico" è una meta imperdibile durante un viaggio in Puglia. Visitate la sua meravigliosa cattedrale sul mare in stile romanico pugliese, salite sul campanile e godetevi il panorama del piccolo porto, ammirate il Castello svevo del XIII secolo. E infine, rilassatevi nella bella villa comunale, costruita proprio di fronte al mare.

Lazise
Località sul Lago di Garda, Lazise è interessante sotto diversi punti di vista: è ricca di monumenti che testimoniano la lunga storia del borgo, ospita alcune ville rinascimentali e un castello medievale e ha un delizioso porto sul lago. Una caratteristica unica? La pavimentazione del centro storico: le mattonelle sono posizionate in modo da creare disegni e decorazioni fantasiosi e singolari.

Parzialmente tratto e adattato da: Lucia D'Addezio, 19 luoghi magici (e sconosciuti) da vedere in Italia, 10/08/2016, Luoghidavedere.it

	V	F
1. A La Scarzuola gli edifici creano un'atmosfera particolare.	☐	☐
2. Lucignano è rimasta sempre uguale dal Medioevo.	☐	☐
3. A Lucignano c'è un labirinto.	☐	☐
4. Dalla villa comunale di Trani c'è una bella vista sul castello.	☐	☐
5. A Lazise ci sono strutture di varie epoche e periodi storici.	☐	☐
6. Nel centro storico di Lazise ci sono delle mattonelle decorative.	☐	☐

B. COMPRENSIONE ORALE

Ascolta la registrazione e scegli l'opzione corretta.

99

1. Giulia:
   ☐ a. ha trovato l'albergo un po' spartano.
   ☐ b. cercava un posto insolito ma comodo.
   ☐ c. è rimasta insoddisfatta perché è molto esigente.

2. L'albergo:
   ☐ a. è vicino a un centro benessere.
   ☐ b. ha alcune camere con terrazza.
   ☐ c. organizza eventi sulla terrazza.

3. Nell'albergo:
   ☐ a. c'è un ottimo ristorante.
   ☐ b. si possono assaggiare piatti di cucine straniere.
   ☐ c. si possono fare degustazioni di specialità locali.

4. Giulia dice che l'albergo:
   ☐ a. è in una buona posizione per visitare la città.
   ☐ b. è un po' lontano dal centro storico.
   ☐ c. organizza un festival.

5. Giulia consiglia il soggiorno a chi:
   ☐ a. non ha molte esigenze.
   ☐ b. vuole fare un'esperienza diversa.
   ☐ c. non vuole spendere molto.

C. PRODUZIONE SCRITTA

Scegli tre luoghi poco conosciuti del tuo Paese e scrivi una descrizione seguendo il modello del punto A. Descrivi le caratteristiche che ti sembrano più interessanti.

duecentotrentasette **237**

Esercizi

IL CONDIZIONALE COMPOSTO

1. Abbina le seguenti forme verbali al soggetto corrispondente.

sarebbe andato   avrebbero scritto   avrei letto
saremmo arrivati   avresti capito
sarebbero rimaste   sarebbe uscita   avreste parlato

1. Io _avrei letto_
2. Tu _avresti capito_
3. Sara _sarebbe uscita_
4. Marco _sarebbe andato_
5. Io e Fabio _saremmo arrivati_
6. Tu e Antonio _avreste parlato_
7. I nostri amici _avrebbero scritto_
8. Le loro famiglie _sarebbero rimaste_

2. Abbina gli elementi delle due colonne per creare delle frasi. Poi indica quali desideri sono ancora realizzabili (R) e quali, invece, non lo sono (NR).

1. Vorrei leggere quel libro...
2. Potrei partecipare al concorso per autori emergenti...
3. Vorremmo leggere un fumetto... COMIC STRIP
4. Avrei sottolineato i passaggi più interessanti...
5. Avremmo preferito comprare questo libro nuovo...

a. ma il libro era della biblioteca. (4)
b. me lo presti? (1)
c. ma si trova solo usato. (5)
d. ce ne puoi consigliare uno? (3)
e. ho ancora tempo per iscrivermi. (2)

3. Completa le frasi con il condizionale composto o presente dei verbi tra parentesi.

1. (Noi, volere) _vorremmo_ partecipare alla presentazione del libro, ma non c'era posto.
2. Chiara (volere) _sarebbe voluto_ diventare una scrittrice, ma poi è diventata agente letterario.
3. A scuola ci fanno leggere i classici, anche se noi (preferire) _preferiamo_ qualcosa di più moderno.
4. (Io, comprare) _avrei comprato_ il libro ieri, ma la libreria era chiusa.
5. Mi hanno regalato un giallo. A dire la verità, (io, preferire) _preferivo_ un saggio di letteratura.
6. (Noi, leggere) _leggeremmo_ di più, ma non ne abbiamo mai il tempo.

I PRONOMI RELATIVI

4. Trasforma le frasi sostituendo gli elementi sottolineati con i pronomi relativi il quale, la quale, i quali, le quali. **Fai attenzione alle preposizioni.**

1. Questo è il libro di cui ho parlato nel mio articolo.
   → _Questo è il quale_
2. Il libro è arrivato anche sul mercato estero, in cui sta avendo molto successo.
   →
3. Il fantasy non è un genere a cui riesco ad appassionarmi.
   →
4. Qui non ci sono molte librerie in cui comprare libri usati.
   →
5. I finalisti, che riceveranno un premio, saranno scelti domani.
   →

5. Completa le frasi con i pronomi relativi il quale, la quale, i quali, le quali **preceduti da una preposizione.**

1. Conosci una persona _la quale_ rivolgersi per risolvere questo problema?
2. Il romanzo è apprezzato dai critici, _il quale_ piacciono la trama e i personaggi.
3. Italo Calvino è lo scrittore _i quali_ ho letto più libri.
4. Vorremmo leggere un romanzo storico. Ci puoi suggerire un libro _il quale_ cominciare?
5. Questa è una saga fantasy _le quali_ mi ero appassionata quando ero adolescente.

ESPRIMERE OPINIONI E PREFERENZE

6. Abbina gli elementi delle due colonne per creare delle frasi.

1. Secondo noi, il regista... C
2. Credo che l'attore... A
3. Ritenete che i personaggi... D
4. Dal mio punto di vista, il trailer del film... E
5. Pensi che questo film... B

a. abbia interpretato perfettamente il suo ruolo.
b. possa vincere al Festival di Cannes?
c. ha scelto un soggetto molto interessante per il film.
d. siano ben delineati?
e. svela troppi elementi della trama.

7. Osserva le frasi e indica quali opinioni sono espresse in modo più deciso. Quale modo verbale si utilizza?

1. Riteniamo che il regista Luca Guadagnino sia molto apprezzato all'estero.
2. Secondo me, le recensioni di questo film sono positive.
3. Credete che la trama del film che abbiamo visto sia fedele al libro?
4. Secondo noi, il libro non ha venduto moltissime copie.
5. Pensiamo che la programmazione di oggi preveda un documentario.
6. A mio parere, la traduzione di questo libro è ottima.

I NOMI E GLI AGGETTIVI ALTERATI

8. Completa le frasi con le seguenti parole.

viaggetto   filmone   giornataccia

libraccio   filmetto

1. Personaggi mal delineati, trama scontata, nessuna ambientazione... che delusione, questo è proprio un _libraccio_!
2. Sono stanca e non mi va di concentrarmi. Dai, guardiamo un _filmetto_ per rilassarci.
3. Oggi mi è successo di tutto: si è rotta la macchina, ho fatto tardi al lavoro, ho perso le chiavi di casa... Che _giornataccia_.
4. Abbiamo tre giorni di ferie, se riusciamo a organizzarci quasi quasi facciamo un _viaggetto_.
5. Che _filmone_! La trama era appassionante e gli attori sono stati tutti bravissimi.

LE FRASI CONSECUTIVE

9. Unisci le frasi per esprimere una conseguenza usando così che, tanto che, al punto che o talmente che, come nell'esempio.

Il film era noioso. Mi sono addormentato. → *Il film era tanto noioso che mi sono addormentato.*

1. Il libro ci è piaciuto. Abbiamo deciso di rileggerlo.
   → Il libro ci è piaciuto talmente che abbiamo deciso di rileggerlo.
2. La programmazione del cinema è interessante. Ci andrei tutti i giorni.
   → ....
3. Il dibattito sul film era appassionante. È durato due ore.
   → Il dibattito sul film era appassionante tanto che è durato due ore.
4. La trama del giallo era scontata. Fin dall'inizio abbiamo indovinato il finale.
   → ....
5. Andrea è appassionato di cinema. Ci va almeno due volte alla settimana.
   → ....

IL LESSICO DI LIBRI E FILM

10. Ascolta la registrazione e indica di che genere di lettura si parla.

romanzo di fantascienza   fumetto   saggio

letteratura di viaggio   romanzo giallo

1. ....
2. ....
3. ....
4. ....
5. ....

11. Abbina ciascun genere letterario alla definizione corrispondente.

1. favola — C
2. autobiografia — A
3. fantasy — E
4. giallo — B
5. romanzo storico — D

a. opera letteraria in cui l'autore racconta la propria vita
b. romanzo nella cui trama sono presenti crimini, delitti e investigazioni
c. opera letteraria piuttosto breve che ha per protagonisti animali e che contiene un insegnamento di vita
d. opera di narrativa in cui gli eventi di un'epoca passata fanno da sfondo a una vicenda di personaggi reali o immaginari
e. genere letterario i cui principali elementi sono magia ed eventi soprannaturali

Esercizi

12. Completa le frasi con le seguenti parole.

autore | evasione | lettori
passaggi | presentazione | capitolo

1. In questo saggio, Paola ha sottolineato alcuni ....passaggi....... che non ha capito per rileggerli dopo, con più attenzione.
2. Credo che il genere fantasy abbia tanto successo perché per molti la lettura è soprattutto ....evasione....... dalla realtà.
3. Sono arrivato all'ultimo ....capitolo....... del giallo e ancora non ho capito chi potrebbe essere l'assassino.
4. Domani in libreria ci sarà la ....presentazione....... dell'ultimo libro di Albinati. Ci andiamo?
5. Per scrivere questo romanzo, l' ....autore....... ha fatto accurate ricerche storiche.
6. La trama è avvincente e i personaggi ben delineati: questo racconto non deluderà neanche i ....lettori....... più esigenti.

13. Cerchia l'opzione corretta.

1. Non riesco a spiegarmi **il successo** / la narrativa di questo libro: a me non è sembrato granché.
2. Il romanzo mi è piaciuto soprattutto per **l'ambientazione** / la traduzione: luoghi e atmosfere sono descritti molto bene.
3. Il genere che vende di più in Italia è senza dubbio la copertina / **narrativa**.
4. I fan della saga stanno aspettando con ansia la **pubblicazione** / l'analisi del prossimo libro.
5. Il saggio è molto recente, dovremo aspettare un po' per avere l'editoria / **la traduzione** nella nostra lingua.

14. Completa le frasi con la preposizione adatta.

1. Sono tutti impazziti ...per... i libri di Elena Ferrante, dovrei leggerne uno anch'io.
2. Questo saggio è pieno ...di... riflessioni interessanti sul Medioevo.
3. Umberto Eco è famoso soprattutto ...per... *Il nome della rosa*, ma ha scritto molti altri romanzi e saggi.
4. Appena avremo un po' di tempo libero ne approfitteremo ...per... leggere l'ultimo best seller.
5. Quel racconto è davvero noioso, ho fatto molta fatica ...a... leggerlo.

15. Cerchia l'opzione corretta.

1. Ti è piaciuta **la rassegna** / l'interpretazione di Zingaretti? Secondo me ha recitato benissimo!
2. Il **regista** / critico non ha rispettato la storia originale! Nel libro i personaggi non erano così!
3. Ho proprio voglia di vedere un film! Adesso controllo la **programmazione** / recensione del cinema sotto casa.
4. Nella cineteca del mio quartiere ci sono sempre film poco conosciuti ma molto belli: per autentici **cinefili** / critici!
5. La trama è davvero omonima / **coinvolgente**: anche se il film dura quasi tre ore non ci si distrae mai.

16. Completa il cruciverba.

DEFINIZIONI VERTICALI
1. La storia di un libro o di un film.
2. Filmato che informa su argomenti specifici.
3. Chi interpreta un ruolo in un film.

DEFINIZIONI ORIZZONTALI
1. Breve testo in cui l'autore esprime la propria opinione su un film.
2. La persona che per lavoro scrive recensioni.

9

A. COMPRENSIONE SCRITTA

Leggi il testo e indica se le seguenti affermazioni sono vere o false.

	V	F
1. I libri proposti sono ambientati in epoca moderna.	☐	☑
2. *L'amica geniale* è il racconto di un'amicizia tra bambine.	☐	☑
3. *La lunga vita di Marianna Ucrìa* è un saggio sulla condizione delle donne.	☐	☑
4. *Oceano mare* racconta le storie di più personaggi.	☑	☐
5. *Testimone inconsapevole* è un giallo.	☑	☐

I CONSIGLI DEL LIBRAIO

Indecisi su cosa leggere? Per aiutarvi nella scelta del prossimo libro, abbiamo selezionato per voi quattro titoli: grandi classici moderni che sicuramente non vi deluderanno.

L'amica geniale, Elena Ferrante
Elena, ormai anziana, racconta la lunga amicizia fra lei e Lila, a cominciare dagli anni dell'infanzia e poi dell'adolescenza. Sullo sfondo, la vita difficile nella Napoli del dopoguerra e tanti personaggi secondari ma ben delineati. Un romanzo che sa sorprendere ed emozionare.

La lunga vita di Marianna Ucrìa, Dacia Maraini
Marianna appartiene a una nobile famiglia palermitana del Settecento. Il suo destino dovrebbe essere quello di una qualsiasi giovane nobildonna, ma la sua condizione di sordomuta la rende diversa: sviluppa una sensibilità acuta che la spinge a riflettere sulla condizione umana, sulla situazione femminile e sulle ingiustizie sociali. Un romanzo pieno di profonde riflessioni, ma anche di amore e passione.

Oceano mare, Alessandro Baricco
Un luogo fuori dal tempo e un'atmosfera surreale per questo libro che racconta la storia di strani personaggi le cui storie si intrecciano in riva al mare. Emozioni, colpi di scena e dialoghi indimenticabili raccontati con l'inconfondibile stile di Baricco.

Testimone inconsapevole, Gianrico Carofiglio
L'ambulante senegalese Abdou Thiam viene accusato dell'omicidio di un bambino di nove anni. Indizi e testimonianze sembrano schiaccianti e Abdou verrà quasi certamente condannato, ma è davvero colpevole? Un avvocato comincia a indagare e scopre che la verità potrebbe essere un'altra... Un romanzo realistico, che unisce un'appassionante investigazione a interessanti riflessioni sulla società contemporanea.

B. COMPRENSIONE ORALE

Ascolta la registrazione e cerchia l'opzione corretta.

101
1. *Perfetti sconosciuti* è un film **comico** / **che fa riflettere**.
2. Nel film *Perfetti sconosciuti* **c'è un finale a sorpresa** / **si parla di rapporti di amicizia**.
3. *La migliore offerta* **è un tipico film sentimentale** / **ha elementi di vari generi**.
4. Quello che coinvolge ne *La migliore offerta* è **il ritmo veloce e incalzante** / **l'interpretazione degli attori**.
5. *Chiamami col tuo nome* è **tratto da un romanzo** / **un film molto vecchio**.
6. *Chiamami col tuo nome* è stato apprezzato **dalla critica ma non dal pubblico** / **sia dalla critica che dal pubblico**.

C. PRODUZIONE SCRITTA

Scegli un libro o un film molto famoso e scrivine alcuni elementi (personaggi, trama, ambientazione...). I tuoi compagni dovranno indovinare di quale libro o film si tratta.

Grammatica

I PRONOMI RELATIVI

Che ha funzione di soggetto o oggetto diretto ed è invariabile in genere e numero.
*Mi piacciono le canzoni **che** mettono di buonumore.* [soggetto]
*"Nel blu dipinto di blu" è una canzone **che** ascolto sempre volentieri.* [oggetto diretto]

Cui ha funzione di oggetto indiretto ed è preceduto da una preposizione. È invariabile in genere e numero.
*Questo è il ragazzo **di cui** ti avevo parlato.*
*Ci sono canzoni **a cui** associo nostalgia e paura.*

Il quale, **la quale**, **i quali**, **le quali** possono sostituire **che** o preposizione + **cui**, e concordano in genere e numero con la persona a cui si riferiscono. Questa forma di relativo si usa in un registro formale.
*Il libro **dal quale** è tratto il film è stato un grande successo.*
*Ho parlato con i relatori, **i quali** mi hanno dato alcune informazioni interessanti.*

Chi si riferisce solo a persone, mai a cose, è invariabile e sempre singolare. Significa "la persona che". Può avere funzione di soggetto, di oggetto e di complemento indiretto.
__Chi__ crede troppo nel paranormale, sbaglia. [soggetto]
*Ho scoperto **chi** ha diffuso la notizia falsa.* [oggetto]
*Chiederà i danni a **chi** produce l'oggetto.* [compl. indiretto]

IL SUFFISSO -ITÀ

Usiamo il suffisso *-ità* nella formazione di alcuni nomi di significato astratto.

sensibile → sensibil**ità**
sereno → seren**ità**

I PREFISSI NEGATIVI DIS-, IN-, E S-

Aggiunti ad aggettivi e verbi, danno un significato negativo e/o contrario.

accordo - **dis**accordo (= mancanza di accordo)
atteso - **in**atteso (= non atteso)
fortunato - **s**fortunato (= senza fortuna)
fare - **dis**fare (≠ di fare; = distruggere)
abilitare - **in**abilitare (= non abilitare)
radicare - **s**radicare (≠ di radicare; = strappare)

⚠ impossibile (**im**- davanti a p, m, b)
irresistibile (**ir**- davanti a r)

GLI AGGETTIVI IN -BILE

Gli aggettivi in **-bile** derivano da un verbo ed esprimono possibilità.
Dai verbi in **-are** si formano aggettivi con il suffisso **-abile**:

adatt**abile** = che si può adattare
Dai verbi in **-ere** e **-ire** si formano aggettivi con il suffisso **-ibile**:
cred**ibile** = che si può credere
diger**ibile** = che può digerire

I NOMI E GLI AGGETTIVI ALTERATI

È possibile aggiungere dei suffissi ai nomi e agli aggettivi per alterarne il significato: quantità, qualità, giudizio del parlante.
-**ino/a** e -**etto/a**: diminutivo
*Stasera abbiamo in programma una bella **cenetta** e poi un film in TV.*

-**one/a**: accrescitivo
*Per me Stefano Accorsi è un **attorone**: bravissimo e bellissimo!*

-**accio/a** e -**astro/a**: dispregiativo
*Mamma mia che **filmaccio**! Talmente noioso che mi sono addormentata due volte...*

Anche ai nomi propri di persona si possono aggiungere suffissi per sottolineare intimità e affetto:
Giacomo → Giacomino
Sara → Saretta
Nel parlato è molto diffuso l'uso dei diminutivi per dare una sfumatura ironica o per minimizzare.

I COMPARATIVI

Comparativi di maggioranza e minoranza:
*Il rock è **più/meno** energico del pop.*
[si comparano due soggetti rispetto alla stessa caratteristica]

*Questa canzone è **più/meno** nostalgica che triste.*
[si comparano due qualità rispetto allo stesso soggetto]

*Questa canzone mi piace **più/meno** da ballare che da ascoltare.*
[si comparano due parti del discorso che non sono aggettivi]

Comparativo di uguaglianza:
*La voce di Mina è **(tanto)** emozionante **come/quanto** quella di Bocelli.*

IL COMPARATIVO E IL SUPERLATIVO DI *BUONO, BENE, GRANDE, PICCOLO*

Gli aggettivi **buono**, **grande**, **piccolo** e l'avverbio **bene** hanno forme irregolari al comparativo e al superlativo.

	COMPARATIVO	SUPERLATIVO RELATIVO	SUPERLATIVO ASSOLUTO
buono	più buono / migliore	il migliore	buonissimo / ottimo
grande	più grande / maggiore	il maggiore	grandissimo / massimo
piccolo	più piccolo / minore	il minore	piccolissimo / minimo
bene	meglio	il migliore	benissimo

IL COMPARATIVO

*La mia poltrona è **migliore** della tua.*

*La percentuale di uomini che acquista computer è **maggiore/minore** di quella delle donne.*

*Con la radio nuova sento **meglio** che con quella vecchia.*

SUPERLATIVO ASSOLUTO

*Questo smartphone è **ottimo**.*

*Quel negozio ha la mia **massima** fiducia.*

SUPERLATIVO RELATIVO

*Questa è l'offerta **migliore** di tutte.*

*Gli acquisti **maggiori** avvengono il fine settimana.*

*Il fratello **minore** di Alberto si chiama Gabriele.*

IL SUPERLATIVO RELATIVO

Indica una qualità espressa al massimo o minimo grado in relazione a un gruppo. Possiamo esprimere il superlativo relativo in due modi.

- ▶ articolo determinativo + **più / meno** + aggettivo + **di / tra / fra** + nome:
  *L'attrezzatura **più** cara **del** negozio.*
- ▶ articolo determinativo + **più / meno** + aggettivo + frase con congiuntivo:
  *Il parapendio è l'esperienza **più** divertente che esista!*
  *Secondo me il bungee jumping è lo sport **più** pericoloso che ci sia.*

LA PREPOSIZIONE *DA*
FUNZIONE FINALE

Usiamo la preposizione **da** per indicare la funzione o la finalità di un oggetto, lo scopo a cui è destinato.

*Ho comprato delle scarpe **da** ginnastica.*
*Quando fai trekking, mettiti gli occhiali **da** sole.*

COMPLEMENTO D'AGENTE

Nelle frasi passive la preposizione **da** introduce la persona, l'animale o la cosa che compie l'azione.

*Il borgo è stato abitato **dai** Normanni.*
*Il carro viene spinto **da** cavalli.*
*Le pietre sono state scolpite **dal** vento.*

DA + INFINITO

Con questa costruzione diamo una sfumatura d'obbligo.

*Un'esperienza **da** vivere.* (= che bisogna vivere)
*Questa è proprio una ricetta **da** ricordare.* (= che bisogna ricordare)

DA + NOME

Quando la preposizione **da** è seguita da un nome può assumere valore di aggettivo:

*una vacanza **da sogno*** (= una vacanza **meravigliosa come in un sogno**)

*un posto **da favola*** (= un posto **fantastico come in una favola**)

Grammatica

GLI INDICATORI TEMPORALI
Indicano quando si svolge l'azione nel tempo.

PER COMINCIARE	innanzitutto inizialmente in un primo momento prima
PER CONTINUARE	poi dopo a questo punto in un secondo momento successivamente
PER INDICARE CONTEMPORANEITÀ	nel frattempo intanto mentre durante
PER INDICARE AZIONI PROGRESSIVE	a poco a poco
PER INDICARE AZIONI POSTERIORI	ben presto in breve tempo il giorno dopo pochi mesi dopo

Con le date e i secoli usiamo l'articolo determinativo e le preposizioni articolate:
Il 17 marzo 1861 fu proclamata l'Unità d'Italia.
Il XVIII secolo fu il secolo dei Lumi.
Nel 1946 viene proclamata la Repubblica.

GLI AVVERBI *PROPRIO* E *DAVVERO*
Li usiamo per confermare, nelle risposte, o per rafforzare un concetto.

- Emozionantissimo il lancio col paracadute!
- *Davvero*!
- *Proprio* emozionante!

L'AGGETTIVO *PROPRIO*
Se l'aggettivo **proprio** è riferito a un soggetto di 3a persona singolare o plurale, può essere usato al posto dell'aggettivo possessivo **suo/a**, **loro**. Proprio è sempre accompagnato dall'articolo determinativo.

*L'Orco nasconde al **proprio** (= **suo**) interno un ambiente.*
*I giardini rinascimentali all'italiana sono famosi per la **propria** (= **loro**) geometria.*

Se si usa insieme a un aggettivo possessivo, lo rafforza:
*Lui pensa solo al **suo proprio** interesse.*

Nell'espressione **vero e proprio**, rafforza l'aggettivo **vero** per sottolineare il significato del nome a cui è riferito.
*Si tratta di un **vero e proprio** museo all'aperto.*

I PRONOMI COMBINATI
Quando nella stessa frase usiamo un pronome diretto e uno indiretto, i due pronomi si combinano:

- il pronome indiretto precede sempre quello diretto;
- i pronomi indiretti **mi**, **ti**, **ci**, **vi** diventano **me**, **te**, **ce**, **ve**;
- i pronomi indiretti **gli** e **le** diventano **glie-** e formano un'unica parola con il pronome diretto che segue.

	+ **lo**	+ **la**	+ **li**	+ **le**
mi	me lo	me la	me li	me le
ti	te lo	te la	te li	te le
gli, le	glielo	gliela	glieli	gliele
ci	ce lo	ce la	ce li	ce le
vi	ve lo	ve la	ve li	ve le
gli	glielo	gliela	glieli	gliele

I pronomi combinati precedono il verbo, ma con le forme verbali dell'infinito, gerundio e imperativo informale seguono il verbo formando una sola parola.
*Sono arrivati i libri. **Te li** porto subito.*
*I miei genitori vorrebbero un televisore nuovo, **glielo** regalerò per l'anniversario.*
*Mi servono le forbici. Puoi passar**mele** per favore?*
*Non abbiamo capito, ma spiegando**celo** un'altra volta capiremo di sicuro.*
*Quando la lampada è pronta, mettete**la** in vetrina.*

ALCUNI USI DELLA PARTICELLA *NE*
La particella **ne** ha varie funzioni:

▶ avverbio di luogo quando sostituisce **da qui/qua**, **da lì/là**:
*Il MAMbo ha una collezione ricchissima: siamo entrati alle 11 e **ne** siamo usciti alle 17!*
(= siamo usciti **da lì** alle 17)

▶ pronome dimostrativo neutro quando sostituisce di **ciò/questo**, **da ciò/questo**:
*Abbiamo fatto un tavolo e delle sedie per il giardino con il pallet, e **ne** siamo proprio soddisfatti.*
(= siamo soddisfatti **di ciò**, di aver fatto i mobili)

▶ sostituisce un complemento oggetto quando si fa riferimento alla quantità:
*Milano e Torino hanno tanti esempi di ex fabbriche recuperate, e anche Roma **ne** ha vari.*
(= ha **vari esempi** di ex fabbriche)

ALCUNI USI DELLA PARTICELLA *CI*

La particella **ci**, oltre ad avere valore di avverbio di luogo, può avere valore di pronome dimostrativo neutro. In questo caso sostituisce *ciò*, *quello*.

Questo fine settimana c'è un evento del Gambero Rosso, **ci** andiamo? [avverbio di luogo: **ci = evento**]

- Mi hanno regalato un frullatore... ma che **ci** faccio?
- **Ci** fai un sacco di cose: frullati, vellutate di verdura... [pronome dimostrativo neutro: **ci = con ciò, con il frullatore**]

PER + INFINITO

Usiamo la costruzione **per** + infinito per esprimere finalità.

Per rendere più morbido l'impasto, usa un po' di latte.

I PRONOMI POSSESSIVI

Esprimono possesso e sostituiscono un sostantivo nominato in precedenza.

Il mio Smartphone è dell'anno scorso, **il tuo** è nuovo?
Queste sono le tue chiavi, vero? Hai visto **le mie**?
La loro caffettiera è buona, però preferisco **la nostra**.

MASCHILE		FEMMINILE	
singolare	plurale	singolare	plurale
il mio	i miei	la mia	le mie
il tuo	i tuoi	la tua	le tue
il suo	i suoi	la sua	le sue
il nostro	i nostri	la nostra	le nostre
il vostro	i vostri	la vostra	le vostre
il loro	i loro	la loro	le loro

⚠ In alcuni casi, l'uso dell'articolo determinativo è facoltativo:
- Questo tablet è (il) **tuo**?
- Sì, è (il) **mio**.

IL CONNETTIVO *PERCHÉ*

Può introdurre una causa o un fine. Quando introduce una causa, è seguito dal verbo all'indicativo; quando introduce un fine, è seguito dal verbo al congiuntivo.

Leggo spesso riviste di cucina **perché** mi piace sperimentare nuove ricette. [causa]
Devi mescolare con frequenza **perché** non si attacchi alla pentola. [fine]

IL DISCORSO INDIRETTO

Riporta indirettamente le parole pronunciate da uno o più parlanti. È generalmente introdotto da verbi come **dire**, **domandare**, **affermare**, **rispondere**, **chiedere**, ecc.

Astolfo dice / ha detto che va sulla luna.

Quando passiamo dal discorso diretto al discorso indiretto, bisogna cambiare alcuni elementi:
▶ soggetto
"**Vado** sulla luna." [1ª persona] → Dice / ha detto che **va** sulla luna. [3ª persona]
▶ pronomi
"**Mi** sono innamorato di Bradamante!" → Dice / ha detto che **si** è innamorato di Bradamante.
▶ possessivi
"Il **mio** esercito è il più forte!" → Dice / ha detto che il **suo** esercito è il più forte.

PRIMA DI / PRIMA CHE

Se il soggetto della frase principale e della secondaria è lo stesso, usiamo **prima di** + infinito. Se il soggetto è diverso usiamo **prima che** + congiuntivo.

Prima di partire Garibaldi aveva organizzato un esercito.
Le rivolte cominciarono **prima che** Garibaldi arrivasse.

ESPRIMERE OPINIONI E PREFERENZE

Per esprimere un'opinione possiamo usare:

▶ **secondo me**, **a mio avviso**, **a mio parere**, **dal mio punto di vista**, ecc., seguite dall'indicativo:
Secondo me, il libro è migliore del film.
A mio parere la traduzione di questo libro è pessima.

▶ verbi di opinione **credere**, **pensare**, **ritenere**, ecc., seguiti dal congiuntivo:
Credo che l'attore abbia interpretato bene il personaggio.
Non pensavo che Geronimo Stilton avesse così tanto successo in Cina.
Ritengo che sia un bel film.

Quando usiamo l'indicativo affermiamo qualcosa, quando usiamo il congiuntivo non affermiamo. Per questo le opinioni espresse con **secondo me**, **a mio avviso**, **dal mio punto di vista**, ecc., sono più "forti".

Grammatica

ESPRIMERE DESIDERI
Quando in una frase principale esprimiamo un desiderio, una volontà o una preferenza con un verbo al condizionale semplice, e il soggetto della principale e della secondaria coincide, usiamo la seguente struttura:
volere / preferire / desiderare ecc. al condizionale semplice + infinito

> Un lavoratore **vorrebbe avere** la possibilità di fare carriera. [Soggetto: un lavoratore]
> Molti lavoratori **preferirebbero lavorare** per un'azienda attenta ai temi sociali. [Soggetto: molti lavoratori]

Se, invece, i soggetti della frase secondaria e della frase principale sono diversi, usiamo la seguente struttura:
volere / preferire / desiderare ecc. al condizionale semplice + **che** + congiuntivo imperfetto

> Qualche lavoratore **vorrebbe** che gli orari di lavoro **fossero** più flessibili. [Soggetti: qualche lavoratore / gli orari di lavoro]
> Molti **preferirebbero** che l'azienda **offrisse** servizi di welfare. [Soggetti: molti / l'azienda]

ESPRIMERE OBBLIGO E NECESSITÀ
Per esprimere che qualcuno o qualcosa ha un obbligo o una necessità possiamo usare la seguente struttura (con un verbo o un'espressione impersonali nella frase principale e il verbo al congiuntivo presente nella frase secondaria):
bisogna / è necessario / occorre + **che** + frase al congiuntivo presente

> **Bisogna che** l'aspirante agritata **frequenti** un percorso formativo.
> **È necessario che** le aziende gestiscano e **valorizzino** le diversità.

Per esprimere la necessità e l'obbligo in modo impersonale usiamo, invece, delle costruzioni con l'infinito:

si deve / devono
bisogna, occorre   + infinito
è necessario / doveroso / indispensabile

> **Si deve allegare** il curriculum all'e-mail.
> **Bisogna essere** laureati in Storia dell'arte.
> **È indispensabile** avere un'ottima conoscenza dell'inglese.

OCCORRERE E VOLERCI
Usiamo questi verbi alla terza persona singolare e plurale per esprimere necessità e obbligo.

Ci vuole + nome singolare:
> **Ci vuole** tempo per cucinare l'arrosto.

Ci vogliono + nome plurale:
> **Ci vogliono** anni per cambiare le abitudini alimentari.

Occorre + nome singolare o infinito:
> **Occorre** il frullatore per questa ricetta.
> **Occorre** seguire bene le istruzioni per fare il pane.

Occorrono + nome plurale:
> **Occorrono** sei uova per 500 grammi di tagliatelle

ALCUNI USI DELLA FORMA RIFLESSIVA
Possiamo usare la forma riflessiva per alcuni verbi che, normalmente, non sono riflessivi. In questo modo enfatizziamo l'azione, diamo maggiore espressività.

> Ma che buona! **Mi mangio** tutta la torta della nonna!
> **Ci beviamo** una bella tazza di cioccolata calda?

Nei tempi composti, prendono l'ausiliare **essere**:
- Senti, ma allora hai deciso se compri o no la macchina per fare il pane?
- Sì, **me la sono comprata**! E ho già fatto tre tipi di pane... buonissimo!

I PRONOMI CON LA FORMA RIFLESSIVA
> La lasagna di zia Mariella? **Ce la divoriamo** in un attimo!
> Il libro di Artusi è un ricettario fantastico. **Me lo sono letto** più volte.

IL PERIODO IPOTETICO DELLA POSSIBILITÀ
Lo costruiamo quando pensiamo che un'ipotesi (nel presente o nel futuro) sia possibile, e cioè che possa o non possa realizzarsi. Nella frase dell'ipotesi (quella introdotta da **se**) usiamo il congiuntivo imperfetto, mentre nella frase che esprime la conseguenza usiamo il condizionale semplice nella maggior parte dei casi.

IPOTESI	CONSEGUENZA
se + congiuntivo imperfetto	→ condizionale semplice
Se **dovessi** leggere una biografia,	→ **sceglierei** quella di...
Se **fossi** un giornalista,	→ mi **occuperei** di...

⚠ Usiamo il congiuntivo imperfetto anche quando l'ipotesi è irreale, e cioè quando è ovvio che non si potrà mai realizzare perché il fatto è assurdo.

Se *potessi* incontrare un personaggio del passato, *sceglierei* Giulio Cesare.

LA FORMA IMPERSONALE CON I VERBI PRONOMINALI

La forma impersonale dei verbi riflessivi presenta una particolarità rispetto a quella degli altri verbi.

▶ **ci** + **si** + verbo alle 3ª persona singolare (verbi pronominali):
   Ci si addormenta sui rami di una grande quercia. [addorment**arsi**]

▶ **si** + verbo alle 3ª persona singolare (verbi non pronominali):
   Si dorme su un letto di ghiaccio. [dorm**ire**]

▶ Se c'è un verbo modale la costruzione è: **ci** + **si** + verbo modale alla 3ª persona singolare + infinito.
   Non ***ci si deve preoccupare*** troppo del freddo. [dovere + preoccup**arsi**]

LA COSTRUZIONE PASSIVA

Nelle frasi passive il soggetto non compie l'azione espressa dal verbo, ma la riceve. In questo tipo di frasi il verbo è sempre transitivo.
La costruzione passiva presenta sempre un **ausiliare** + il **participio passato**:

ESSERE + PARTICIPIO PASSATO

È la costruzione più diffusa. Il verbo **essere** è allo stesso tempo del verbo della frase attiva.
   Gli amanti degli sport acquatici **conoscono** San Vito lo Capo. (forma attiva)
   San Vito lo Capo **è conosciuto** dagli amanti degli sport acquatici. (forma passiva)
   I Romani **hanno abitato** il borgo. (forma attiva)
   Il borgo **è stato abitato** dai Romani. (forma passiva)

VENIRE + PARTICIPIO PASSATO

Un'alternativa alla costruzione con **essere**, ma solo se **venire** è coniugato ai tempi semplici (presente, imperfetto, futuro, ecc.).
   In questo luogo, in cui prima **veniva lavorato** il tonno, oggi dal Comune **vengono organizzate** video installazioni e mostre.

L'ausiliare **venire** si usa, di solito, per indicare un processo, l'ausiliare **essere** per indicare uno stato.
   L'itinerario **viene organizzato** dal nostro team di esperti. [si sottolinea il processo di organizzazione]
   Questo parco naturale **è tutelato** dalla legge. [si sottolinea lo stato del parco]

ANDARE + PARTICIPIO PASSATO

L'uso di **andare** al posto di **essere** aggiunge alla frase passiva un valore di obbligo, necessità.
   Le opere d'arte contemporanea del parco **vanno** assolutamente **viste**. (= Bisogna vedere queste opere)
   All'interno del parco scultoreo **va visitato** anche l'Atelier sul mare. (= Bisogna visitare anche l'Atelier)

LE FRASI OGGETTIVE (CON VERBI DI OPINIONE E DI STATO D'ANIMO)

Corrispondono al complemento oggetto della frase principale. Possono essere introdotte da verbi di opinione (**pensare**, **credere**, **ritenere**, **sembrare**, ecc.) e di stato d'animo (**piacere**, **amare**, **sopportare**, **tollerare**, **detestare**, ecc.).

   Penso che Giorgia sia una brava musicista.
   Non sopporto che Leo lasci sempre i piatti sporchi.

Dopo verbi di opinione e di stato d'animo:
▶ se il soggetto della frase oggettiva è lo stesso della principale, usiamo l'infinito introdotto dalla preposizione **di** (con i verbi di opinione) o l'infinito (con i verbi di stato d'animo).
   Credo [io] ***di avere*** [io] un'ottima playlist per la festa!
   Non sopporto [io] ***discutere*** [io] con il mio coinquilino.
▶ se il soggetto è diverso, usiamo il congiuntivo.
   Credo [io] ***che*** la tua playlist **sia** ottima!
   Non sopporto [io] ***che*** il mio coinquilino **usi** le mie cose senza chiedere il permesso!

LE FRASI LIMITATIVE

Sono frasi secondarie che esprimono una limitazione, un'eccezione. Il verbo è coniugato al congiuntivo.

   Non credo di farcela, **a meno che** tu mi <u>aiuti</u>.
   Lo sci non è uno sport estremo, **eccetto che** non si <u>pratichi</u> fuoripista.
   Non farò bungee jumping, **tranne che** qualcuno mi <u>obblighi</u>.

LE FRASI CONCESSIVE

Esprimono una premessa seguita da una conclusione imprevista. Generalmente sono introdotte da connettivi come **sebbene**, **benché**, **nonostante** (seguiti dal congiuntivo) e **anche se** (seguito dall'indicativo).

   Sebbene l'arte ambientale non mi <u>interessi</u> molto [premessa], l'esposizione mi è piaciuta tantissimo [conclusione imprevista].

duecentoquarantasette **247**

Grammatica

Anche se *Guido non è molto creativo* [premessa], *fa degli oggetti riciclati davvero carini* [conclusione imprevista].

LE FRASI INTERROGATIVE INDIRETTE

Quando nella domanda c'è un interrogativo, si riporta l'interrogativo e si cambia il soggetto, se necessario:

Come *funziona la Smart Pot?*
→ *Chiede/Domanda* **come** *funziona la Smart Pot.*

Quando non c'è un interrogativo, la domanda riportata è introdotta da un **se**. Si cambia il soggetto, se necessario:

<u>Avete istallato</u> *il termostato intelligente?*
→ *Chiede/Domanda* **se** <u>abbiamo istallato</u> *il termostato intelligente.*

LE FRASI CONSECUTIVE

Esprimono la conseguenza dell'azione della frase principale. Sono introdotte dai connettivi **così che**, **tanto che**, **al punto che**, **talmente che**.

L'ultimo libro di Carofiglio è **talmente** *intrigante* **che** *l'ho letto più volte.*
Il film mi ha emozionato **così tanto che** *mi sono messo a piangere in sala!*

CONGIUNTIVO O INDICATIVO?

I verbi di stato d'animo possono introdurre una frase oggettiva o una frase relativa.
Quando introducono una frase oggettiva con soggetto diverso dalla principale, usiamo il verbo al congiuntivo:

<u>Non mi piace</u> *che la gente parli della mia vita privata.*
[frase principale + **che** congiunzione + frase oggettiva con congiuntivo]

Quando introducono una frase relativa in cui presentiamo un fatto certo, usiamo il verbo all'indicativo:

<u>Non mi piace</u> *la gente che parla della mia vita privata.*
[frase principale + oggetto + **che** relativo + frase relativa con indicativo]

IL PARTICIPIO PASSATO

PARTICIPI PASSATI REGOLARI	
st**are**	st**ato**
av**ere**	av**uto**
part**ire**	part**ito**
ALCUNI PARTICIPI PASSATI IRREGOLARI	
aprire	aperto
bere	bevuto
chiudere	chiuso
dire	detto
essere	stato
fare	fatto
leggere	letto
mettere	messo
morire	morto
nascere	nato
perdere	perso/perduto
prendere	preso
rimanere	rimasto
scoprire	scoperto
scrivere	scritto
svolgere	svolto
vedere	visto
venire	venuto
vincere	vinto
vivere	vissuto

IL TRAPASSATO PROSSIMO

Si forma con l'imperfetto dell'ausiliare (**avere** o **essere**) + il participio passato.

AUSILIARE	+	PARTICIPIO PASSATO
avevo avevi aveva avevamo avevate avevano	+	parlato ricevuto dormito
ero eri era eravamo eravate erano		andato/a andati/e

Verbi

Usiamo il trapassato prossimo per parlare di un'azione anteriore a un'altra, nel passato. Spesso il trapassato prossimo è accompagnato da avverbi di tempo come **già**, **mai**, **prima**, **ancora**, **appena**, ecc.

> Quando siamo arrivati in palestra, l'allenatore **era già andato** via.
> Mi facevano male tutti i muscoli perché non **avevo fatto** il riscaldamento.

IL CONGIUNTIVO PRESENTE

PARLARE	PRENDERE	SENTIRE	CAPIRE
parl**i**	prend**a**	sent**a**	capisc**a**
parl**i**	prend**a**	sent**a**	capisc**a**
parl**i**	prend**a**	sent**a**	capisc**a**
parl**iamo**	prend**iamo**	sent**iamo**	cap**iamo**
parl**iate**	prend**iate**	sent**iate**	cap**iate**
parl**ino**	prend**ano**	sent**ano**	cap**iscano**

ALCUNI VERBI IRREGOLARI

ESSERE	AVERE	ANDARE
sia	abbia	vada
sia	abbia	vada
sia	abbia	vada
siamo	abbiamo	andiamo
siate	abbiate	andiate
siano	abbiano	vadano

DIRE	FARE	STARE
dica	faccia	stia
dica	faccia	stia
dica	faccia	stia
diciamo	facciamo	stiamo
diciate	facciate	stiate
dicano	facciano	stiano

USCIRE	VENIRE	VOLERE
esca	venga	voglia
esca	venga	voglia
esca	venga	voglia
usciamo	veniamo	vogliamo
usciate	veniate	vogliate
escano	vengano	vogliano

IL CONGIUNTIVO PASSATO

Si forma con il congiuntivo dell'ausiliare (**avere** o **essere**) + il participio passato.

AUSILIARE	+	PARTICIPIO PASSATO
abbia abbia abbia abbiamo abbiate abbiano	+	parlato ricevuto dormito
sia sia sia siamo siate siano	+	andato/a andati/e

Usiamo il congiuntivo passato in frasi secondarie che esprimono anteriorità rispetto all'azione della frase principale, e quando nella principale compaiono verbi come **pensare**, **credere**, **immaginare**, **supporre**, **considerare**, ecc., o espressioni impersonali come è incredibile, è assurdo, è impossibile, è giusto, ecc.

> Penso che **abbiano recuperato** molto bene l'edificio della ex fabbrica.
> È impossibile che ancora non **abbiano riutilizzato** questo spazio.

IL CONGIUNTIVO IMPERFETTO

ANDARE	AVERE	OFFRIRE
and**assi**	av**essi**	offr**issi**
and**assi**	av**essi**	offr**issi**
and**asse**	av**esse**	offr**isse**
and**assimo**	av**essimo**	offr**issimo**
and**aste**	av**este**	offr**iste**
and**assero**	av**essero**	offr**issero**

⚠ I verbi in -**isc**- (*finire*, *capire*, *preferire*, ecc.) non presentano questa caratterista nella coniugazione del congiuntivo imperfetto.

ALCUNI VERBI IRREGOLARI

ESSERE	BERE	DARE
fossi	bevessi	dessi
fossi	bevessi	dessi
fosse	bevesse	desse
fossimo	bevessimo	dessimo
foste	beveste	deste
fossero	bevessero	dessero

duecentoquarantanove **249**

Verbi

DIRE	FARE	STARE
dicessi	facessi	stessi
dicessi	facessi	stessi
dicesse	facesse	stesse
dicessimo	facessimo	stessimo
diceste	faceste	steste
dicessero	facessero	stessero

IL CONDIZIONALE SEMPLICE

ESSERE	AVERE
sarei	avrei
saresti	avresti
sarebbe	avrebbe
saremmo	avremmo
sareste	avreste
sarebbero	avrebbero

PARLARE	METTERE	DORMIRE
parl**erei**	mett**erei**	dorm**irei**
parl**eresti**	mett**eresti**	dorm**iresti**
parl**erebbe**	mett**erebbe**	dorm**irebbe**
parl**eremmo**	mett**eremmo**	dorm**iremmo**
parl**ereste**	mett**ereste**	dorm**ireste**
parl**erebbero**	mett**erebbero**	dorm**irebbero**

ALCUNI VERBI IRREGOLARI

DOVERE	POTERE	VOLERE
dovrei	potrei	vorrei
dovresti	potresti	vorresti
dovrebbe	potrebbe	vorrebbe
dovremmo	potremmo	vorremmo
dovreste	potreste	vorreste
dovrebbero	potrebbero	vorrebbero

FARE	DIRE	DARE
farei	direi	darei
faresti	diresti	daresti
farebbe	direbbe	darebbe
faremmo	diremmo	daremmo
fareste	direste	dareste
farebbero	direbbero	darebbero

USI DEL CONDIZIONALE SEMPLICE

Il condizionale ha un senso ipotetico, per questo lo usiamo per:

▶ fare richieste gentili:
Potresti aiutarmi a potare le piante?

▶ dare consigli:
Il nostro giardino è un disastro…
Dovreste chiamare Mario, è un ottimo giardiniere!

▶ esprimere desideri:
Vorrei vivere in una casa più grande!

▶ fare dichiarazioni ipotetiche sul presente e sul futuro:
Il Comune **dovrebbe** riqualificare questa zona.

▶ per riportare notizie non del tutto certe, non ancora verificate:
Qui la gente **avvisterebbe** UFO di tanto in tanto.
Le persone che credono al paranormale **sarebbero** moltissime.

IL CONDIZIONALE COMPOSTO

Si forma con il condizionale semplice dell'ausiliare **essere** o **avere** + il participio passato del verbo.

AUSILIARE	+	PARTICIPIO PASSATO
avrei avresti avrebbe avremmo avreste avrebbero	+	parlato ricevuto dormito
sarei saresti sarebbe saremmo sareste sarebbero	+	andato/a andati/e

USI DEL CONDIZIONALE COMPOSTO

▶ esprimere un desiderio, un'intenzione nel passato che poi non si è realizzata:
Saremmo andati al cinema sabato scorso, ma eravamo troppo stanchi per uscire.

▶ esprimere un'azione posteriore rispetto a un'altra azione situata nel passato (futuro nel passato):
Quando Einstein pubblicò la teoria della relatività non <u>sapeva</u> che **avrebbe ricevuto** il premio Nobel per la Fisica.

IL GERUNDIO

INFINITO	GERUNDIO
guardare	guardando
leggere	leggendo
aprire	aprendo

USI DEL GERUNDIO
Possiamo usare il gerundio per:

▶ esprimere una **causa** (gerundio causale). In questi casi il gerundio corrisponde a un *perché*:
Avendo molto tempo libero, posso dedicarmi ai miei hobby.
(= Posso dedicarmi ai miei hobby **perché** ho molto tempo libero.)

Al posto del gerundio, riformulando la frase, possiamo utilizzare i connettivi causali **perché**, **siccome**, **dato che**, ecc.:
Siccome ho molto tempo libero, posso dedicarmi ai miei hobby.

▶ esprimere il **modo** in cui avviene qualcosa (gerundio modale). In questi casi il gerundio risponde alla domanda "*come?*":
Utilizzando gli avanzi, si possono fare buoni piatti.

▶ indicare il **momento** in cui avviene qualcosa (gerundio temporale). In questi casi il gerundio risponde alla domanda "*quando?*". Le azioni della principale e della secondaria avvengono contemporaneamente.
Cuocendo l'arrosto, tenete il fuoco basso.

IL FUTURO SEMPLICE DEI VERBI AUSILIARI

ESSERE	AVERE
sarò	avrò
sarai	avrai
sarà	avrà
saremo	avremo
sarete	avrete
saranno	avranno

Alcuni verbi si coniugano come **avere**:
▶ **andare** → andrò
▶ **vivere** → vivrò
▶ **dovere** → dovrò
▶ **sapere** → saprò
▶ **potere** → potrò

Alcuni verbi si coniugano come **essere**:
▶ **dare** → darò
▶ **fare** → farò
▶ **stare** → starò

IL FUTURO SEMPLICE DEI VERBI REGOLARI

PARLARE	PRENDERE	DORMIRE
parlerò	prenderò	dormirò
parlerai	prenderai	dormirai
parlerà	prenderà	dormirà
parleremo	prenderemo	dormiremo
parlerete	prenderete	dormirete
parleranno	prenderanno	dormiranno

IL FUTURO SEMPLICE DEI VERBI IN -*CARE*, -*GARE*, -*CIARE* E *GIARE*

CERCARE	PAGARE
cercherò	pagherò
cercherai	pagherai
cercherà	pagherà
cercheremo	pagheremo
cercherete	pagherete
cercheranno	pagheranno

BACIARE	MANGIARE
bacerò	mangerò
bacerai	mangerai
bacerà	mangerà
baceremo	mangeremo
bacerete	mangerete
baceranno	mangeranno

USI DEL FUTURO
Usiamo il futuro per:
▶ parlare di azioni ed eventi futuri
Il mese prossimo **controllerò** il tempo dedicato ai social.
Nel 2050 la nostra memoria **sarà** poco sviluppata.
▶ fare un'ipotesi
● Non mi sento bene. Che cosa **avrò**?
○ **Sarà** il cambio di stagione...

⚠️ Nella lingua parlata, spesso al posto del futuro si usa l'indicativo presente.
Il mese prossimo **ho** una visita medica.
Il 18 ottobre **ho** un appuntamento dal dentista.

Verbi

IL FUTURO COMPOSTO

Il futuro composto si forma con il futuro semplice di **essere** o **avere** + il participio passato del verbo principale.

AUSILIARE	+	PARTICIPIO PASSATO
avrò avrai avrà avremo avrete avranno	+	parlato ricevuto dormito
sarò sarai sarà saremo sarete saranno	+	andato/a andati/e

Usiamo il futuro composto per esprimere un'azione futura che accadrà prima di un'altra azione futura, espressa con il futuro semplice. Normalmente, nelle frasi in cui compare questo tempo, troviamo le congiunzioni **appena**, **dopo che**, **quando**, e l'avverbio **già**.

<u>Appena</u> **sarò uscita** dalla riunione, ti chiamerò.
<u>Quando</u> **sarete arrivati** a casa, troverete già la temperatura perfetta.
<u>Dopo che</u> **avrete impostato** Smart Pot, dovrete preoccuparvi solo di apparecchiare la tavola.

IL PASSATO REMOTO

PARLARE	CREDERE	SENTIRE
parl**ai**	cred**etti** /**-ei**	sent**ii**
parl**asti**	cred**esti**	sent**isti**
parl**ò**	cred**ette** /**-é**	sent**ì**
parl**ammo**	cred**emmo**	sent**immo**
parl**aste**	cred**este**	sent**iste**
parl**arono**	cred**ettero** /**-erono**	sent**irono**

ALCUNI VERBI IRREGOLARI

AVERE	ESSERE	CHIEDERE
ebbi	fui	chiesi
avesti	fosti	chiedesti
ebbe	fu	chiese
avemmo	fummo	chiedemmo
avesti	foste	chiedeste
ebbero	furono	chiesero

DARE	DIRE	FARE
diedi	dissi	feci
desti	dicesti	facesti
diede	disse	fece
demmo	dicemmo	facemmo
deste	diceste	faceste
diedero	dissero	fecero

LEGGERE	MORIRE	NASCERE
lessi	morii	nacqui
leggesti	moristi	nascesti
lesse	morì	nacque
leggemmo	morimmo	nascemmo
leggeste	moriste	nasceste
lessero	morirono	nacquero

PRENDERE	RIMANERE	RISPONDERE
presi	rimasi	risposi
prendesti	rimanesti	rispondesti
prese	rimase	rispose
prendemmo	rimanemmo	rispondemmo
prendeste	rimaneste	rispondeste
presero	rimasero	risposero

SCRIVERE	STARE	VEDERE
scrissi	stetti	vidi
scrivesti	stesti	vedesti
scrisse	stette	vide
scrivemmo	stemmo	vedemmo
scriveste	steste	vedeste
scrissero	stettero	videro

VENIRE	VINCERE	VIVERE
venni	vinsi	vissi
venisti	vincesti	vivesti
venne	vinse	visse
venimmo	vincemmo	vivemmo
veniste	vinceste	viveste
vennero	vinsero	vissero

Usiamo il passato remoto per presentare un fatto come un processo terminato in un momento nel passato. Diciamo quindi che il fatto è cominciato, si è sviluppato ed è terminato fuori dallo spazio attuale in cui ci troviamo, lontano dal presente. Il passato remoto è il tempo della narrazione storica: lo usiamo nei testi di storia e di letteratura, nelle favole e nelle leggende, nelle biografie.

SAPERE E *CONOSCERE* AL PASSATO PROSSIMO E IMPERFETTO

I verbi sapere e conoscere hanno due significati diversi se usati al passato prossimo o all'imperfetto.

> **Ho saputo** *che Marco si sposa.* (= Ho ricevuto una notizia.)
> *Sì,* **sapevo** *che Marco si sposa.* (= Ero a conoscenza della notizia da tempo.)
> **Ho conosciuto** *Paola all'università.* (= Ho incontrato e fatto conoscenza.)
> **Conoscevo** *già questo ristorante.* (= Ci ero già stato/a o me ne avevano già parlato.)

I VERBI PRONOMINALI

FARCELA	FREGARSENE	SMETTERLA
ce la faccio	**me ne** frego	**la** smetto
ce la fai	**te ne** freghi	**la** smetti
ce la fa	**se ne** frega	**la** smette
ce la facciamo	**ce ne** freghiamo	**la** smettiamo
ce la fate	**ve ne** fregate	**la** smettete
ce la fanno	**se ne** fregano	**la** smettono

IMPORTARSENE	TENERCI
me ne importa	**ci** tengo
te ne importa	**ci** tieni
gliene importa	**ci** tiene
ce ne importa	**ci** teniamo
ve ne importa	**ci** tenete
gliene importa	**ci** tengono

DARCI DENTRO	METTERCELA TUTTA
ci do dentro	**ce la** metto tutta
ci dai dentro	**ce la** metti tutta
ci dà dentro	**ce la** mette tutta
ci diamo dentro	**ce la** mettiamo tutta
ci date dentro	**ce la** mettete tutta
ci danno dentro	**ce la** mettono tutta

Note

Note

Cartina politica

Cartina fisica

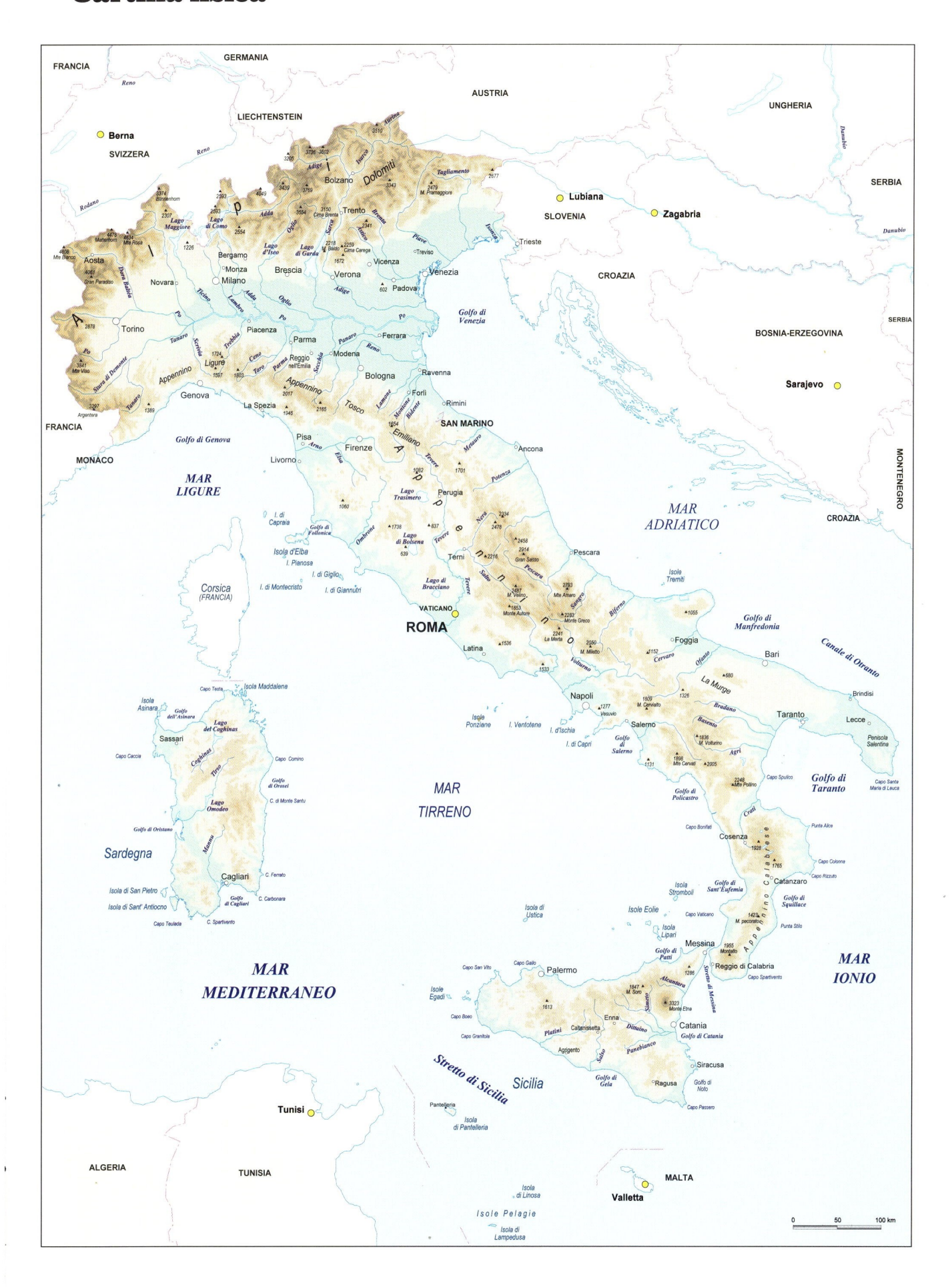

Al dente 3

Corso d'italiano · Libro dello studente + Esercizi · Livello B1

© **Fotografie e immagini: Copertina** Gianni Pasquini/Dreamstime **Unità 0** p. 13 Ernesto Rodriguez; p. 14 Boldini/Wikimedia, Caravaggio, Mondadori, Janoka82/iStock, marcviln/iStock, Matthieu Pelletier/Wikimedia, shutterstock/151486673, shutterstock/369250283, Xantana/iStock, 17 Koraa/iStock; p. 18 Who I am/iStock; p. 19 hocus-focus/iStock, rvlsoft/iStock **Unità 1** p. 20 South agency/iStock; 21 martin-dm/iStock, shutterstock/740713354, PeopleImages/iStock, 22 gornostaj/iStock; p. 23 EkaterinaKhabieva/dreamstime; p. 24 MStudioImages/iStock, NADOFOTOS/iStock, nullplus/iStock, Rohappy/iStock, pixelfit/iStock; p. 26 eclipse/images/iStock; p. 27 Eva Katalin, Kondoros/iStock, NADOFOTOS 2/iStock, pixelfit/2iStock; p. 32 marchello74/iStock; p. 33 david/mina; p. 34 Slphotography/iStock, nataistock/iStock **Unità 2** p. 36 GettyImages_149694776; p. 38 Wikimedia; p. 39 Marie-Lan Nguyen/Wikicommons; p. 40 vgajic/iStock; p. 41 adekvat/iStock; p. 42 CarloneGiovanni/iStock, matejmm/iStock, ueuaphoto/iStock, BettinaRitter/iStock, German-skydiver/iStock; p. 43 PeopleImages/2/iStock, m-imagephotography/iStock, laflor/iStock, PeopleImages/iStock, Xavier Arnau/iStock; p. 46 cajoer/iStock; p. 48 GettyImages-535280604; p. 50 Pinkypills/iStock; p. 50 ilbusca/iStock **Unità 3** p. 54 shutterstock/655362562; p.p. 56 Mariotti Fulget/Foto Italo Perna, Polifemo fotografia, Alisea Recycled & Reused Objects Design, KatarzynaBialasiewicz/iStock, K-Kwanchai/iStock, Seletti/Design Valetina Carretta, Image Source/iStock, dreamstime/25084513, derinphotography/Fotolia; p. 58 shutterstock/707743735, shutterstock/469847087, Velthur/Wikimedia, Impact Hub Bari; p. 59 Caos Terni; p. 60 shutterstock/795144679, Pava/Wikimedia, Humus Park, Boobax/Wikimedia; p. 66 pistoletto, boetti, p. 67 Merz Tate; p. 68 RomanBabakin/iStock, chinaface/iStock **Unità 4** p. 70 shutterstock/302276081; p. 72 Ivonne Wierink/Dreamstime/35130746, FOTOKITA/iStock; p. 73 Pojbic/91323437, jeffbergen/iStock/618350110, Rohappy/iStock/508102750, Rakdee/iStock/544330072, Elisabeth Burrell/Dreamstime/50618702; p. 74 Maxiphoto/474100022, Petmal/iStock, Chesky/W/524178902, PhonlamaiPhoto/iStock, dreamstime/48905996; p. 75 Comomolas/iStock; p. 76 AltoClassic/iStock, 3DSculptor/515683604, andresr/iStock; p. 77 malerapaso/iStock8; p. 82 Marco Chemello/Wikimedia, Matteo De Stefano-Muse/Wikimedia; p. 83 Città della Scienza, Dreamstime/90201690; p. 84 Nik01ay/iStock/675653818, studioG/shutterstock **Unità 5** p. 88 Redline96/iStock; p. 90 enzodebernardo/iStock, arfo/iStock; p. 91 alvarez/iStock, Neirfy/dreamstime, m-imagephotography/iStock, tiero/iStock; p. 92 DonNichols/iStock, Givaga/Istock, gerenme/iStock, ra3rn/iStock, karandaev/iStock, Marcelo/minka/iStock, theevening/iStock, Ericlefrancais/iStock; p. 93 mashuk/iStock, Alter/photo/iStock, AnaMOMarques/iStock, ugurhan/iStock; p. 94 alexey/ds/iStock; p. 95 iStock-493909640, iStock/824923390; p. 100 SoopySue/iStock; p. 101 germi/p/iStock, only/fabrizio/iStock, iStock-179191892; p. 102 Oxana Denezhkina/dreamstime, KucherAV/iStock **Unità 6** p. 104 Rawpixel.com/shutterstock; p. 106 aleksey-martynyuk/iStock; p. 108 yuoak/iStock; p. 109 Enis Aksoy/iStock, sorbetto/iStock; p.110 Eugene/Axe/iStock, Rawpixel/iStock, AlexRaths/iStock,, kupicoo/iStockjpg; p. 118 AndreyPopov/iStock, vgajic/iStock **Unità 7** p. 122 Wikimedia; p. 123 Wikimedia; p. 124 Wikimedia; 125 imnarco/Wikicommons; p. 126 Wikimedia, Sashatigar/iStock; p. 127 Wikimedia; 129 David Revilla; p. 134 shutterstock; p. 136 filo/iStock/827769656, libro/wikicommons **Unità 8** p. 138 elxeneize/iStock/931587956; p. 140 vovashevchuk/iStock, Welsing/iStock, Doctor/J/iStock, Freeartist/iStock; p. 141 arsvik/Fotolia/165669037; p. 142 Peeter Viisimaa/iStock, spumador/iStock, boggy22/iStock, fauk74/iStock; p. 144 Giardino dei tarocchi, Fiumara, grafart/iStock; p. 150 Canaletto/Wikicommons; p. 152 piola666/iStock, ilbusca2/iStock **Unità 9** p. 154 Gagliardilmages/shutterstock; p. 156 Sabelskaya/shutterstock; p. 157 Ekely/iStock; p. 158 Feltrinelli, Edizioni e/o, Sellerio, Piemme, Mondadori; p. 166 FranckBoston/iStock; p. 168 TheresaTibbetts/iStock **Schede video** p. 53 Ieremy/iStock; p. 120 kraphix/iStock **Viaggio in italia** p. 172 Petar Milošević/Wikimedia Commons, gameover2012/iStock, nimu1956/iStock; p. 173 VvoeVale/iStock, Andreas Wahra/Wikimedia Commons, calabria/Wikimedia Commons; p. 174 Misterio/Wikimedia Commons, De Chirico/Wikimedia Commons; p. 175 Carl Van Vechten/Wikimedia Commons, The Disquieting Muses/Wikimedia Commons, Carlo_Carrà/Wikimedia Commons; p. 176 Luigi Pirandello/Wikimedia Commons, titoslack/iStock, Marta Abba/Wikimedia Commons, Pirandello/Wikimedia Commons; p. 178 Maria Montessori/Wikimedia Commons, Montessori/Wikimedia Commons; p. 179 Monkey Business Images/Dreamstime, kot63/iStock, Svetlana Shapiro/Dreamstime; p. 180 foggia/Wikimedia Commons, angelo chiariello/Fotolia, vololibero/iStock; p. 181 sephirot17/Fotolia, milla1974/iStock, fusolino/Fotolia; p.182 Ampfinger/Wikimedia Commons, mikolajn/Fotolia, Thomas Hecker/Fotolia; p. 183 marcobir/Fotolia, Petr Bonek/Fotolia, Vittoriale/Wikimedia Commons; p. 184 Stradivari/Wikimedia Commons, Uto Ughi/Wikimedia Commons; p. 185 zodebala/iStock, F. Palizzi/Wikimedia Commons, Mosca Cavelli/Wikimedia Commons; p. 186 Andreafist/Wikimedia Commons, Olivetti/Wikimedia Commons; p. 187 Alison/Wikimedia Commons, Olivetti/Wikimedia Commons, Pozzuoli/Wikimedia Commons **Esami ufficiali** p. 190 Bhavesh1988/iStock; p. 191 Peter/Horvath/iStock, Peter/Horvath/iStock; p. 193 Fly/dragonfly/iStock; p. 194 fcafotodigital/iStock; p. 195 rozelt/iStock; p. 196 AzmanL/Istock/516065432; p. 197 shock/Fotolia, PolinaPonomareva/Fotolia, Ivan-balvan/iStock, yulkapopkova/iStock, svetikd/iStock, malexeum/iStock, sergeyryzhov/iStock; p. 198 David Revilla; p. 199 Leonardo Patrizi/iStock6; chloestrong/pixabay; p. 201 Imgorthand/iStock; p. 202 scont/margouillatphotos/iStock; p. 203 Anestiev/Pixabay/2264965; p. 204 Screenshot/1, Leonid/Andronov/iStock; p. 205 Andrea Izzotti/Fotolia, Tempura/iStock **Esercizi** p. 208 Anna_Isaeva/iStock, Luseen/iStock, alashi/iStock, seamartini/iStock, PrettyVectors/iStock; p. 209 DrAfter123/iStock; p. 210 Zanardi/Wikimedia Commons, p. 212 filrom/iStock, mountainberryphoto/iStock, tomch/iStock, VisualCommunications/iStock, sezer66/iStock; p. 213 gregepperson/iStock; p. 217 Richte/Wikimedia Commons; p. 221 zhz_akey/iStock; p. 222 alashi/iStock; p. 224 Godruma/iStock, zzve/iStock, NPavelN/iStock, Amin Yusifov/iStock, RedlineVector/iStock, JuliarStudio/iStock, MaryValery/iStock, mountainbrothers/iStock; p. 225 fico_bo/Wikimedia Commons; p. 229 AntonioGuillem/iStock; p. 230 Anna Maria Mozzoni/Wikimedia Commons; p. 233 Michele d'Andrea/Wikimedia Commons; p. 236 Elisa Locci/Dreamstime, seraficus/iStock, Joshua Moore/iStock, Brian Eagen/Dreamstime, tobiasjo/iStock, zakaz86/iStock; p. 237 d0minius/iStock; p. 241 Wavebreakmedia/iStock

Autori
Ludovica Colussi, Sara Zucconi
(unità 0)

Marilisa Birello, Albert Vilagrasa
(unità 1, 2, 3)

Giada Licastro
(unità 4)

Franca Bosc
(unità 5, 7, 9)

Simone Bonafaccia
(unità 6, 8)

Ludovica Colussi
(*Suoni*)

Fidelia Sollazzo
(*Schede video*)

Fabio D'Angelo
(*Viaggio in Italia*)

Gian Michele Pedicini
(*Esami ufficiali*)

Andrea Bernardoni
(*Esercizi*)

Revisione didattica
Maddalena Bertacchini, Cristina De Girolamo ed Elena Tea con Agustín Garmendia, Ludovica Colussi e Sara Zucconi

Coordinamento editoriale
Ludovica Colussi e Sara Zucconi

Redazione e documentazione
Ludovica Colussi, Nicola Fatighenti, Fidelia Sollazzo, Sara Zucconi

Correzione
Fabio D'Angelo, Fidelia Sollazzo

Impaginazione e progetto grafico
Pedro Ponciano
Ornella Ambrosio
Guillermo Bejarano (progetto grafico)
Laurianne Lopez

Illustrazioni
David Revilla
Ernesto Rodríguez Pérez

Registrazioni
Coordinamento: Sara Zucconi
Studio di registrazione: Difusión
Tecnico del suono: Enric Català

Voci
Marcello Belotti, Ludovica Colussi, Fabio Ferrante, Steven Forti, Vincenzo Golfi, Giulia Tellarini, Carlotta Ros, Sara Zucconi

Riprese video
Coordinamento: Ludovica Colussi, Fidelia Sollazzo
Produzione: Playground visual movement

Attori
Susanna Bologna, David John Brock, Ludovica Colussi, Steven Forti, Antonio Paoliello, Giulia Tellarini, Carlotta Ros

Ringraziamenti
Vogliamo ringraziare tutte quelle persone che hanno contribuito alla realizzazione di questo manuale, in particolar modo Oscar García e Luis Luján.

Per tutti i testi e documenti riprodotti in questo manuale sono stati concessi dei permessi di riproduzione. Difusión S.L. è a disposizione degli aventi diritto non potuti reperire. È gradita la segnalazione di eventuali omissioni ed inesattezze, per poter rimediare nelle successive edizioni.

Difusión, S.L. non è responsabile dei cambiamenti o malfunzionamento dei siti Internet citati nel manuale.

© Gli autori e Difusión, S.L., Barcellona, 2018

ISBN: 978-84-16943-30-2

Stampato in UE

Ristampa: giugno 2021

Tutti i diritti di traduzione, memorizzazione elettronica, riproduzione e di adattamento totale o parziale, con qualsiasi mezzo (compresi microfilm e le copie fotostatiche), sono riservati per tutto il mondo. Il mancato rispetto di tali diritti costituisce un delitto contro la proprietà intellettuale (art. 270 e successivi del Codice penale spagnolo).

www.cdl-edizioni.com

Al dente 3

Se vuoi consolidare le tue competenze linguistico-comunicative, grammaticali e lessicali ti consigliamo:

Grammatica

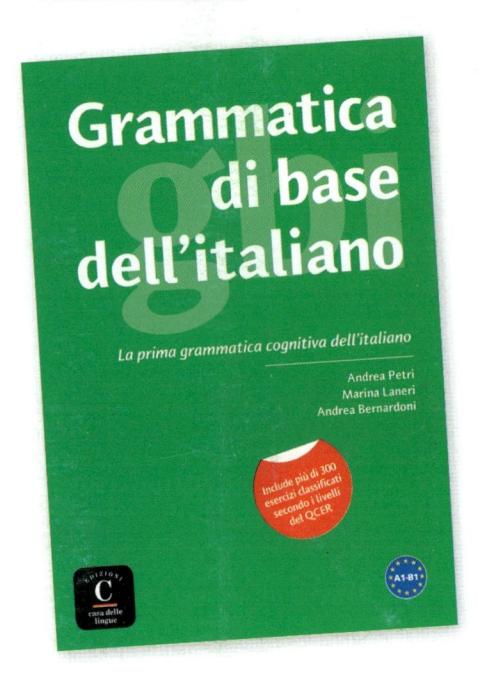

Acqua in bocca

Letture graduate livello B1

Arte e cucina

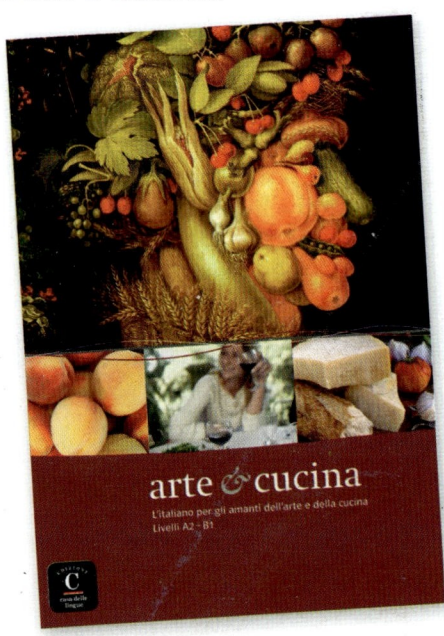